实用工商管理专业规划教材

人力资源管理

胡晓龙　主编

马　君　李倩倩　副主编

上海大学出版社

图书在版编目(CIP)数据

人力资源管理 / 胡晓龙主编. —上海：上海大学出版社，2014.7 (2023.7重印)
ISBN 978-7-5671-1332-9

Ⅰ.①人… Ⅱ.①胡… Ⅲ.①人力资源管理 Ⅳ.①F241

中国版本图书馆 CIP 数据核字(2014)第 133355 号

责任编辑　石伟丽
封面设计　施羲雯
技术编辑　金　鑫　钱宇坤

人力资源管理

胡晓龙　主编

上海大学出版社出版发行
(上海市上大路99号　邮政编码 200444)
(http://www.shupress.cn　发行热线 021-66135112)
出版人：戴骏豪

*

句容市排印厂印刷　各地新华书店经销
开本 787×960　1/16　印张 18　字数 292 千字
2014年7月第1版　2023年7月第5次印刷
ISBN 978-7-5671-1332-9/F·136　定价：32.00元

实用工商管理专业规划教材编委会

主任　唐　豪

编委　徐勇谋　林财兴　杨谊青
　　　严惠根　李怀勇　聂永有

序

高校的根本任务就是培养适应社会需要的各类人才，培养应用型人才是高等教育由精英教育向大众化教育转变的产物，是社会经济发展的要求。在发达国家，实施应用型教育的本科院校和就读的学生同样占有很大的比重。在一定意义上，成教学生也是应用型人才的重要组成部分。

2001年以后，我国高等教育事业迅速发展。全日制本科院校不断增多，应用型院校本、专科（高职）学生的规模明显扩大，民办高校如雨后春笋。随着经济社会的持续发展和城市综合环境的改变，招生与就业政策的调整，高校专业设置有了大幅度的调整，与全日制教育密切关联的成人教育也发生了一系列显著的变化，主要表现在以下几个方面：

第一，以就业为导向的入学专业的变化。在上海应用型高校招生中，外语、外贸、计算机等原先的热门专业趋于饱和，不再受青睐，会计、金融类专业则受制于师资能力而逐步萎缩，宽口径的工商管理成为诸多应用型院校招收经济管理类本、专科（高职）生主要的专业选择。

第二，应用型院校的生源结构发生巨大变化。由于高校的扩招，生源入学的门槛有所下降，学生的理论基础与以往的学生相比不够扎实，对专业研究的潜力和兴趣不大；但是这批90后的学生又不乏思想活跃、知识面宽、兴趣广泛和信息搜索能力强等特点。传统的高等院校的教育培养模式已不再适合这样一批特点鲜明的学生了。

第三，招生培养方案和教学计划的改革。目前就读于经济管理类尤其是工商管理专业的成教学生，大多数就职于中小企业，在最基层的岗位工作；他们工作压力大，加班加点多；非本地户籍的外来务工青年的比例逐步上升，而他们大都在远离市中心的郊区上班，在学习中的工学矛盾比较大。在这种情况下，按以往的招生培养方案和教学计划实施教育管理，难以保证学生顺利地完成学业，更不能保证教学质量。

这是摆在诸多应用型院校和高校成人教育组织机构面前的现实问题。为此，应用型院校的教育（包括成人教育）必须进行改革和调整。在实践中我们认识到，现有工商管理专业采用的教材大多数是针对传统院校本科编写的，篇章较多，内容深奥，不利于学生的全面理解，反而会影响学生阅读和学习的兴趣。

为了配合高校专业调整和成人教育管理的改革，我们萌发了重新编写一套适应应用型院校与成教学生特点的专业教材的想法。编写的要求可概括为三点：一是压缩教材内容，强调各课程最基本和最实用的章节；二是强调知其然，有关知其所以然的内容，通过参考书刊导读的方式让有兴趣的同学知晓；三是保留必要的案例内容，通过网络导航和其他书刊的介绍帮助同学获取更多的案例信息。

在教材内容调整后，我们要求任课教师突出重点，改善与完善教学方法，鼓励教师积极探索，及时总结，相互交流，进而提高课程的教学质量。

限于编委会的水平以及各位作者对此问题的认识，本套教材肯定存在种种不足，欢迎大家批评指正。作为一种尝试，我们更期待来自应用型高校学生以及成教学生的积极反馈。

编委会 唐豪
2013年12月

前言

人力资源管理作为管理活动中的一种，与其他管理方式相比，既有管理的共性，也有自身特有的个性。在经济发展方式逐渐集约化的今天，人力资源管理是企业治理的重要方面，而人力资本在经济增长中更是起到关键性的拉动作用。因此，研究人力资源管理对于我国经济发展具有重要的意义。

本书共分九章。第一章对人力资源管理进行概述性介绍；第二章介绍工作分析方法、工作评价的流程及方法；第三章对人力资源规划的内涵和方法等进行详细的介绍；第四章介绍招聘与选拔的基本概念及方法；第五章对培训与开发的内容、特点、操作原则和具体方法等进行详细介绍；第六章介绍职业生涯管理相关内容，并阐述其对于员工和企业的重要意义；第七章介绍绩效管理的主要概念，及多种衡量和评价绩效的定量分析方法；第八章介绍薪酬与薪酬体系的构建，以及福利与其组成部分；第九章介绍劳动关系，涉及劳动法律法规及其应用方法。

全书坚持理论与实践相结合，各章都附有内容小结、讨论案例及复习思考题，着重突出可读、易懂及实用性特点。本书可为从事人力资源管理的相关人员及高等院校相关专业师生提供参考。

本书由上海大学管理学院胡晓龙主编。编写工作分工如下：第一、三、九章由李倩倩编写，第四、五、六章由胡晓龙编写，第二、七、八章由马君编写，胡晓龙负责统稿工作。

本书在编写过程中，参阅了中外大量专业资料、著作和论文，在此谨向作者表示深深的谢意。上海大学管理学院的领导、成教学院的领导、编委会的老师、上海大学出版社彭俊和石伟丽两位编辑，以及林之皓、邱知奕也对本书的写作和出版给予了大力的支持和帮助，在此也向他们表示感谢。同时，特别感谢上海大学管理学院张昊民老师提供的指导和帮助。

由于编者水平有限，加之时间仓促，书中错误和不妥之处在所难免，恳请广大读者和同行批评指正。

编者

2014年5月

目 录

第一章　人力资源管理概述
第一节　人力资源的概念和特性　　　/ 1
第二节　人力资源管理的含义及主要职能　　/ 10
第三节　人力资源管理的理论基础　　/ 20
第四节　人力资源管理面临的挑战　　/ 27

第二章　工作分析与工作评价
第一节　工作分析　　/ 31
第二节　工作评价　　/ 52

第三章　人力资源规划
第一节　人力资源规划概述　　/ 68
第二节　人力资源规划的程序　　/ 74
第三节　供需预测的依据和方法　　/ 81

第四章　招聘与选拔
第一节　员工招聘概述　　/ 91
第二节　员工招募　　/ 99
第三节　员工选拔　　/ 103
第四节　员工录用　　/ 108
第五节　员工招聘的评估　　/ 110

第五章　培训与开发
第一节　培训与开发概述　　/ 115
第二节　培训与开发的内容与形式　　/ 123

第六章 职业生涯管理
第一节 职业生涯管理概述　/ 140
第二节 个人职业生涯管理　/ 154
第三节 组织职业生涯管理　/ 158

第七章 绩效管理
第一节 绩效管理概述　/ 169
第二节 绩效管理过程　/ 176
第三节 绩效考评方法　/ 195

第八章 薪酬管理
第一节 薪酬与薪酬管理概述　/ 207
第二节 薪酬体系设计　/ 216
第三节 福利管理　/ 242

第九章 劳动关系管理
第一节 劳动关系管理概述　/ 254
第二节 劳动合同管理　/ 259
第三节 劳动争议管理　/ 264

第一章　人力资源管理概述

🔑 **本章学习目标**

1. 了解：不同人才观及其相应的管理理念、当今人力资源管理面临的挑战。
2. 熟悉：人力资源管理的内涵、人力资源的特性。
3. 掌握：人力资源的相关概念、人力资源管理的基本职能。

🔑 **本章核心概念**

人力资源　人力资本　人才　人力资源管理　人力资源管理的基本职能

第一节　人力资源的概念和特性

人力资源管理是企业管理的重要职能之一，也是管理学科的主要研究领域之一。实际上，人力资源管理的概念从最初的萌芽到正式提出、获得广泛认同，再到形成人才管理等更为全面的概念，经历了一个发展过程。企业中人的性质，最初属于人力观，之后发展为资源观，今后则会向人才观发展。本节主要介绍人力资源的概念及其特性。

一、资源和人力资源

目前，将组织中的人视为"资源"，持资源观仍是人力资源概念的核心。

要理解人力资源的概念，首先要了解何谓资源（Resource）。资源，广义上指一国或某地区拥有的土地、空气、水等自然资源和人口、知识、财富等社会资源的要素总和。在经济学领域，资源是生产过程中所使用的投入，即生产要素。如马克思在《资本论》中说："劳动和土地，是财富两个原始的形成要素。"那么，劳动和土地就是两种最主要的资源。而对企业来说，企业投入用于生产经营以有所产出并最终获利的所有物、资、人及其衍生要素（如信息、流程），即是企业资源。

其中，人的资源即为人力资源（Human Resource）。对企业来讲，其拥有的人力资源包括所有者自身、管理者以及员工。对社会来讲，则包括为社会创造财富或提供服务、做出贡献的所有成员。关于人力资源的具体定义，各有不同，如：人力资源是指一个国家或地区有劳动能力的人口的总和；人力资源是指能够推动整个经济和社会发展的具有智力和体力劳动能力的人们的总和；人力资源是一切具有为社会创造物质文化财富、为社会提供劳务和服务的人，等等。

尽管阐述不一，但综合来讲，人力资源具有以下共同点：

（1）主体和载体是人而不是其他，这是与物、资金、信息等资源的区别；

（2）人力资源是生产经营的投入，能够带来产出；

（3）根据其存在的范围，可分为企业的人力资源、地区的人力资源以及一国或世界范围的人力资源（见图1-1）。

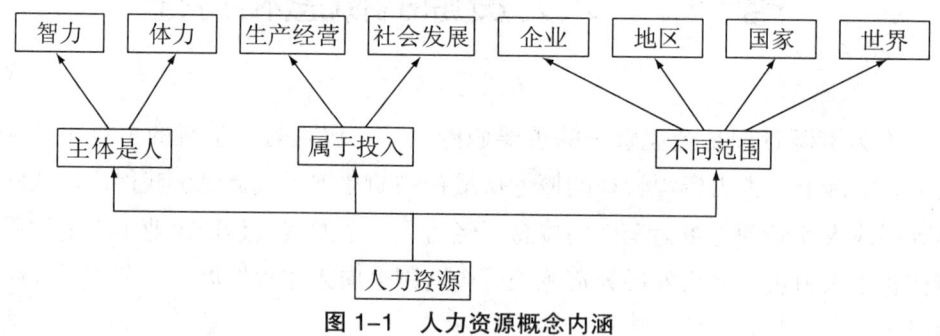

图1-1　人力资源概念内涵

鉴于此，从实质上讲，人力资源是蕴含在人体内由智力和体力构成的、可以作为生产投入带来产出或为社会做出其他贡献的要素的综合。具体来说，人力资源指能够推动经济和社会发展，具有劳动能力的人口总和。

二、人力资源的相关概念

人力资源与通常讲的人口（Population）、劳动力（Labour Power）、人力资本（Human Capital）、人才（Talent）等概念有何关联，又有何区别呢？这些概念都是与人相关的，本质上有很多相似性，但各有侧重。

（一）人口

人口，是社会学概念，指人民或居民总数，是阐述国家、地区、市县乃至一个小家庭特征的基本统计量。鉴于人口的数量、出生与死亡、老龄化程度等问题对经济和社会发展的重要性，中国《全国人口普查条例》规定，人口普查每10年进行一次，尾数逢0的年份为普查年度。

最近的一次是我国以2010年11月1日零时为标准时点进行的第六次全国人口普查。此次人口普查数据显示：全国总人口数（包括港澳台）约为13.7亿，其中大陆人口约为13.4亿。从年龄看，60岁及以上人口占到13.26%，其中65岁以上人口占8.87%，15~59岁人口则为70.14%。此处，涉及另一个概念：人口老龄化。国际上通常认为，当一个国家或地区60岁以上人口占人口总数10%，或65岁以上人口占人口总数7%时，即意味着这个国家或地区的人口处于老龄化社会。

（二）劳动力

尽管从广义上说，老年人也具有劳动能力，因此，劳动力约等于人口。但是，老龄化的程度会影响人口的劳动力数量和质量。老年人在体力和智力上的平均水平是不及中青年的。因此，狭义看来，劳动力属于人口中的一部分。

劳动力，指人的劳动能力，是蕴藏在人体中的脑力和体力的总和。与"人口"相比，劳动力又指具备劳动能力的人的总和，是有劳动力的人口。因此，不具备劳动能力的人口是不能算在劳动力中的。

那么，劳动力是否等于人力资源呢？实质上两者是相同的，但两个概念侧重点不同。劳动力是社会学的概念，人力资源则属于经济学或现代管理学的范畴。从含义上说，劳动力既可指抽象的劳动能力，又可指具备劳动能力的人。而人力资源则是指蕴含劳动能力的人。就指"人"的功能而言，人力资源已逐步取代劳动力成为常用概念。比如，国家和各省市相关管理部门的即采用"人力资源和社会保障"这一名称。

(三) 人力资本

同样属于经济和管理范畴的另一概念——人力资本,则有其特定含义。人力资本是人力资源管理中的重要概念。从范畴上讲,人力资源概念的应用更为广泛。人力资本则更多地作为人力资源管理的一种主导理念被运用,其注重从经济学视角对资本投入和产出的分析,目的是通过对人力资源的资本投入,获得更多、更好的产出。

(四) 人才

相比前者,人才属于更为狭义的概念。尽管从"天生我材必有用"的角度看,每个具有劳动能力的人,甚至不具备劳动能力但有智力和才华的人都可称作"人才"。但从管理学的角度讲,人才着重指企业人力资源中的知识型员工。同时,人才的概念也逐步改变了"人力资源"概念一统天下的局面。这源自一些学者对人力资源、人力资本将"人"与"物"等同归入"资源"行列的争议。比如,世界著名研究机构南加州大学有效组织中心(Center for Effective Organizations)就提出,今后人力资源管理应致力于如何赢得和保留人才,企业的战略也应从人力资源战略发展为人才中心战略(Talent-Centric Strategy)。

需要说明的是,人才的概念有望从对知识型员工等企业核心员工的范畴扩展应用到所有员工。因为,现有"人力资源"和"人力资本"的含义容易将人"物化",仅仅将其视为获取产出而投入的"资源",或通过投资而增值的"资本",都难以适应当今社会员工日益增强的自主意识和对人文关怀的需要。因此,人才观有望成为人力资源概念发展的未来趋势。

案例 **从能人导向到全员人才导向**[①]

阳光100置业集团创建于1999年,是一家专注于为中国新兴白领和中产阶层提供新式住宅及时尚生活方式的发展商。在企业价值观和文化中,"人是一切、一切为人"被明确提出。在理念上,公司试图摒弃把人才的雇佣当作利益交换的传统思想,取而代之的是希望所有来到阳光100的人,不仅奉

---

① 作者根据"阳光100"官网资料及其董事长易小迪在"《商业评论》2013管理创新论坛"发言整理而成。

第一章 人力资源管理概述

献他们的工作成果，更能够融入企业大家庭。相应地，公司希望能够给予每一个人的不仅仅是薪酬待遇，而是职业技能与职业精神的培养、文化与道德的熏陶。

然而，最初企业的用人观却并非如此。在房地产行业，大家都特别崇尚"能人管理"，阳光100也总是在寻找"能人"加盟，并试图用高薪留住"能人"。

但是，有件事情引起了企业领导者的反思。2008年金融危机之后，中国房地产业遇到了第一次大的宏观调控，他们也碰到一些暂时的困难，当年年底一个大项目总经理突然向董事长提交了辞呈。此人在公司内部一直是被公认为个人能力很强的高管。考虑到这个项目一时离不开他，董事长想尽办法挽留，但是他坦言，有一个房地产企业在挖他，条件是给他很高的项目股份，所以他肯定要离开。无奈之下，公司只好临时抽调了一个年轻人去接替他的职位。

令人大感意外的是，这位新任总经理第一年就超额完成了任务，第二年又获得了全集团年度大奖，2010年该项目带头学习稻盛哲学和阿米巴管理①，在外部竞争愈加激烈的形势下又再上新台阶。三年的时间，这个项目的年销售额从6亿元人民币上升到8.5亿，售价也从6 000元/平方米上升到超过9 000元/平方米。一个普通住宅项目，不仅综合效益有了极大提升，而且在当地的品牌影响力和员工满意度也有很大的提升。

自此，公司领导开始反思自己的人才观。用董事长易小迪的话说，"最近几年，我对于'一流人才'的定义发生了变化，过去我认为能力出众的人就是一流人才。现在，我参考了稻盛的观点：深沉厚重为一流人才，聪敏机灵仅为三流人才"。"新的用人观使我们公司走出了'挖能人'的误区，也走出了把人才当作企业利润工具的误区。我们认为，人才应当是企业的经营目的"。

之前，在房地产行业的通常做法是互挖人才，挖来挖去，企业总在波动，倒是让猎头公司忙得不亦乐乎。在加强内部人才培养后，企业选用和培养具有优秀特质（正气＋朝气＋责任心＋事业心）的员工，而非只凭业绩。由此，干部队伍稳定了，"该走的能人"都走了，新提拔的干部也不是过去那种爱跳槽的"能人"了，更重要的是这些内部提拔的干部们热爱这个企业，在今天这个管理架构

---

① 稻盛和夫，日本"经营四圣"之一，京瓷创始人，与松下幸之助等被视为日本本土企业家的代表人物；阿米巴管理，也称阿米巴经营，是稻盛和夫创建的将组织分成小的集团，使其独立核算进而实现"全员参与"的经营模式。

下,他们更能充分发挥作用。

有一件事给了易小迪触动。有一次飞机晚点了,他在机场书店看到电视广告,培训师在那儿滔滔不绝地教大家怎么对付老板,如何拿到更高的薪酬,如何找到最合适的工作。于是他想员工想着怎么对付老板,老板想着怎么对付员工,双方都在算计如何占到对方的便宜,这两方背道而驰,永远走不到一起。这一时期,易小迪接触稻盛哲学,人才观有所转变:企业的根本利益跟员工是一致的,是围绕着员工身心、物质和精神的幸福来运营的,也就是说"人"不是企业实现利润的工具,而是企业的终极目的。

思考:

(1)阳光100的人才观经历了怎样的转变?你赞同这样的转变吗?

(2)如何认识人力资源和人才的内涵差异?

(3)人才观的不同会导致哪些管理措施和理念的差异?

三、人力资源的特性和作用

(一)人力资源的特性

尽管与财、物等其他要素一同被称为"资源",是财富创造和企业经营的重要投入,但人力资源有其特别的性质和作用。归根到底,是由于作为其主体的"人"的特别性。

与自然界和社会生活的其他存在相比,人恐怕是最复杂的社会构成了。根据马克思的观点,人具有自然属性和社会属性。

首先,人的自然属性使得人具有与其他动物乃至生物一样的对生存的需求,因此,人需要生活资料,以便实现生存的基本目的和要求。同时,人要经历生、老、病、死,这些都是会影响人所具备的劳动力的因素。人还有趋利避害的倾向,希望工作、生活条件舒适。

其次,人的社会属性使人区别于动物,有成就动机、情感需要等生存之外的更高要求。尤其是处于工作岗位的人,他们不仅希望通过工作获得薪酬进而满足自己生存的基本需要,而且还期待工作能带给自己成就感,能在充满尊重的和谐的组织中快乐工作。社会中的人还有积极或消极、善或恶、利他或利己等两面性。

第一章　人力资源管理概述

正是人的个体的复杂性尤其是其社会属性，造就了人力资源作为整体概念的特殊性。与其他资源，如自然资源、财物资源等相比，人力资源具有以下特性：

1. 能动性

自然界或社会的其他客体资源是不具备能动性的，完全由人支配。以企业为例，企业生产投入的物料、企业的厂房设备等不动产，以及企业拥有的资金、专利等，都是完全作为客体存在的。而人力资源，企业的员工，是有自己的思想的，具有能动性。他们可以遵守制度、配合管理者完成自己的任务，也可以拒绝或者虽然行为上完成任务心理上却是抗拒的，而这会影响工作效果。人力资源的能动性是其区别于其他资源的重要特点。下面的案例就体现出人力资源的能动性及其对于企业或组织发展的关键作用。

案例

"911"事件后的《巴伦》员工[①]

碰撞冲毁了一切障碍。大火，在成千上万加仑的喷气发动机燃料推动下，吸取了碰撞区周围空气中如此多的氧气熊熊燃烧着，在这里，随着世贸大厦开始倒塌，附近许多大楼的窗户爆裂了。在世界金融中心第32层，《巴伦》杂志的办公室在摇晃。电脑、办公用品和设备都冲出窗外。震惊的员工们把握住了珍贵的生存机会。之后，他们小心翼翼地努力走出大楼，来到安全地带。《巴伦》杂志的编辑和业务办公室几乎立即就遭到大肆破坏。破坏是如此巨大，以致用了一年多的时间才得以重新装修好这些办公室。

2001年9月11日，《巴伦》的员工在逃离了办公大楼后，立即着手新一期杂志的按时出版。几个月后，《巴伦》的执行总编艾德·芬恩回忆说，那场灾难并没有阻止他的员工在办公室遭破坏的三天后就顺利出版他们的完整版杂志。事实上，不出版的念头从未出现过，员工问到的唯一问题是团队如何实现它。没有人想要面对《巴伦》以及许许多多其他人在那天遇到的挑战，但我们都很欣赏《巴伦》的员工们所做的一切。我们一致认为，大多数组织会很高兴拥有那样的员

---

① 〔美〕戴维·西洛塔等著，付彦译：《激情员工：通过满足员工关键需求而获利》，中国人民大学出版社2007年版，第9页。

工，那种对工作、公司和同事表现出如此激情的员工。

思考：

《巴伦》杂志的办公室遇火后，经过一年多才重新装修好，但员工们却能在第一时间重整旗鼓，着手新一期杂志使其按期出版。如何从人力资源的特性角度解释这一现象？

2. 流动性

人的能动性决定其具有流动性。俗话说，"树挪死，人挪活"，尤其在现代社会，作为劳动力的人早已经从奴隶社会完全属于奴隶主、封建社会半依附于地主，发展到现在出卖部分劳动力的自主主体。他们有权利选择雇主，或者自我雇佣（Self-Employment）。这一点，更深层地体现的是劳动力的特殊性。企业对其他资源是拥有完全所有权的，但对人力资源，则只是拥有合约签订的员工劳动时间内的劳动力。企业对员工并无所有权。这也使得流动性成为人力资源的重要特点。企业不能强制员工不流动，只能吸引员工减少流动。这对企业发展至关重要。

3. 时效性与可再生性

这两个特性是人力资源的双重属性。对于个体而言，人力资源是具有时效性的，人的生老病死，体现在工作上就是职业生涯从探索、成长、成熟直到衰落的过程。尽管其他资源也可能随时间而折旧，人力资源的时效性尤其明显，老龄化的种种弊端正是源于此。但是，对于企业、组织或者社会整体拥有的人力资源来说，是具有可再生性的。人的个体的时效性正是作为整体的可再生性的体现。因此，人力资源具有时效性和可再生性两个特性。

4. 可开发性

作为自然资源或财物等社会资源，它们发挥作用的代价是自身的消耗。人力资源则不仅如此。人力资源是可以开发、储能的。人的体力可以通过休息、饮食等恢复（尽管衰老的过程中精力丧失不可避免）；人的智力则可能在劳动和创造财富的过程中不仅不消耗，反而通过经验的获得和培训学习等得到增长和发展。这是其他资源所不具备的特质，也是人力资源管理尤其是人力资源开发的重要目的。

5. 异质性

这一特性在当今知识社会尤为突出。曾几何时，当人力资源以工人的体力劳动为主时，其异质性并不强。之后，机器化大生产取代了人力劳动，员工的智力、知识和技能成为工作的主要投入。此时，人力资源的异质性就变得明显且重要。人力资源的"质"开始比"量"得到更多的关注。知识型员工、培训和开发等活动即为了提升人力资源的质，增强其异质性，提升竞争力。

二、人力资源的作用

对于不同的主体，人力资源有不同的作用。

整体而言，人力资源的质和量对国家和社会发展至关重要。人力资源是衡量一国持续发展能力和社会现状的重要指标。如前所述，国家各级政府设置专门的人力资源与社会保障部门就是基于人力资源对国家和社会的重要性。

这体现在量和质两方面。就量而言，充足的人力资源首先能为国家经济发展提供充足的劳动力，对新兴市场国家来说，更是吸引外商投资发展经济的重要优势，如中国、印度、巴西、东南亚诸国等。其次，一国的人力资源也意味着国内市场的规模和经济发展潜力。中国是跨国公司在全球经营的必争之地，就是因为中国有巨大的市场和需求。仅仅有量并不够，人力资源的质如何也很关键。比如，老龄化程度、受教育程度、专家数量等，都是人力资源发挥有效作用的保障。

具体而言，人力资源是以企业为代表的社会组织正常运营和发展的保障。企业是现代社会经济生活中的基本主体，除此之外，还包括非营利组织和政府等多种组织。对组织而言，人力资源是其正常运营、履行职能的基本构成要素。一旦组织的人力资源出现不足，尤其是出现关键岗位空缺或者流动率过高等状况，组织的正常运营就会受到影响。对企业，甚至会出现高管带领关键团队离开后，原来的企业举步维艰的情况。同时，由于人力资源的异质性，每位员工尤其是核心员工就更加重要，因为他们可能掌握独有的知识或技能，而这些对企业或组织的发展是很关键的。

第二节　人力资源管理的含义及主要职能

一、人力资源管理的含义

人力资源管理，简言之，即对人力资源的管理。人力资源管理曾经被称为人事管理。有学者将人力资源管理定义为：企业为了达到组织目标而进行的对人力资源有效运用的整合战略和有计划的开发过程。该定义强调人力资源管理在开发和运用人力潜能方面的重要性。也有学者将人力资源管理具体化，指影响员工的行为、态度和业绩的各项规定、实践和系统。

尽管不同定义侧重点有所差异，考虑到人力资源管理的实质，本书认为，人力资源管理是指企业或其他组织为实现组织目标，而对其人力资源进行配置、运用和开发所涉及的一系列管理活动。实际上，在人力资源的概念被戴维·尤里奇（Dave Ulrich）提出之前，对组织中人的管理被称作"人事管理"（Human Management）。

为更好地理解人力资源管理的含义，需要阐述如下几点：

第一，人力资源管理是企业管理的重要职能。众所周知，企业由"人"组成并运营，人力资源的作用和重要性毋庸置疑。如果说销售、市场等部门是企业的对外先锋，人力资源则为这些部门提供管理人才和基本员工的输送、培训、服务和管理支持。

第二，人力资源管理具有战略性。尽管人力资源管理的具体职能，如招聘、培训等属于操作层面，但人力资源还具有战略性，并且越来越重要。一般来说，企业战略分为公司战略、业务运营战略和职能战略，人力资源管理属于职能战略的层面。但随着人力资源管理重要性的增加，战略人力资源管理开始兴起，倡导人力资源战略应该与公司战略结合，并为公司战略制定和实施提供支持与保障。因此，人力资源管理愈来愈具有战略性。

第三，人力资源管理的主体具有多重性。人力资源管理不只是人力资源管理部门的事情，其主体不只是人力资源部门员工，还有各部门的各层管理者包括团队主管。比如，招聘主要由人力资源管理部门组织实施，人员的筛选尤其是录用决定

第一章 人力资源管理概述

则通常更考虑用人部门管理者的意见。相应地,培训工作可由人力资源部门召集、组织,培训成果的转换则要在部门管理者的支持和监督下才能更好地完成。

二、人力资源管理的主要职能

人力资源管理具有以下职能:职位分析、人力资源规划、招聘与选拔、培训与开发、职业生涯管理、绩效管理、薪酬和激励以及劳动关系管理(图1-2)。这些职能构成了人力资源管理的主要活动。其中,从职位分析到薪酬与激励在整体上可形成一系列前后相继的流程,劳动关系管理则比较特殊,典型地体现在招聘后签订劳动合同阶段,以及人员离职时的劳动合同解除阶段。在工作中遇到劳动纠纷时也需要劳动关系管理,因此,这一职能相对独立。

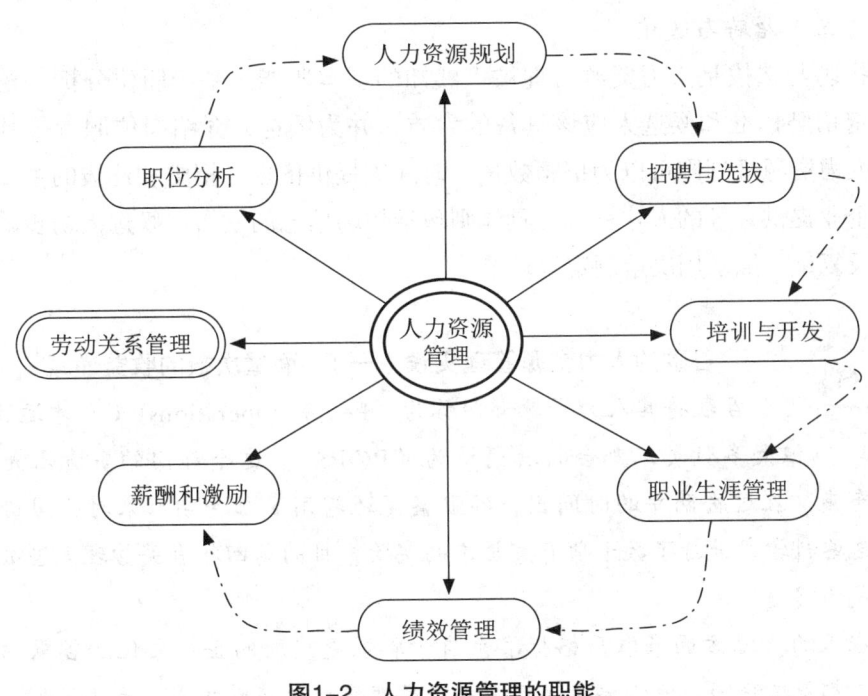

图1-2 人力资源管理的职能

(一)职位分析

职位分析,也称作岗位分析、工作分析或职务分析。职位分析是人力资源管理的起点，是通过访谈等定性分析方法或问卷调查的定量分析方法，确定某一职位的工作输入、工作内容、工作输出、工作的资源条件等相关因素的工作过程。通过职位分析，可以确定招聘人才所应具备的职能、要完成的岗位任务等基本内容。这些工作为规划、招聘、培训等工作提供了依据和前提。

（二）人力资源规划

人力资源规划，是以企业战略和业务目标需要的人才数量和质量为出发点，在盘点企业现有人才的基础上，对比需求和实际的差距，做出招聘、解聘或晋升的规划，以及相应的培训开发、人员调配、工资福利规划等工作。人力资源规划是企业人力资源管理的蓝图设定程序，为接下来的招聘、选拔等具体工作提供了方向。同时，人力资源规划还让企业管理者对企业的人才现状做到心中有数，对基于人才企业战略的实现能够胸有成竹。

（三）招聘与选拔

招聘与选拔是人力资源管理被人熟知的基本职能。基于职位分析，招聘可以确定招聘标准和候选人应该具备的素质，并为候选人介绍岗位职责等基本内容。人力资源规划则可以为招聘数量、时间等提供依据。招聘和选拔的主要目的是为企业提供合理的人才补充，具体则包括招聘信息的发布、候选人初步筛选、面试及复试、拟录用决策制定等环节。

案例 谷歌的人力资源管理实践（一）：面试次数的收益递减[①]

谷歌将其人力资源部门称为"People Operations"（人才运营），但大多数员工都会将其简称为"POPS"。这个部门的负责人是拉兹洛·布克。在过去两年的时间里，谷歌甚至还聘用了社会学家来对公司进行研究。这些科学家进行了数十项有关员工的实验，目的是回答有关管理大型公司最好方式的问题。

在人力资源方面采取严格标准来自于谷歌更广泛的企业文化。谷歌的大多数员工都是工程师，他们要求数据支持来改变自己的行动方式。最早的例子之一

[①] 翻译整理自 Farhad Manjoo, How Google Became Such a Great Place to Work. http: //www.slate.com/articles/technology/technology/2013/01/google_people_operations_the_secrets_of_the_world_s_most_scientific_human.single.html.

第一章 人力资源管理概述

是POPS部门为精简谷歌聘用程序而采取的措施。在最初的几年时间里,谷歌在硅谷变得声名狼藉,原因是其要求应聘者接受许多面试。"我们的直觉是,员工对谷歌来说代表着一切,因此这家公司中的所有人都应可以面试一名应聘者。"布克说。

人力资源部门员工则对这种方法持怀疑态度。面试程序不仅会导致招聘流程放缓,而且还会损害谷歌在潜在应聘者中的声誉。因此,现任谷歌人事部门主管的托德·卡莱尔在当时进行了一项研究,目的是查明一名应聘者应接受多少次面试。他对谷歌的数十种聘用决策进行了分析,追踪面试官在对一名应聘者进行面试后对其给出的评分。在对数据进行仔细研究后,卡莱尔发现最佳的"面试"次数——也就是应聘者的平均得分聚合为最终评分以后的面试次数——是四次。"在经过四次面试以后,"卡莱尔说道,"就会出现收益递减的效果。"在他提出这些数据以后,谷歌的人力资源相关负责人被说服了。

思考:
(1)谷歌是如何发现面试程序应该精简的?
(2)面试次数太多可能带来什么负面影响?

(四)培训与开发

培训与开发,指的是公司给予雇员的正式的培训活动。人才日益成为企业竞争优势的来源。人力资源的特性之一是可开发性,即培训和开发活动会通过提高员工技能、改善工作态度等方式使人力资源价值增值。这对企业发展无疑是有益的。另一方面,由于人力资源还具有能动性,在当今社会,员工面临的竞争压力和自我成长的需求愈加强烈,他们也要求企业能够提供培训机会,提高自身技能和竞争力。

谷歌的人力资源管理实践(二):中层管理者开发[①]

通过研究,谷歌的人力资源部门发现了许多最佳组织行为实践,其中最大的发现是中层经理人很重要,这推翻了谷歌联合创始人拉

---

① 翻译整理自Farhad Manjoo, How Google Became Such a Great Place to Work. http://www.slate.com/articles/technology/technology/2013/01/google_people_operations_the_secrets_of_the_world_s_most_scientific_human.single.html.

里·佩奇和塞吉·布林原本的假设，那就是"你能运营一家没人是其他人上司的公司"。POPS部门得出这种结论的基础是公司经理人在其上司和下属中得到的评分。当分析师将表现最好和最差的经理人进行对比时，会发现一种明显的差别——最好的经理人的离职率较低，而且这些经理人的团队从许多标准来看都拥有高得多的生产力。

"我们能向他们证明，那些脑壳尖尖的'呆伯特漫画'（Dilbert Caricatures）会对他们的工作造成影响。"分析师詹妮弗·科索斯基说道。更加重要的是，分析师能利用他们的研究结果来让表现不好的经理人变得更好。在对成功经理人从其团队那里得到的反馈信息进行提炼后，研究者将其总结为八个重点句。这些重点句听起来过于含糊——"高得分的经理人是很好的教练""好的交流者""不要微观管理"，诸如此类——但这些重点句行得通：当POPS部门在整个组织内部散播这些事实，并对作为目标的不成功经理人进行辅导以后，他们发现这家公司的管理队伍得到了改善。其结果是，谷歌经理人的整体回馈评分自2009年以来每年都有所改善。

思考：

（1）"你能运营一家没人是其他人上司的公司"是什么意思？这一观念将中层经理人置于何种位置？

（2）通过研究，POPS部门对经理人采取了什么开发方式？取得了怎样的效果？

（五）职业生涯管理

职业生涯管理指的是企业对员工的职业生涯发展路径有一定的规划，对其进行指导，并将员工的职业生涯发展与企业的人力资源规划尤其是人才晋升计划相结合，达到企业人才的可持续供应和提升与员工个人的职业生涯共同发展的双赢目标。对员工个人来说，职业生涯管理能够使自己从现有岗位起，积累职位晋升所需技能，实现职业目标。

（六）绩效管理

绩效管理，包括对员工绩效的评价、反馈和提升的过程。其中，对员工绩效评价即绩效评估，包括行为和结果两方面评估，是绩效管理的基本内容，也是薪酬或奖励实施的依据。需要注意的是，绩效评估并不是目的，管理者还要把绩效评估的结果反馈给员工,并为其提供绩效改进的建议和帮助,协助其改善绩效。这才是完整的绩效管理过程。因此,绩效管理的目标是使员工提高业绩,进而达成组织目标。

(七)薪酬和激励

人力资源作为企业投入,自然要求产出回报。而同时具有自然属性和社会属性的人,其自然属性要求用自己的劳动能力换取生存和生活所需的物质资料,因此,要求有合理的薪酬。人的社会属性则决定了人可以通过被激励的方式发挥更多的劳动能力,带来更高的工作产出。可以说,薪酬是员工向企业出让部分劳动能力的自然要求,激励则是企业希望员工有更高产出的重要手段。薪酬和激励的策略制定关系到企业的人力支出,更关系到人力资源的产出水平。

较高的薪酬水平本身就具有激励作用,而奖金和福利是薪酬之外的重要激励手段。两者综合运用可以发挥最好的激励作用。下面的案例表明,有时薪酬激励比奖金激励更具作用。

案例

谷歌的人力资源管理新发现(一):涨薪比奖金更带劲[①]

POPS 部门所发现的另一件大事是,如何向一名员工发更多的钱。

在2010年中,受经济衰退以及来自于其他公司的竞争增强的影响,时任谷歌首席执行官的埃里克·施密特决定给所有谷歌员工提高薪水;而判定提薪是不是最好的方式正是POPS部门的职责。这个部门进行了一项"联合调查",要求员工在多项薪酬计划中选择最好的。例如,是将薪水提高1 000美元,还是拿2 000美元的奖金?"我们发现,他们最看重的是基本薪水。"POPS旗下"人员分析"团队负责人塞提说道,"当我们提供某种水平的奖金时,他们会把一美元当作一美元;但如果你给他们提高基本工资,那么他们会把一美元当作更多美元,原因是其具有长期的确定性。"在2010年秋天,施密特宣布所有谷歌员工都将获得10%的加薪。塞提表示,谷歌员工当时感到万分高兴——许多人都说,谷歌宣布这一消息时是他们在这家公司中供职以来最开心的时刻,数据也显示那一年的谷歌员

[①] 翻译整理自Farhad Manjoo,How Google Became Such a Great Place to Work. http://www.slate.com/articles/technology/technology/2013/01/google_people_operations_the_secrets_of_the_world_s_most_scientific_human.single.html.

工满意度直线上升。与此同时，谷歌员工的离职率也有所下降。

POPS部门还发现，多次提醒员工，并在提醒中建议采取"进取型"的储蓄目标，那么会是更好的举措。如果请求一名员工向其退休计划贡献8 000美元而不是2 000美元，那么这名员工就会倾向于贡献更多，即使他负担不起8 000美元，还是会比在谷歌建议其贡献2 000美元的情况下拿出更多。至于自助餐厅的问题，研究人员发现理想的午餐队列长度应该是3~4分钟——这一时间长度足够短，让人们不会浪费时间；同时又足够长，能让他们结识新朋友。桌子应该够长，因此彼此之间原本互不相识的员工会被迫聊天。在进行一次实验以后，谷歌发现在自助餐厅中将8英尺的盘子与12英尺的盘子放在一起，能鼓励员工吃更健康的食品。

思考：

（1）在该案例中，相比奖金，员工们为何更喜欢加薪？

（2）你认为在什么情况下，奖金可能比加薪更具有激励作用？

（八）劳动关系管理

劳动关系管理也被称作"雇佣安全"，意味着通过员工稳定性和持续的雇用政策所体现的工作安全性。首先，如前所述，人力资源的概念有宏观和微观之分，宏观可指一国人力之资源，微观可指某企业所有从业人员。实际上，作为宏观人力资源的有机组成，企业的人力资源管理必须遵从《中华人民共和国劳动法》等法律法规。其次，一个企业通过维持员工稳定性的持续雇用政策使员工有工作安全感，对企业的人力资源管理效果至关重要。下面的案例就说明如何通过合适的雇用政策留住员工、提升员工幸福感。

谷歌的人力资源管理新发现（二）：新妈妈的带薪假[①]

几年以前，谷歌的人力资源部门就已经注意到了一个问题：许多女性员工打算离开这家公司。跟大多数硅谷软件公司一样，谷歌的大

---

① 翻译整理自Farhad Manjoo, How Google Became Such a Great Place to Work. http://www.slate.com/articles/technology/technology/2013/01/google_people_operations_the_secrets_of_the_world_s_most_scientific_human.single.html.

第一章 人力资源管理概述

部分员工都是男性,公司高管长久以来一直都在将提高女性员工人数作为优先任务。但是,女性员工要离开谷歌的事实并不只是一个性别平等的问题,而且还对这家公司的盈利造成了影响。与其他绝大多数领域不一样,一流科技员工的市场竞争尤其激烈。谷歌正在与苹果、Facebook、亚马逊、微软及其他许多创业公司就聘用员工的问题展开竞争,因此每名员工的离去都会触发代价高昂、旷日持久的招聘程序。

女性离职率表明,这家公司的"幸福机器"可能出了一些问题。而如果有任何迹象表明谷歌员工的幸福度正在下降,那么找出原因以及解决办法就是谷歌人力资源部门的任务。

POPS部门的负责人布克表示,当POPS部门审视谷歌的女性员工问题时,该部门发现这是一个"新妈妈"的问题:与谷歌的平均离职率相比,刚刚生过孩子的女性员工的离职率要高出一倍。当时,谷歌提供符合行业标准的产假计划。女性员工生育以后,将获得12个星期的带薪假期。

2007年,布克改变了计划。现在,新妈妈会获得5个月的带薪假期,这期间她们将获得全额工资和福利。而且,新妈妈还可以按照自己的意愿任意分割产假,包括在预产期以前休一部分假期。如果新妈妈喜欢的话,那么可以在生育以后休假两个月,回到公司工作一段时间,然后在孩子长大时再休剩下的假期。

谷歌慷慨的产假计划很可能不会让人感到惊讶,这家公司大出风头的各种额外津贴——免费的美食、现场洗衣店、配备WiFi无线功能的通勤班车——在企业界都是传奇性的。有些时候,谷歌的慷慨赠与听起来有些过分:如谷歌有一项额外津贴,当一名员工身故以后,公司会在随后10年的时间里向其配偶或生活伴侣支付相当于这名员工薪水一半的补贴。

但是,就此作出结论称谷歌发放这种额外津贴只是为了让自己变得友善,那就错了。POPS部门会严格监控员工如何对福利作出回应的一系列数据,很少会白白扔钱。

举例来说,5个月的产假对这家公司来说就是一种"胜利者"的计划;在推出这项计划以后,谷歌新妈妈的离职率已经下降至这家公司的平均水平。"(新妈妈的)离职率降低了50%——这是非常大的降幅。"布克说道。此外,员工幸福度也有所上升。对这家公司来说最好的事情是,新的离职政策具有成本效益。

布克表示，如果考虑到这样做可以节省招聘成本的因素，那么给新妈妈放5个月的产假并不会让谷歌花很多钱。

思考：

（1）谷歌为何改变了新妈妈的产假计划？

（2）这一计划的成本和收益如何？

三、人力资源管理在企业中的角色

很多理论和企业实践都证明了人力资源管理的重要性。从以上列出的人力资源管理的各项职能看，每个活动对企业的顺利运营都是不可或缺的。曾经，人力资源部门被当作企业的成本中心，发生大量成本却看不到显而易见的效果。企业的高管们甚至考虑是否有必要保留这一部门。随着技术的发展，企业拥有的产品、技术、营销等资产越来越容易被复制，此时，人力资源作为利润中心的作用开始显现。戴维·尤里奇提出，问题不再是"应不应该撤销人力资源部"，而是"应该如何发挥人力资源部的作用"。

这一问题，实际上显示了人力资源管理在企业中角色的转变——愈来愈多地从职能管理层面向战略管理层面转变。

（一）职能管理者

这是人力资源管理尤其是其前身人事管理的主要职责，在企业中属于支持服务部门。人力资源管理部门要根据各部门的用人需求制定用人计划、对员工访谈收集资料做工作分析、列明岗位描述、通过各种途径招聘合适的员工，之后，对员工进行培训和开发、绩效考核、制定和实施薪酬福利政策、管理劳动关系等。这些传统活动的重要性不言而喻，然而，很多人力资源管理者却陷入繁杂的事务性工作中，忽略了这些活动所带来的结果。

（二）战略支撑者

尤里奇提出，人力资源部门要扮演全新的角色，不能再把重心放在员工招聘或薪酬福利这样的传统活动上，而是要重视结果。即：人力资源部的重点不在于做了多少事情，而是能创造多少价值。战略支撑者就是这样一种角色。企业经营战略的转变通常会产生新的组织结构、工作流程、人才需求甚至要求新的企业文化。首先，人力资源部门要鼓励大家讨论实现战略的组织形式等问题。其次，应负责设计新的组织架构。自然,工作流程、人才需求都要有相应的分析和转变。最后,如何通过企业文化的强化或修正使人们朝着企业战略和使命努力是人力资源部门的又一大任务。

(三)员工保障者

人力资源管理者不仅要把员工作为被管理者,更要将员工视作服务的对象。人力资源管理者不应仅把追求企业利润放在首位,而是要力求实现组织目标和员工个人发展双赢的结果。人力资源部门曾经通过降低人力成本,如招聘费用、培训费用、工资和薪酬等来提高对企业利润的贡献。实际上,利润等于收益减去成本,如果增加一些成本可以带来更高的收益,对员工和企业而言都是更好的。提高员工的福利和待遇,保障员工在工作中的权益,开展培训提升他们的技能,做员工权益的保障者,将会给企业带来长期的收益和竞争优势。

(四)变革推动者

这是人力资源管理的新职能:帮助组织应对变革、利用变革、推动变革。这是人力资源部门将自己置于战略高度,也是战略人力资源管理倡导的观点。与其他职能管理部门相比,人力资源管理部门涉及企业的整体运营,涵盖高层、中层和基层各部门员工。当企业面临问题时,人力资源部门应注重从内部发现问题,推动变革。在变革中势必涉及人员的调动或增减、权利和职责的改变等问题,如何协助高层管理者推动变革的顺利实施,减少变革阻力也成了人力资源管理部门的重要角色。

案例

人力资源的变化[①]

美国通用电器公司和日本Fanuc公司组建的GE Fanuc是一家工厂自动化控制产品的制造商,其总部设在弗吉尼亚,拥有员工1 500人,主要从事行政方面的工作。但是当唐纳德·霍华德担任了人力资源的副总裁之后,她和她的部下开始重组人力资源部门并将权力下放,目的是使得每个直线部门都有自己的人事经理。以其专业领域的知识,人力资源经理被看作是

---

① 〔美〕罗伯特·L.马西斯、约翰:H.杰克逊著,孟丁译:《人力资源管理(第10版)》,北京大学出版社2006年版,第23页。

各个部门的关键人物。今天,这些人力资源经理参与制定公司发展战略和负责人力资源方面的工作。例如,在制造部门,人力资源经理需要对600名工人负责,此外他需要参与工作流程设计、计划制定和其他生产决策。这种新角色还意味着他必须更容易地获得所需的劳动力和取得工人们的信任,因为他们中的大多数是临时聘用的工人。

在人力资源管理方面进行这种角色的转换需要将管理层次从7个缩减到3个,这样势必会大量使用跨职能团队,并进行大规模的培训。为了缓解员工和管理人员对这种变化的焦虑情绪,GE Fanuc承诺没有员工会因此失去工作。由于受管理层次减少的影响,经理和主管或者得到提升,或者流动到公司的其他部门,或者提前退休。另外,员工也将会有所收益,在公司服务多年以后将会得到多达3个星期的额外津贴。

这项改革立刻产生了效果:GE Fanuc的收益最多时上升了18%,40多个工作团队会定期讨论工作目标,根据工作标准来改善工作表现和改善工作业绩,讨论工作中的问题和有关议题,员工流失也降到了最低点。

思考:

(1)本案例中,人力资源经理有哪些职责?

(2)GE Fanuc人力资源管理方面的角色转化给企业带来了哪些变化和挑战?

(3)公司是如何应对这些变化和挑战的?

第三节 人力资源管理的理论基础

一、从实验说起:什么影响工人的生产率

(一)泰勒的科学管理实验

被称为"科学管理之父"的美国工程师弗雷德里克·温斯洛·泰勒(Frederick Winslow Taylor)致力于工人劳动时间和工作方法的研究,通过著名的生铁搬运、铁锹实验和金属切削实验,提出了科学管理的思想。

搬运生铁实验的场所是美国伯利恒钢铁公司(Bethlehem Steel Corp),泰勒

希望通过这一"工人操作中最原始、最初步"的劳动来合理确定工作定额。本来的情况是这样的：生铁搬运小组有75人，每人每天装货约为12.5吨。而泰勒通过工时研究，认为每个搬运工每天能够搬运47~48吨。这看上去似乎是天方夜谭。如何让员工达到新的搬运效率同时不会感到任务过重甚至因为效率提高而更满足，就是泰勒这一实验的目的。

为此，他请来计时人员，用秒表跟踪一个"头等工人"的最快速度，记录下他一天的工作过程。根据计时，将这些工作分解成小的基本动作，并研究完成这些动作最省力高效的方法。根据研究结果，可以计算出如果运用最省力高效的方法可以达到的最高工作量，即"标准定额"。只工作是会累倒工人的。为此，泰勒还计算工人一天中必要的休息时间、可能出现的延迟时间，为这些时间留出空档。最后，他挑选一名工人，在手握秒表的管理人员规定下，按照特定的动作、程序和规定的时间休息，最终真的在一天之内完成了47.5吨的生铁搬运工作！并且，工人的工资从1.15美元涨到1.85美元。这一实验，为人力资源管理中的工作分析奠定了基础。

需要注意的是，泰勒倡导的并非为了提高工作量而突击干活，那只会累垮工人。理想的状况是，工人能年复一年地正常完成最佳工作量，并能保持精力旺盛。这就要求工人根据最佳工作方法和程序工作。如果缺乏规律的休息，工人可能只干了3个小时就累倒了。尽管这一实验在当时遭到一些抗议，比如工人的工资提高比率较之工作量的增加比率过低了，泰勒却认为，工人收入的增加并不是用更艰苦的劳动换来的，而是正确方法使他们省去了无用的劳动，提高了效率。

除了生铁搬运实验，泰勒还进行了铁锹实验和金属切削实验。铁锹实验依然在伯利恒钢铁公司进行。这一实验除了工人的动作分析、每次铲的重量问题，还包括铁锹的材质、形状、规格问题，力求人尽其才、物尽其用。金属切削实验则在米德维尔钢铁厂（Midvale Steel Works）进行，用以测定切割工具的最佳形状和使用角度，以及切割钢铁的恰当速度。该实验发现，在切割金属时，车床的转速、进刀量的深度都有讲究，如何最佳却难以回答，唯有通过反复实验逐步逼近最优选择。实验提供了大量数据，并促使数学家发明专用的快速计算尺，工人可以用它快速确定切削金属的最佳方法。这一实验表明，仅仅依靠工人自己找出最佳工作方法，是不合适的。管理人员以及相关专家有责任进行工作的计划、安排和设计。

从泰勒的三个试验中，可以总结出如下几点：

（1）中心问题是提高劳动生产率，使产出最大化；

（2）要使工人掌握标准化的操作方法，使用标准化的工具、器材，并使作业环境标准化，即依赖科学的方法而非单凭经验；

（3）应实施计件工资制、劳动定额等管理方法以通过报酬激励工人提高效率；

（4）计划职能要由管理者承担，工人只负责执行，即实施"职能管理"。

（二）梅奥与霍桑实验

1927年，行为科学的奠基人美国管理学家乔治·埃尔顿·梅奥（George Elton Mayo）应邀参加了开始于1924年的霍桑实验，进行了为期9年的分阶段实验研究。霍桑实验是指由美国西方电气公司在芝加哥附近的霍桑工厂进行的一系列实验。最初，该实验的目的是根据科学管理理论，研究工作环境如照明对劳动生产率的影响。1924～1927年即照明实验阶段，研究"提高照明度"是否可以减少工人疲劳、提高生产效率。然而，两年多的研究发现照明度的改变对生产效率并无影响。此时，实验遇到了难题。

照明实验的依据正是泰勒的科学管理理论，基于改善作业环境以提高生产效率的思想。然而，第一阶段实验却遭遇滑铁卢。当时在哈佛大学工作的梅奥教授接手后，做了第二阶段的"福利实验"，希望查明福利待遇与生产效率的关系。然而，研究结果表明，工资支付办法的改变等福利待遇都不能影响产量的持续上升。后来研究发现，参加实验的工人之所以有更高的效率一方面由于参加实验的光荣感，另一方面则因为成员间的良好关系。

之后是第三阶段的"访谈实验"，通过访谈让员工发泄对管理制度和方法的不满，使其心情舒畅进而提高了生产效率。第四阶段选择了14名工人在单独的房间工作，进行"群体实验"。实验最初希望通过特殊的计件工资制度激励工人努力工作，获得更高报酬。但实验发现产量只保持在中等水平上。调查发现，这个班组的工人为了维护群体利益自发形成规范，约定不能干得太多也不能干得太少。"非正式群体"这一概念被提出。最后阶段的"态度实验"发现，耐心听取并记录工人的意见包括牢骚、不加反驳和训斥能够使产量大幅度提高。

进而，人际关系比人为措施更有效的结论被得出。由此，管理中的人际关系学说得以建立，并成为行为科学的基础。行为科学应用于管理领域，即组织行为学。该学科涉及人性理论、激励理论、团队及成员的关系、领导理论、组织变革等内容。其中人性理论、激励理论等是人力资源管理的理论基础。

二、管理思想中的人性假设

对比泰勒的科学管理思想和梅奥的人际关系管理思想，可以发现他们在如何管理工人以提高生产率上的结论是有差异的。人际关系管理思想比科学管理思想更进一步，但并非终点。20世纪80年代，日本工业的飞速发展使管理学家开始关注日本的人力资源管理。随之，企业环境变化带来的战略变革将人力资源管理上升到战略层面，出现战略人力资源管理。之后，倡导企业与个人互相投资实现双赢的人才管理思想开始显现。这几个阶段分别对应着不同的假设，其中以人性假设为核心。

这是因为，人力资源管理归根到底是管人的，那么，"人是怎么样的"就成了首要问题，包括人的需求、人的好恶、人的目标等一系列问题。这些问题的不同回答会影响到薪酬、激励、规章等一系列制度的制定。所谓假设，就是对这些问题的基本假定。假设不等同于现实，却是现实的抽象。比如，"人性本善"就是一种关于人性善恶的假设；"人是社会动物，需要交往和情感"则是关于人的需求的假设。

这些假设有什么作用呢？如果假设"人性本善"，在制定规章制度时可能会比较宽松，即便员工犯错，也倾向于劝导，让人改正；如果假设"人性本恶"，则在制定规章时讲究严厉，有错就罚，倾向于通过惩罚让人规避错误。在中国，儒家思想中的"人之初，性本善"是典型的"人性本善"假设，韩非子的法家思想则是对应于"人性本恶"假设的治理思想。

（一）"自然人"与"经济人"假设

从泰勒的科学管理三大实验中，可以看出泰勒的主要目标是提高生产率，并且认为，只要工人遵循合适的休息和工作方法就能达到最佳生产率。同时，从激励手段看，泰勒在实验中采用的是计件工资制等提高工资报酬的方法。从提高生产率的方法看，其人性假设是"自然人"假设；从激励手段看，其人性假设是

"经济人"假设。

所谓"自然人"假设，即强调人是自然存在的生物，需要适当的休息，否则就会累垮。因此，泰勒的搬运生铁实验中强调休息的重要。而标准化动作的提出，实际上忽略了个体的差异。人似乎成了生产工具的一部分，每个人有相同的作息规律、力气和最佳动作方式，而没有任何的主动性。在实验中，他们只是根据管理者的指挥和规定做出最规范的动作，不给管理者提出任何建议。由此，对他们的管理就是通过标准化流程和规范进行的，这也就是将其称作"科学管理"的原因。

从激励上看，科学管理将人视作"经济人"。经济人假设是经济学中的基本假设。该假设认为，人们是看重经济利益的，工人参加工作是为了获得报酬，企业的开办则是为了获得利润。因此，对工人产量的提高给予更高工资就可以让他们更加努力工作。这一假设在人们难以获得自然需求的满足的时候尤为有效，但是，当人们的基本需求已经获得满足，工资提高带来的激励作用可能就有限了。

（二）"社会人"假设

在梅奥的霍桑实验中，科学管理中的有效原则突然失效了。在"照明实验"中，照明条件的改善理应提高效率，但却没有；在"福利实验"中，工资支付方式的改变本可以提高工人的工作积极性，而实际上也没有。此时，"自然人"和"经济人"的假设已经不能解释这一现象。这说明，工人除了有舒适的工作条件、合适的休息等作为自然人的要求，以及与工作量相匹配的经济报酬，还有其他的需求。

霍桑实验支持了"社会人"的假设。"社会人"假设，相对于自然人和经济人，是对人本性的进一步解释。作为自然人，人们有食物、水、休息等自然需求；作为经济人，人们希望获得金钱或其他利益以过得更好；作为社会人，人们则需要与其他人的互动交往，构建良好的人际关系，从中满足自己的情感需求。在"访谈实验"中，工人对现有制度提出意见，体现了参与管理的思想。在"群体实验"中，则体现出个人不能太突出以免使业绩低的团队成员遭遇惩罚，也不能太懒散以致拉团队的后腿。这说明，人们并非只关注自己的个人利益，还会考虑团队的整体利益。而"态度实验"，仅仅是通过发表意见、评论甚至发牢骚，就能改善心情，进而提高工人生产率。这说明，人们的情感需要及其满足具有重要意义。

综合科学管理的"自然人"和"经济人"假设、霍桑实验中的"社会人"假设，实际上与心理学家亚伯拉罕·哈罗德·马斯洛（Abraham Harold Maslow）的需求层次理论不谋而合。马斯洛反对将自然科学研究方法照搬到以人为对象的研究上。他提出的需求层次论将人的需求（即动机）分为由低到高的五个层次：生理需求、安全需求、爱与归属的需求、尊重需求和自我实现的需求。可见，生理需求对应"自然人"假设，安全需求要借由"经济人"实现，而爱与归属、尊重和自我实现的需求则属于"社会人"假设相关的需求。

（三）人性的善恶假设

尽管马斯洛的需求层次理论呼吁人本管理，倡导人性善，但尚未直接表明人性的善恶。换言之，自然人、经济人与社会人假设更多关注人的不同需求，未直接涉及人性善恶的评判。美国行为科学家、人际关系学派的代表道格拉斯·麦格雷戈（Douglas M. McGregor）在20世纪50年代提出了X—Y理论，代表人性本恶和人性本善两种截然不同的思想。

（1）X理论的典型观点包括：① 人是懒惰的，厌恶工作、能逃避就逃避的；② 工作对大多数人来说是一种负担，人们缺乏志向；③ 大多数人是缺乏理智的，是需要被管理和约束的；④ 大多数人的个人目标与组织目标相悖，为了实现组织目标必须对人们严加管理，使用强迫、指挥、控制等手段；⑤ 大多数人最看重的是经济利益，进而是满足生理和安全需要；⑥ 少数人是可以克制自己、更理智的，这一部分可以作为管理者。

对应X假设，管理者应该采取以下管理方式：① 运用职权，发号施令，使其服从；② 制定严密的组织和工作制度，以便控制；③ 以金钱来激励员工。对比科学管理的做法，可以发现X理论与科学管理理念相符合。

（2）Y理论的典型观点包括：① 人们并不总是厌恶工作、逃避工作的；② 不一定要通过控制和惩罚来使个人完成目标，人们是愿意自我管理和自我控制的；③ 在适当条件下，人们不一定必然逃避职责，而是能接受甚至主动寻求承担职责的；④ 人们可以帮助解决组织的问题，实现组织目标。

对应Y假设，管理者最好采取以下管理方式：① 作为辅助者和支持者帮助员工完成任务，而不是指挥者和命令者；② 管理制度的设定不能太过死板，要给员工一定的自主权,让他们参与决策;③在激励上,仅有经济刺激是不够的,要提高工作本身对员工满足自我实现需要的激励。

其实,人性善恶的思想和争论早已存在。以中国的传统文化为例,儒、道、法各家思想有所不同,恰恰凸显了对人性假设的不同看法。很明显,儒家思想看重"社会人"方面,以人性本善为主,"人之初,性本善",因此在管理中倡导"仁治",主张"孔孟之道"。与之相对的是以韩非子为代表的法家思想,其假设偏向人性本恶论,因此需要各种制度包括刑罚来管理和统治人民。而道家思想,则认为"道法自然",提倡无为之治,恰恰是"自然人"假设的最大体现。

可见,不同的人性假设对应不同的管理理念和模式。依据X理论或其他人性恶的假设的理论,管理适合采取独裁式、监督式、严厉式;依据Y理论或其他人性善的假设的理论,管理应采取参与式、社团式、宽松式。

(四)超Y理论与Z理论

显然,X理论将人简单化、静态化了,而Y理论又显得过于美好。据此,美国管理学者约翰·莫尔斯(John. J. Morse)和杰伊·洛希(Jay. W. Lorsch)基于X理论和Y理论,提出"超Y理论"。该理论倡导权变的管理理论,认为没有一种管理方式是可以"放之四海而皆准"的,要根据被管理者、时机、事件、组织环境等因素的特点设计灵活多样的管理方法。

Z理论则由日裔美国学者威廉·大内(William Ouchi)提出。这一理论解释了为何日本在20世纪七八十年代企业发展迅速,生产率普遍高于美国。Z理论强调员工的归属感等情感需求,倡导实施"民主管理"。因此,日本企业倡导长期或终身雇佣制度,使员工与企业形成紧密联系;对员工实施长期考核和逐步提升;树立集体观念和平等观念,实施自我管理等。这有别于当时美国所实施的短期雇佣、快速的绩效考核与提升、明确的控制、个人负责等管理方式。长期与短期、集体与个人分别是日本企业与美国企业管理的突出特点。

以上各类人性假设,共同构成了不同管理理念和模式的基础。在此,综合各类假设,总结如下:

第一,人性本善与本恶并非一分为二的,善恶往往一念之间。

第二,人的需求是多样的、有层次的,需要整体关注。

第三,管理方式可以多样,但要以人为本,追求企业利益或效率最大化与员工个人发展和谐共赢的目标。

第四节 人力资源管理面临的挑战

尽管人力资源管理已经是企业中成熟的管理活动之一，但随着经济发展和社会形式变化，也面临诸多挑战。

一、对全球人才与本土人才获取和管理的挑战

经济全球化带来对全球人才与本土人才获取和管理的挑战。经济全球化除了使不同国家和地区的人们更容易联系在一起，也令跨国公司走进更多的市场。作为新兴市场国家的代表，中国成为众多跨国公司的必选之地、必争市场。同时，中国企业如华为、海尔也实施全球化战略，在其他国家和地区设置分支机构。在人才方面，这些公司既需要具有国际化背景和视野的全球化管理人才，也需要在东道国雇佣本土人才，因其对本国的市场、经商方式、文化、客户等更加熟悉。对于国际化的中国企业，他们面临如何吸引、筛选、雇佣和激励有全球领导力的人才的问题；对于在中国经营的跨国公司，则需要招聘具有胜任力的本土人才。同时，如何协调全球人才（通常来自其他国家）与本土人才之间的管理任务配置和沟通，成为人力资源管理者面临的挑战。

二、人才招聘、激励、管理等多方面的挑战

以代际差异为主要体现的价值多元化带来人才招聘、激励、管理等多方面挑战。这一趋势也与全球化趋势有关。中国自改革开放尤其是21世纪以来，在文化领域逐渐与国际特别是西方主流价值观接轨。网络技术的发达、物质生活水平的提高，使"80后"、"90后"的员工与其父辈在价值观上体现出较大的差异。他们更加崇尚独立、自由、个性和个人价值的实现；而在相对封闭和物质匮乏的年代，其父辈则将工作视作生活中的重要组成甚至全部，为维持现有工作岗位他们往往任劳任怨、难有异议。年轻员工开始不再把工作视作全部，而只是当作获

取经济来源的手段；或者，有一部分仍以工作为重，但更重视是否喜欢该岗位、该岗位是否能够满足自己的成长和精神需要。鉴于此，简单的经济激励手段已经难以对员工产生有效的激励效果。如何在员工价值多元化的时代吸引、激励并留住人才是人力资源管理面临的一大挑战。

三、人才开发成为重要任务

尽管技术能力、财务能力、市场能力依然是企业的竞争优势来源，但人才对企业竞争优势的获得愈加重要。要想获得人才竞争优势，人力资源管理就要面临人才开发的挑战。缺乏合理的人才开发策略，即使企业通过猎头公司等方式从外部招聘到高级人才，也很难使其发挥应有的能力，带动企业发展。另外，企业内部的员工晋升、发展也离不开企业的人才开发支持。如何实现员工发展与企业发展的双赢和共同促进，是人力资源管理面临的重要任务。

四、管理柔性化、信息化等趋势对人力资源管理提出的更高要求

在人事管理阶段以及传统人力资源管理阶段，其工作内容较为常规和稳定，通常有章可循，人力资源管理者依章办事即可。管理柔性化，相对于管理刚性，意味着组织面对环境变化在管理方面应对的灵活性增强。相应地，管理柔性化也增加了管理任务的复杂性和不可预测性。这对人力资源管理提出了更高要求，如员工人数可以较为灵活地根据生产任务调整，雇用一部分外部临时员工满足对员工数量增加的临时需要。管理信息化则要求人力资源管理提高反应和回馈速度，通过网络、手机等科技平台提升管理效率。

五、人力资源的特性决定了其管理对象的多样性、复杂性

最重要的是，人力资源的特性决定了人力资源管理的对象会随着时代发展呈现多样的、复杂的变化。这些变化体现在员工的价值观、对工作的看重程度、对薪酬和激励的态度等方面，这些因素直接影响到现有人力资源管理政策的有效性。同时，社会宏观环境的变化包括全球化、信息技术发展、沟通方式变化等又对企业的管理方式、员工的行为方式产生影响，这又要求人力资源管理采取相应的策略。此外，人力资源管理如何在基本的操作性、事务性工作基础上，与公司

第一章　人力资源管理概述

战略连接，提升与公司整体战略的匹配进而为公司战略目标的实现提供人才保障，也是人力资源管理的重要任务。

本章小结

人的资源即为人力资源。从实质上讲，人力资源是蕴含在人体内由智力和体力构成的、可以作为生产投入带来产出或为社会做出其他贡献的要素综合。具体来说，人力资源指能够推动经济和社会发展，具有劳动能力的人口总和。人力资源与通常讲的人口、劳动力、人力资本、人才等概念有区别，亦有联系。人力资源的主体是人，决定了人力资源具有以下特性：能动性、流动性、时效性与可再生性、可开发性和异质性。人力资源是国家和社会发展、组织及企业发展的保障。

人力资源管理是指企业或其他组织为实现组织目标，而对其人力资源进行配置、运用和开发所涉及的一系列管理活动。人力资源管理的内涵包括以下几点：人力资源管理是企业管理的重要职能、人力资源管理具有战略性、人力资源管理的主体具有多重性。人力资源的主要职能包括：①职位分析；②人力资源规划；③招聘与选拔；④培训与开发；⑤职业生涯管理；⑥绩效管理；⑦薪酬或激励；⑧劳动关系管理。

社会经济发展、信息技术的提升、组织结构的演变、个体价值观的差异等，都对人力资源管理提出了更高要求，带来了挑战。从总体上说，人力资源管理如何提升自身的战略高度，配合公司战略促进公司战略目标的实现也是重要课题。

本章思考题

1. 什么是人力资源？与它相关的概念有哪些？是否存在对人力资源概念的质疑？
2. 人力资源有何特性？为什么？
3. 何谓人力资源管理？它的主要职责是什么？
4. 人力资源管理面临哪些新情况和挑战？

本章参考文献

1. 〔美〕罗伯特·L.马西斯、约翰·H.杰克逊著，孟丁译：《人力资源管理（第10版）》，北京大学出版社2006年版。

2. 〔美〕戴维·西洛塔等著，付彦译：《激情员工：通过满足员工关键需求而获利》，中国人民大学出版社2007年版。

3. 〔美〕戴维·尤里奇：《哈佛经典人力资源管理的四个新角色》，《商业评论》2005年10月12日，http://finance.sina.com.cn/leadership/jypl/20051012/14242027491.shtml。

4. 成辑：《泰勒的三个著名试验》，《中国财政》2009年第14期。

第二章　工作分析与工作评价

本章学习目标

1. 了解：工作分析、工作描述、工作规范和工作评价的概念。
2. 熟悉：工作分析的目的及意义，工作分析的流程及结果，工作评价的特征以及美世国际职位评估法。
3. 掌握：工作分析的方法，工作评价的流程和方法，海氏三要素评估法的过程。

本章核心概念

工作分析　工作描述　海氏三要素评估　工作评价

第一节　工作分析

一、工作分析概述

（一）工作分析的含义

工作分析是对企业各类工作的性质、任务、职责、劳动条件和环境，对员工承担本岗位任务应具备的资格和条件进行分析研究，并制定出工作说明书、岗位规范、工作评价等文件的过程。它是人力资源管理部门一项艰巨而复杂的基础性工作，是人力资源获取、整合、保持与激励、控制与调整、管理与开发等职能工作的基础和前提。工作分析所产生的结果可以用在企业人力资源管理的各个领域，包括人力资源规划、员工招聘、绩效管理、薪酬管理、员工培训等，其分析质量对于其他人力资源管理模块具有举足轻重的影响。它在人力资源管理中的位置如图2-1所示：

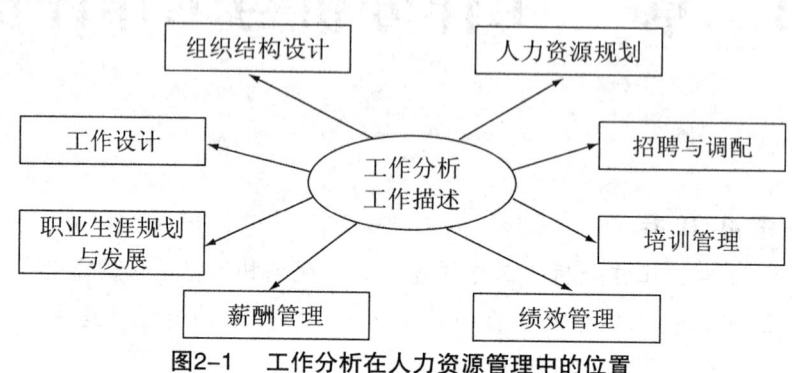

图2-1　工作分析在人力资源管理中的位置

工作分析（Job Analysis）又称为岗位分析、职位分析或者职务分析。业界的学者对这一概念有着不同定义。我们认为，工作分析是指采用科学的技术或方法，对组织中特定工作的性质、任务和责任进行分析并作出界定，同时也对工作的承担者所应具备的素质与能力进行说明与界定，确定岗位的工作要素的特点、性质与要求的一系列行为过程。

（二）与工作分析相关的术语

工作分析的研究可以追溯到20世纪初泰勒的科学管理，但初期的研究仅限于工作中的时间和动作因素。经过一个世纪的发展，工作分析所涉及的内容已经相当广泛，与其相关的术语也有很多。

1. 要素

要素是指工作中不可能再继续分解的最小工作单位。它可被用于描述单个动作，如泰勒研究的铲铁砂的各个动作。要素处于较低层级的分析范围，一般只有在制造行业中为了制定操作工作的动作标准，工艺人员分析工人的动作，规范操作工作的程序时才会用到。

2. 任务

任务是由一个或者多个工作要素组成的为了履行某项岗位职责所进行的某一特定目的的活动，是对一个人所从事的事情作具体的描述。例如，人力资源招

第二章 工作分析与工作评价

聘专员为了完成招聘员工的任务，需要对组织中的招聘需求进行分析，明确岗位职责和岗位规范，发布招聘信息，收集和筛选应聘材料，组织选拔过程，录用合格人员。

任务具有以下特点：① 任务可细分出活动、活动程序、要素等更细微的单元；② 各种任务有大有小，有难有易，所需时间长短不一；③ 当在组织中有足够量的任务需要一个人承担时，就产生了工作岗位。

3. 职位

职位是指为了实现组织目标而要求员工个体完成的特定任务及其所承担的职责和所享有的职权的集合。职位与个人是一一匹配的，也就是有多少职位就有多少人，两者数量相等，但同种职位可以设多个。例如，1位管理者和4位生产线工人就应当视作两项工作，两种职位，5个职位。

4. 职责

职责是指对应职位上的任职者所从事的工作范围或应完成的特定任务。职责一般不局限于某一任务，多由几个具有相关性但可分离的任务组成。

例如，招聘专员工作职责中包括"负责招聘工作"，其中可能包括如下内容：① 负责应届大学毕业生的招聘工作；② 根据公司需要，聘用离退休人员和资深人士作为固定时间或弹性时间的顾问等数类任务。

而任务①又可分为分析各部门对应届大学毕业生的需求、制定应届大学生招聘计划，组织实施应届大学毕业生招聘工作，办理应届大学毕业生接收工作等数项工作任务。

案例

谁来清扫洒在地上的机油？[①]

一个机床操作工把大量的机油洒在他机床周围的地面上。车间主任叫操作工把洒掉的机油清扫干净，操作工拒绝执行，理由是岗位说明书里并没有包括清扫的条文。车间主任顾不上去查岗位说明书上的原文，就找来一名服务工来做清扫。但服务工同样拒绝，他的理由是岗位说明书里也没有包括这一类工作。车间主任威胁说要把他解雇，因为这种服务工是分配到车间来做

---

① 改编自于秀芝：《人力资源管理（第2版）》，经济管理出版社2003年版。

杂务的临时工。服务工勉强同意，但是干完之后立即向公司投诉。

有关人员查看了相关岗位的岗位说明书后发现：操作工有责任保持机床的清洁，使之处于可操作状态，但并未提及清扫地面；服务工有责任以各种方式协助操作工，如领取原材料和工具，随叫随到，即时服务，但也没有明确写明包括清扫工作；勤杂工的职责确实包括了各种形式的清扫，但是他的工作时间是从正常工人下班后开始。

思考：

（1）到底应该由谁来清扫呢？

（2）为什么会出现没人打扫这种情况？

问题的关键在于岗位工作职责界定不清，出现推诿和扯皮的现象。事实上在大多数企业内都发生过类似事件，如何来改善这种现象，避免类似事件的发生？我们认为最佳的途径就是进行工作分析。

5. 职权

职权是指与职称相对应的为履行职责而赋予员工个体所享有的一系列权力，常用"具有批准某事项的权限"来表达，如"拥有支配百万采购资金的权限"。这些权力常因履行特定的职责而享有。职位层级的高低不同，享有的职权大小也不用，即职位越高，职权越大。

6. 职级

职级是指将工作责任大小、工作复杂性与难度以及对任职者的能力要求近似的一组职位划为同一职级，实行同样的管理与报酬，一般与管理层级联系在一起，例如，分公司经理就是一个职位等级。

7. 职位簇

职位簇也叫作工作族，是指在职位分类的基础上，根据任职要求、工作内容和任职者素质与技能的相似性而划分为同一组的职位，如管理职位簇、生产职位簇、营销职位簇等。同一职位簇的员工所享受的待遇与报酬相似。

8. 工作

工作是指具有相同任务和职责的一组职位，是为了实现特定的组织目标而必须完成的若干任务的组合。因此，一项工作可以由一个人完成，如首席执行官

第二章 工作分析与工作评价

（CEO），也可能由多个人来完成，如负责招聘工作的人力资源员工。

9. 工作描述

工作描述也叫工作说明书，是工作分析的最终成果之一。工作说明书对工作内容进行了具体的说明，主要包括工作职责、职权、工作条件等工作特性说明。说明书反映了对某项具体工作的要求，以及从事某项工作所应具备的各类条件，这样才能保证员工迅速了解此项工作，并且将其与其他工作区分开来。

10. 工作规范

工作规范也叫职位要求，也是工作分析的最终成果之一。工作规范以工作描述为基础。虽然工作描述是针对某项具体工作，工作规范是针对员工，但两者是紧密相关的。前者是后者制定的基础，后者是前者的反映，两者彼此对应。

（三）工作分析的目的、内容及意义

员工对工作分析实施者态度冷淡，其实是对工作分析恐惧的一种表现。如今很多企业着手开展工作分析，完善人力资源管理体系。但员工并不清楚工作分析的原因、流程和目的，对实施者也就产生了不信任感。因此，企业应该在工作分析实施之前做好充分的准备，消除员工的心理障碍。

为什么有人工作量很大，做也做不完；有人没活干，整天喝茶看报纸？
——因为我们并不了解每个人的工作量是多少。
为什么有些工作相互重叠，有功劳大家争，有责任没人担？
——因为我们并不了解到底需要多少工作人员。
为什么公司付出了巨大的薪资总额，而员工仍然抱怨工资太低、福利太少？
——因为我们并不了解员工到底需要什么。
为什么公司投入了培训却没有达到预期的效果？
——因为我们并不了解员工的职业生涯。
为什么有的员工不知道自己该做些什么？
——因为我们并不了解如何有效地发挥每个人的作用。
为什么主管难以确切地评价下属员工的工作成绩是好是坏？
——因为我们并不了解如何有效地考核员工的工作。
工作分析可以帮助我们解决以上问题。工作分析的主要目的是要了解

6W1H：即用怎样的人（who）、做什么（what）、何时做（when）、在哪里做（where）、如何做（how）、为什么做（why）、对谁负责（for whom）。因此，实质上，工作分析是人力资源管理部门对各个岗位进行调查研究，从而系统地归纳、描述和记录下组织中所有岗位的方方面面（见表2-1）。

表2-1　工作分析的主要内容

1. 岗位的工作内容与职责： （1）工作活动的内容与任务； （2）各项任务中的流程； （3）工作流程中与其他工作的相互支持与配合； （4）承担工作任务的员工应负的职责。
2. 工作者的具体行为： （1）工作的具体动作操作要求； （2）工作中的人际沟通方式与相互合作。
3. 工作特征与器械： （1）工作操作环境（包括工作时间、地点与自然环境）； （2）工作的社会环境特征（包括团队工作、灵活性以及持续学习等）； （3）工作的组织形式； （4）工作的技术性、创新性和复杂性； （5）工作中使用的设备、工具、机器和辅助工作用具。
4. 任职资格要求： （1）基本素质：性别、年龄、教育背景、工作经验、基本技能等； （2）生理素质：体能要求、健康状况、感觉器官的灵敏性等； （3）综合素质：个人性格、语言表达能力、合作精神、进取心、沟通能力、合作能力、创新能力。
5. 工作目标与个人绩效要求： （1）工作目标； （2）工作绩效评估标准。

工作分析是对企业各类工作的性质、任务、职责、劳动条件和环境，对员工承担本岗位任务应具备的资格和条件进行分析研究，并制定出工作

第二章 工作分析与工作评价

说明书、岗位规范、工作评价等文件的过程。它是现代人力资源管理所有职能工作，即人力资源获取、整合、保持与激励、控制与调整、开发等的基础和前提。

工作分析建立在对企业一切问题进行深刻了解的基础上，只有做好了工作分析与设计工作，才能据此有效完成具体的现代人力资源管理工作，例如：制定企业人力资源规划；核定人力资源成本，并提出相关的管理决策；让企业所有员工明确各自的工作职责和工作范围；组织有效招聘，选拔、使用所需要的人员；制定合理的员工培训、发展规划；制定考核标准及方案，科学开展绩效考核工作；设计出公平合理的薪酬福利及奖励制度方案；为员工提供科学的职业生涯发展咨询；设计、制定高效运行的企业组织结构；提供开展人力资源管理自我诊断的科学根据等（见图2-2）。

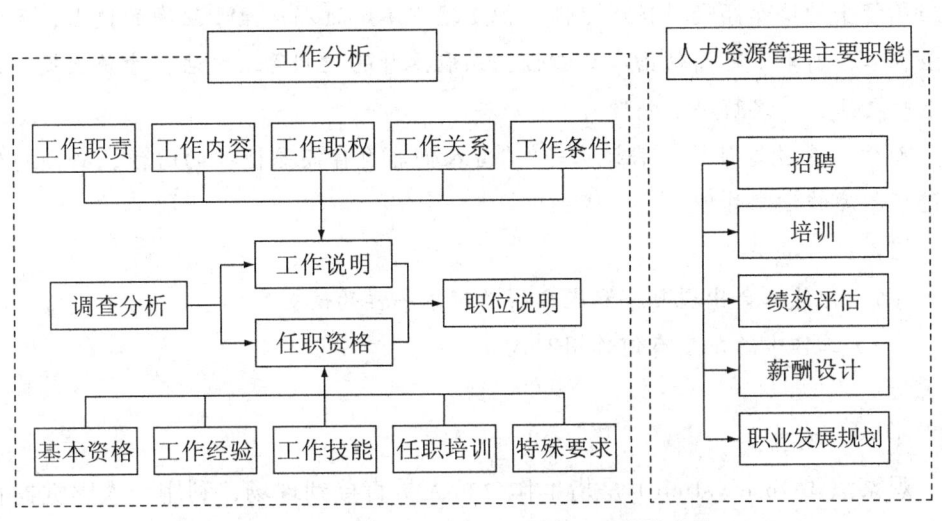

图2-2 工作分析对人力资源管理活动的支持

二、工作分析方法

工作分析方法多种多样，但没有最好的方法，每一种方法都有其优缺点。要对现有的工作状况进行分析，我们必须根据实际工作情况以及分析的内容来选择合适的分析方法。

人力资源管理

和尚分粥[①]

案例

和尚天天喝粥，天天要分粥，一是粥有稠与稀，二是粥有多与少，用了多种方法也没有能解决人人平等个个一样的分配问题。最后决定沙弥烧好粥后由比丘们轮流分粥，于是依然重复着我多你少的历史问题。

这天，新住持要改变这种不公平局面，遂邀请寺里三位高僧出招。

第一位法净说："在于测量，先测量每个僧人所用碗之大小，再测量每次所用粥的厚薄与多少，最后测量轮流分粥僧人的心理是否如止水。"第二位智平说："僧人之心如不如止水，测也难矣。应该是教而化也，使之明白公平意义，批判以权谋私的持饭瓢者，逐渐培养起他们高尚的境界和习惯，才是根本办法。"第三位惠叶说："仍由比丘们轮流分粥，只是改变两点，一是分粥者最后取粥，二是和尚们的饭碗每次统一领取使用。"

新住持深悟这三计，法净爱技术，智平爱教化，惠叶爱控制管理；终极之法当属智平的培养高尚境界和习惯，但是远水不解近渴；至于法净的技术，无法测量人心；看来不可高估僧人之心性，采取惠叶的控制管理之法，才是上策。遂取惠叶之法，最终解决了问题。

新住持变成老住持，告诫弟子："当人们非自律而是他律的时候，必须对他们进行制度的控制管理。"

思考：

（1）为什么会出现每个和尚分得的粥不一样的情况？

（2）工作中的制度有何作用？

（一）观察法

观察法（Observation）是指工作分析人员直接到现场，利用个人感觉器官或其他仪器（如照相机、摄像机等）对特定对象（一个或多个工作人员）的工作进行观察，并以标准格式记录各个环节的内容、原因和方法，分析与之相关的工作因素、工作间的相互关系以及工作环境、条件等信息，最后归纳整理为

[①]《和尚分粥中的控制管理》，中国人力资源开发网，http://www.chinahrd.net /career-manage/career-anecdotes/2006/0411/45802.html.

第二章 工作分析与工作评价

有用的文字资料的方法。观察法最早可以追溯到20世纪初，是最早、最常用的一种工作分析方法。当时，科学管理之父弗雷德里克·泰勒为了提高工人的工作效率，利用实地观察法进行了动作与时间研究。随后，泰勒的追随者加尔布雷斯夫妇发展了泰勒的方法，为了对动作进行更细致的研究，他们利用动作影片对垒外墙砖的动作进行了分析研究，将18个动作简化为最后4个，使工人的效率得到了巨大的提升。

观察法是通过观察获得员工的职务信息的过程，观察的工作应具有代表性。它可以系统地收集一种工作的任务、责任和工作环境方面的信息。观察法要求观察人员尽量在不影响员工正常工作的条件下进行。在适当的时候，工作分析人员应该以恰当的方式将自己介绍给员工，使其能够被员工接受。

观察法的实施程序如图2-3所示。

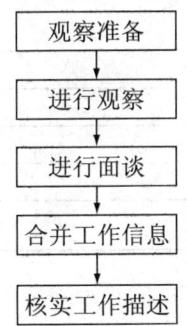

图2-3 观察法的实施程序

1. 观察准备

分析人员思考的问题应该结构简单，并能如实反映工作有关内容，避免机械记录。因此，工作分析人员在观察前应先确定观察计划，包括观察提纲、观察内容、观察时刻、观察位置等。

在准备阶段，工作分析人员应检查现有文件，形成工作总体概念：工作的使命、主要职责和任务、工作流程。首先要准备一个初步的观察提纲，作为观察的框架（见表2-2）。

表2-2　岗位分析观察提纲[①]（部分）

被观察者姓名：_____	日　　期：_____
观察者姓名：_____	观察时间：_____
工作类型：_____	工作部门：_____

观察内容：
（1）上午什么时间正式开始工作？_____
（2）上午工作多少小时？_____
（3）上午休息多少次？_____
（4）第一次休息时间从_____到_____
（5）第二次休息时间从_____到_____
（6）上午完成产品多少件？_____
（7）平均多少时间完成一件产品？_____
（8）与同事交谈几次？_____
（9）每次交谈约_____分钟
（10）室内温度_____摄氏度
（11）抽了几支烟？_____
（12）喝了几次水？_____
（13）什么时候开始午休？_____
（14）出了多少次品？_____
（15）噪音分贝是多少？_____
……

2. 进行观察

做好准备工作之后，应在部门主管的协助下，对员工的工作进行观察。在观察过程中，适当地做记录（见表2-3）。

表2-3　工作分析观察表

序号	工作任务	工作操作程序与方法	权限	结果	时间消耗	备注

[①] 冯忠铨主编：《现代人力资源管理》，中国财政经济出版社2002年版，第135页。

第二章　工作分析与工作评价

3. 进行面谈

根据观察结果，选择一位主管或有经验的员工进行面谈，因为他们了解工作整体情况及各项任务的衔接、配合。确保面谈对象具有代表性。

4. 合并工作信息

把所收集的各种信息合并为一个综合的工作描述，包括：主管、工作者、现场观察者、有关工作的书面材料。在这一阶段，工作分析人员须检查最初的任务或问题清单，确保每一项都已经被回答或确认并随时获得补充资料。

5. 核实工作描述

把工作描述分发给主管和员工，根据反馈意见检查、修改，形成完整和精确的工作描述。

利用观察法，工作分析人员能够比较深刻、全面地了解工作要求，获取的信息也比较真实、客观，对正常的生产活动也不会有较大的干扰。但观察法只适用于在一段时间内，工作内容、工作程序和对员工要求相对稳定的工作即标准化程度较高、周期较短、以体力劳动为主的工作，以及主要由身体活动来完成的工作。观察法不适用于工作周期长或以脑力活动为主的工作，如教师、医生、律师，以及紧急且又偶然的工作，如危机处理。

（二）访谈法

访谈法（Interviews）也称面谈法，它是通过工作分析人员与员工个体或群体、主管人员或相关人员的谈话来进行工作分析的一种方法。访谈法在工作分析中被大量运用，尤其适用于工作分析人员不能实际参与或观察的一些工作，如外科手术、航天飞行等。

访谈法通常在工作场所中进行，访谈的主要目的是了解工作内容、工作目标、工作的性质及范围、工作责任等。访谈对象可以是岗位任职者，可以是对工作较为熟悉的直接主管人员，也可以是与任职者工作联系比较密切的工作人员或任职者的下属。访谈法对我们之前提到的观察法以及随后将提到的问卷法有辅助作用，访谈能够核实通过观察和调查问卷获得的信息，将建议具体化。通过访谈，我们也能了解员工对相互工作的评价，有利于作出改善。

访谈法的实施程序一般分为四个步骤，如图2-4所示：

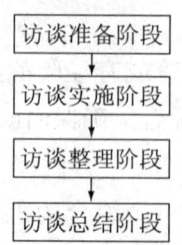

图 2-4 访谈法实施程序

1. 访谈准备阶段

访谈准备阶段的工作一般包括：制定访谈计划、抽取访谈对象、确定访谈时间和地点、建立访谈关系、设计访谈提纲等。

访谈的程序可以是标准化（结构化）的，也可以是非标准化（非结构化）的。标准化的访谈在访谈前一般会安排谈话过程与内容提纲，保证访谈的有序性与内容的全面性。非标准化的访谈一般没有特意安排谈话的程序和谈话清单，而是随着访谈的进行根据实际的需要灵活地提问。由于访谈中涉及的问题较多；为了避免遗漏，保证质量，在访谈之前，工作分析人员最好准备好访谈问题提纲（见表2-4）。

表 2-4　工作分析访谈提纲（示例）[1]

工作分析访谈提纲
（1）你所做的是一种什么样的工作？
（2）你所在的职位的主要工作是什么？你又是如何做的呢？
（3）你的工作环境与别人的有什么不同？
（4）做这样的工作需具备什么样的教育背景、工作经历和技能？它需要你必须具有什么样的文凭或工作许可证？
（5）你都参与了什么活动？
（6）这种工作的职责和任务是什么？
（7）你所从事的工作的基本职责是什么？你的工作标准有哪些？
（8）你真正参与的活动都包括哪些？
（9）你的责任是什么？你的工作环境和工作条件如何？
（10）工作对身体条件的要求是怎样的？工作对情绪和脑力有什么要求？
（11）工作对安全和健康的影响如何？
（12）在工作中你的身体可能受到伤害吗？你在工作时会处于非正常的工作状态吗？

---

[1] 郭洪林等主编：《企业人力资源管理》，清华大学出版社2005年版，第69页。

第二章 工作分析与工作评价

2. 访谈实施阶段

访谈法对工作分析人员的语言表达能力和逻辑思维能力有较高的要求。工作分析人员要能够控制住谈话的局面，既要防止谈话跑题，又要使谈话对象能够无所顾及地侃侃而谈。工作分析人员要及时准确地做好谈话记录，并且避免使谈话对象对记录产生顾虑。

麦考米克（E. J. McCormick）于1979年提出了访谈法的一些标准，它们是：

（1）所提问题要和职位分析的目的有关；
（2）工作分析人员语言表达要清楚、含义要准确；
（3）所提问题必须清晰、明确，不能太含蓄；
（4）所提问题和谈话内容不能超出被谈话人的知识和信息范围；
（5）所提问题和谈话内容不能引起被谈话人的不满，或涉及被谈话人的隐私。

3. 访谈整理阶段

工作分析人员将收集到的信息、资料进行分类整理、提炼，形成初步的工作分析结果。

4. 访谈总结阶段

工作分析人员对整体访谈过程进行梳理，形成访谈结论、报告。

利用访谈法能够与企业各个层次的员工进行双向交流，深入探讨与工作相关的信息，即便是对文字的理解有障碍的员工也能参与其中。员工亲口讲出的工作内容，更真实可靠，并且有很强的针对性。通过访谈可以对员工的工作态度与工作动机等较深层次的内容有所了解，同时访谈也给工作分析人员提供了一个向员工解释工作分析的目的和重要性的机会，有助于岗位分析工作的顺利进行。

当然，访谈法也存在诸多弊端。首先，访谈法需要投入大量的时间与精力，工作成本较高；其次，被访者可能对工作分析不理解，将其视为变相的绩效考核，从而下意识地夸大自己所从事的工作的重要性与复杂性，导致访谈信息失真，或对访谈产生抵触情绪。此外，工作分析人员在访谈过程中个人的主观倾向会对信息真实、完整的获取存在影响。

（三）问卷调查法

问卷调查法（Questionnaire）是指根据工作分析的目的、内容，工作分析人员通过结构化的问卷，从员工或者任职者那里获得工作相关信息进行工作分析的一种方法。工作分析人员首先拟定一套切实可行、内容详实的问卷，然后由员工进行填写。

问卷调查法较观察法、访谈法更易于统计和分析。其最大的优点在于规范化、数量化、费用低、速度快，适合于用计算机对结果进行统计分析；同时，该方法能够突破时空限制，在广阔范围内，对众多调查对象同时进行调查，既节省时间又不影响工作。

问卷内容的设计直接关系到问卷调查的成败。但是，问卷设计比较费工，且不能像访谈那样与员工有面对面的双向信息交流，缺乏弹性，很难了解调查对象的态度、动机等深层次的信息。而且，问卷难以唤起调查对象的兴趣，工作分析人员很难辨别被调查者是认真填写还是随意敷衍；工作分析人员也不能指导对问卷内容不了解、回答方式不清楚的员工填写；这些都会导致调查结果失真。

国外组织行为专家和人力资源管理专家研究出多种科学的问卷调查方法，目前业内比较常用的方法有职位分析问卷（Position Analysis Questionnaire，PAQ）和管理职位描述问卷（Management Position Description Questionnaire，MPDQ）。

（四）其他方法

1. 关键事件法

关键事件法（Critical Incident Method，CIM）是由美国学者福莱诺格（John C. Flanagan）和伯恩斯（Baras）在1954年共同创立并发展起来的。它从上级主管、员工或其他熟悉该岗位工作的人员那里收集员工平时工作中与职务有关的关键事件、行为，包括"做得特别好的"和"做得特别不好的"两类。在一段时间，一般为半年或一年后，利用积累的记录，由主管与员工本人讨论相关事件，为测评提供依据。

关键事件法的目的是识别关键的工作任务，即那些由员工承担的能够使得工作取得成功的重要的工作内容和职责。

因为关键事件法直接针对员工工作上行为，可以获得有关岗位的静态信息和动态特征。但是这些资料需要花费大量的时间收集、整理，不适用于描述日常工作。在运用该法时，应该选择具有代表性、典型性的事件，包含正反两面；调查时间不宜过短；记录的关键事件数量要足够说明问题（见表2-5）。

第二章 工作分析与工作评价

表2-5 关键事件描述表

行为者		地点		时间		职位	
事情发生的背景							
行为者的行为							
行为后果							

2. 工作日志法

工作日志法（Work Diaries），又称现场工作日记法，是对员工整个工作日的工时利用情况，按活动发生的先后顺序，进行观察、记录和分析的一种方法。

工作日志法要求员工每天工作开始前将工作日志放在手边，按时间顺序记录自己所进行的工作任务、工作程序、工作方法、工作职责、工作权限以及各项工作所花费的时间等，在一天工作结束后一并填写；要求员工严格按照表格要求进行填写，确保信息的完整性和真实性，以免损害自己的利益；注意日志的保管，防止丢失。

设计"工作日志"格式的时候，需要根据不同的工作分析目的，以特定表格形式体现（如表2-6、表2-7所示）。员工只需按照表格内容提供相关信息。

表2-6 工作日志（样表1）

花费时间		工作活动内容	业务完成量	备注
开始	延续（分钟）			
8：00	5	打电话给销售科	1	
8：05	2	接电话	1	
8：07	4	准备广告材料	5页	
……				

表2-7 工作日志（样表2）

序号	工作活动名称	工作活动内容	工作活动结果	时间消耗	备注
1	起草公文	代理合同	3份	1.5小时	报审批
2	贸易洽谈	玩具出口	1次	4小时	承办
3	布置工作	对日出口业务	1次	25分钟	指示
……	……	……	……	……	……
15	接待	参观	8人	50分钟	承办

运用工作日志法获得的信息完整详细、且客观性强、可靠性较高，有利于管理人员了解员工实际工作的内容、责任、权利、人际关系及工作负荷。但是，工作日志法亦有许多弊端：使用范围小，只适用于工作状态较稳定、循环周期较短的岗位；该方法要求填写人对此项工作非常熟悉、了解，若由第三者填写，人力投入量增大，存在误差；整理用该法收集到的信息工作量大，归纳繁琐。

三、工作分析流程及结果

工作分析包括准备、设计、分析、描述以及运用与控制等五个阶段，如表2-8所示。

表2-8　工作分析流程

阶段	关键控制点
准备阶段	（1）明确工作分析的目的与意义 （2）取得上级领导支持 （3）同员工建立良好合作关系 （4）明确工作分析对象 （5）制定工作分析总体实施计划
设计阶段	（1）组建工作分析小组 （2）确定应收集的信息、资料 （3）选择工作分析的方法 （4）制定具体工作分析实施方案
分析阶段	（1）信息收集 （2）整理、完善所获信息 （3）审核信息，提取相关内容
描述阶段	编制工作说明书
运用与控制阶段	运用：将工作分析结果具体应用到人力资源管理的各个环节，为其制定参照执行标准 控制：通过反馈确认工作分析的适用性，并适当修改、调整

（一）准备阶段

对于不同的企业或者对于处在不同阶段的同一企业，企业进行工作分析的

第二章 工作分析与工作评价

目的均有所不同。有些是为了使现有岗位的工作内容与工作要求更加明确或合理化，以便制定切合实际的激励制度，从而调动员工的积极性；有些是为了对新岗位进行描述，使其规范化；还有些是因为企业总体战略有所调整，为了适应新路线、提高企业的竞争力而对内部职位进行调整。因此，在进行工作分析之前，首先要明确工作分析的目的。有了明确的目的，才能正确确定分析的范围、对象和内容。

其次，取得高层领导的支持与认可，可以为解决工作分析中可能出现的各种问题提供便利。同时，由于工作分析需要工作分析人员与大量的员工进行沟通、接触，与员工建立良好的合作关系十分重要。

最后，根据具体要求制定出工作分析的总体实施计划，包括确定工作分析工作整体时间安排，确定参与部门与人员，预计花费经费等内容。

一般来说，工作分析总体实施计划中应明确工作分析工作的牵头部门，即组织开展工作分析的部门（通常为人力资源管理部）；工作分析活动如何宣传，让员工熟悉和了解；工作分析动员大会何时、何地、如何召开，会议的议事内容，会议参与人员；其他部门如何配合、参与到工作分析活动中来等。

（二）设计阶段

设计阶段主要包括工作分析小组的组建和工作分析方法及信息来源的选择。

工作分析小组是工作分析工作的主体，企业所有岗位信息都要通过他们收集、整理和分析，最后形成各个岗位的分析文件。小组成员的素质、专业知识以及小组的人员构成情况将直接影响到工作分析的效果。

一般情况下，工作分析小组成员通常由工作分析专家构成。所谓工作分析专家，是指具有分析专长，并对组织结构以及组织内部各项工作有明确概念的人员。

选择信息来源应注意：不同层次的信息提供者提供的信息存在不同程度的差别；工作分析人员应站在公正的角度听取不同的信息，不要存有偏见；使用各种职业信息文件时，要结合实际，不可照搬照抄。

确定收集信息的方法和系统，应根据所确定的工作分析目的和企业实际需要，选择不同的搜集方法和分析系统，灵活运用。

（三）分析阶段

分析阶段是收集、分析、综合组织某个工作有关的信息的过程，也是整个工作分析过程的核心部分。此阶段主要包括以下项目：

（1）工作名称分析：该名称必须明确，使人看到工作名称就可以大致了解工作内容。

（2）工作任务分析：工作具体事项分析，包括工作的核心任务、工作内容、完成工作所需要的方法和步骤等。

（3）工作职责分析：即该工作的责任有多大，包括对原材料和产品、机械设备、工作程序、其他员工的职责等。

（4）工作职权分析：即该工作的职权有多大，职权与职责是相互对应的，应尽量使用定量的方法来确定。

（5）协作关系分析：包括该项工作受哪些工作制约、相关工作的协调关系、哪些工作之间可以进行协调和更换等。

（6）工作环境：主要包括物理环境、安全环境和社会环境，如工作场所的照明度、从事该工作易患的职业病、同事之间的人际关系等。

（四）描述阶段

工作分析的描述阶段主要解决如何用书面形式来表达分析结果的问题，即通过对所获各种资料的分析整理，编制工作说明书。工作说明书由工作描述（Job Description）和工作规范（Job Specification）两方面的内容组成。在编写的过程中可以分别编写，也可以合二为一。编写的格式可以是陈述式的，也可以是表格式的。

1. 工作描述

工作描述反映的是组织对于某项具体工作的要求以及为完成该工作所需具备的各种支持性条件，一般包括下列内容（如表2-9所示）：

（1）基本信息。一般包括职务名称、所属部门、岗位编号等级、隶属关系以及岗位分析的目的等。

（2）工作概要。一般用一句话对职务的特征以及主要工作方式进行简明扼要的描述，从而高度概括地描述该职位的工作所需要达到的目标和任务。例如，西南航空公司对空乘人员的岗位描述是：空乘人员首先应该保证乘客的安全与舒适，然后通过友好的、热情的、有礼貌的、有趣的服务，让顾客拥有一种难忘的旅途经历。在描述主要工作范围时，要求明确界定，不能给岗位工作人员留下推诿的空间。

第二章 工作分析与工作评价

（3）工作内容。工作内容是工作描述最主要的部分，主要包括：① 岗位设置的目的：也叫职务目的，指对于职务进行抽象概括的描述。② 组织关系：明确任职者与组织内外人员以及其他相关人员的关系，包括上下隶属关系、内部的工作合作对象、对外的接触人员等。③ 工作职责：包括实现该职位目标所应担负的工作责任和具体的工作任务，同时也应对该工作的工作流程进行说明。

（4）工作条件。主要涉及工作的时间、地点以及职务周围的物理环境与社会环境。其中物理环境指的是工作地点的温度、湿度、光线、安全条件以及可能发生意外的危险等。而社会环境主要包括团队工作、灵活性等，甚至企业文化、组织使命都可以纳入到工作条件当中。

（5）聘用条件。主要涉及工作人员的安置状况，包括工作时数、工资结构、福利待遇、晋升的机会以及职业生涯发展通道等。

表2-9 工作说明书示例

职务	发货员	部门	货品收发部门	地点	仓库C大楼
教育程度	高中毕业		工作经历		可有可无
职务概况	听从仓库经理指挥，根据销售部门递来的发货委托单据，将货品发往客户。和其他发货员、打包工一起，徒手或靠电动设备从货架搬卸货品，打包装箱，以备卡车、火车、空运或邮递。正确填写和递送相应的单据报表，保存有关记录文件。				
工作内容	一、花70%的工作时间做以下工作： （1）从货架上搬卸货品，打包装箱； （2）根据运输单位在货运单上标明的要求，磅秤纸箱并贴上标签； （3）协助送货人装车。 二、花15%的工作时间做以下工作： （1）填写有关运货的各种表格（例如装箱单、发货单、提货单等）； （2）凭借键控穿孔机或理货单，保存发货记录； （3）打印各种表格和标签； （4）把有关文件整理归档。 三、用剩余的时间做以下工作： （1）开工作的卡车送货去邮局，偶尔也承担当地的直接投递工作； （2）协助别人盘点存货； （3）为其他的发货员或收货员核查货品； （4）保持工作场所清洁，一切井井有条。				

（续表）

管理状态	听从仓库经历指挥，除非遇到特殊问题，要求独立工作。
工作关系	与打包工、仓库保管员等密切配合，共同工作。装车时与卡车司机联系，有时也和订销部门的人接触。
工作设备	操作提货升降机、电动运输带、打包机、电脑终端及打字机。
工作环境	干净、明亮、有保暖设备；行走自如，攀登安全，提货方便；开门发货时要自己手动启门。

2. 工作规范

工作规范也叫任职说明书，主要涉及岗位工作者必须具有的资格标准，如知识背景、专业技能、培训等。常见的工作规范一般包括下列内容：

（1）知识背景（例如教育背景、知识结构、专业类型等）。主要是明确从事该工作所需具备的最基本的学历以及相关基础知识。

（2）专业知识技能或专业资格证书。这项内容主要涉及一些专业性要求特别高的职业提出的某些要求，例如医生需要具有医师执业证书或相关技能，律师和会计师需要相关的职业证书。

（3）所需要的工作经历。为了保证员工及时上岗，降低组织的培训成本，很多工作规范中都对工作经历有着一定的要求，例如一般的高层管理者招聘都会要求应聘者具有两年以上的相关行业中层以上管理经验。

（4）身体要求。这是几乎所有的工作规范中都会提及的一项内容。

（5）因工作的特殊性而作出的特殊要求。这是对于一些具有特殊性质的工作所提出的要求，例如对从事酒类销售工作的员工要求最好具有饮酒这一嗜好，而万宝路（Marlboro）的招聘人员也很认可那些将吸烟当作一种享受的应聘者。

当然，在编写工作说明书的过程中，工作分析人员应注意：对事不对人；尽可能具体，可操作；表达简洁、准确。因此，在编写说明书时，可以将工作描述与工作规范两者融为一体，这样能将工作分析的结果以一种更简明的方式表现出来。编制工作说明书的流程如图2-5所示。

第二章 工作分析与工作评价

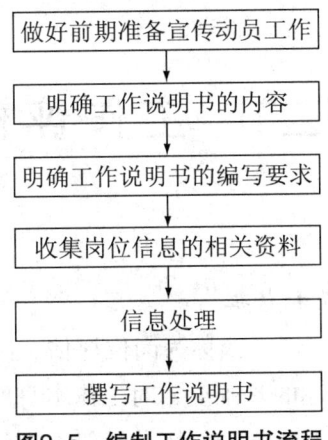

图2-5 编制工作说明书流程

（五）运用与控制阶段

运用是对工作分析的验证，只有通过实际的检验，工作分析才具有可行性和有效性，才能不断适应外部环境的变化，从而不断完善工作分析的运行程序。

控制活动贯穿工作分析的始终，是一个不断调整的过程（如图2-6所示）。随着时间的推移，任何事物都在变化，工作也不例外。组织的生产经营活动是不断变化的，这些变化会直接或间接地引起组织分工协作体制进行相应的调整，从而也相应地引起工作的变化。因此，一项工作要有成效，就必须因人制宜地做些改变。另外，工作分析文件的适用性只有通过反馈才能得到确认，并根据反馈修改其中不适应的部分。

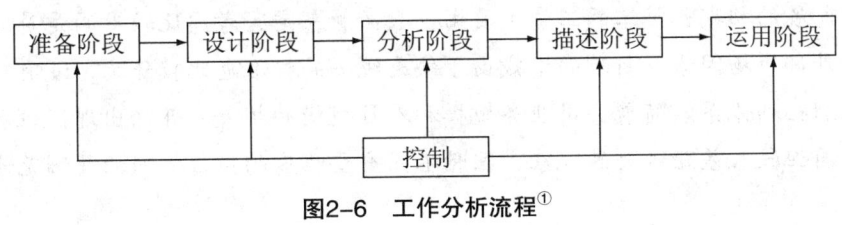

图2-6 工作分析流程[①]

[①] 孙宗虎、邹晓春主编：《人力资源管理工作细化执行与模板》，人民邮电出版社2011年版，第122页。

第二节 工作评价

一、工作评价概述

(一) 工作评价的含义和特征

工作评价（Job Evaluation），或称为岗位评估、岗位测评，是一种岗位价值的评价方法。它是在工作描述的基础上，对工作本身所具有的特性（比如工作对企业的影响、职责范围、任职条件、环境条件等）进行评价，以确定工作相对价值的过程。

工作评价有三大特点：首先，"对事不对人"，即工作评价对象是企业中客观存在的岗位，而非任职者；其次，工作评价反映的只是相对价值，而不是岗位的绝对价值，岗位的绝对价值是无法衡量的。工作评价是依据统一的评价标准，对岗位的主要影响因素逐一进行测量、评估，由此得出每个岗位的量值，形成岗位之间比较的基础；最后，工作评价是对性质相同的一类岗位（即职位簇）进行评价，然后根据评定结果再划分出不同等级。

DW公司的变革[②]

DW公司是一家民营的通讯设备制造公司，成立5年来业务一直处于高速增长期，人员的规模也随之不断扩大，已经从最初的不到10人增加到今天的500多人，其中60%左右是管理、科研技术和营销人员。在业务发展的初期，员工的工资主要由少数高管来定，考虑比较多的是员工个人因素和外部市场因素，薪酬的增减由于缺乏统一的标准也比较随意，没有确定统一的薪酬福利体系。随着公司业务规模和人员规模的扩大，开始出现岗位和工作业绩相同但收入差距过大的现象，同时不同重要程度的岗位之间的薪酬无法反映

[①]《战略性人力资源管理：你会做岗位评估吗？》，中国人力资源开发网，http://www.chinahrd.net/management-planning/strategic-planning/2009/0217/19222.html.

第二章　工作分析与工作评价

实际的贡献和价值，经常能够听到员工的抱怨，收入和回报的不合理已经开始影响到员工的情绪和干劲。为了使薪酬福利管理更加规范化，更好地体现不同岗位的价值，公司决定建立一套规范的薪酬福利管理办法。完善薪酬制度的第一步工作就是通过工作评价确定员工的岗位工资。

思考：
（1）工作评价到底采用哪种方法和工具？该如何开展？
（2）评价过程中需要注意哪些问题？

（二）工作评价的作用

在一个企业里，人们常常需要确定一个岗位的价值，或者想知道一名财务经理和一名销售经理相比，究竟谁对企业的价值更大、谁应该获得更好的报酬。那么，究竟如何确定某个岗位在企业里的地位呢？对不同岗位之间的贡献价值如何进行衡量比较呢？这就需要进行工作评价。工作评价可以协调各类岗位之间的关系，对其进行科学规范的管理，发挥以下作用：

1. 工作评价是确定职位级别的手段

职位等级常常被企业作为划分工资级别、福利标准、出差待遇、行政权限等的依据，甚至被作为内部股权分配的依据，而职位评估则是确定职位等级的最佳手段。

有的企业仅仅依靠职位头衔称谓来划分职位等级，而不是依据职位评估，这样有失准确和公平。举例来说，在某企业内部，尽管财务经理和销售经理都是经理，但他们在企业内的价值并不相同，所以职位等级理应不同。同理，在不同企业之间，尽管都有财务经理这个职位，但由于企业规模不同、该职位的具体工作职责和要求不尽相同，所以职位级别也不相同，待遇自然也不同。

通过工作评价，可以明确各个岗位的门类、系统、等级的高低，使工作性质、工作职责一致，把工作上所需要的资格条件相当的岗位都归于同一等级，这样就能保证企业对员工进行招聘、考核、晋升、奖惩等管理时，具有统一尺度和标准。

2. 工作评价是建立薪酬内部公平性的基础

亚当斯（J. S. Adams）推出了薪酬体系的公平理论，他认为人们以两种感知——投入（Input）和产出/成果（Output）为基础来感知薪酬是否公平。投入是指人们对他们所做出的贡献的感知，产出是指人们对所做的工作中得到的回报的感知。通过将自己的产出与投入比与他人的产出与投入比相比较，人们可以形成对公平的感知。人们通常会与不同组织中从事相似工作的人进行比较，或与本组织中的人进行比较来感知是否公平。前者可以称为外部公平性感知，而后者则称为内部公平性感知。

工作的重要性问题以及报酬问题长期以来是管理层与员工争论的焦点之一，直接影响企业的工作氛围、员工的工作热情和积极性。岗位的价值会因为工作内容、职责、职权、工作环境等要素不同而产生差异。正如一台高速运转的机器，每个零件都是必不可少的。但是，各零件在机器运行时发挥的作用不同，从而各自的重要性也就有区别。不同岗位的价值差异又直接影响到员工的工资。因此如何判定岗位价值尤为重要。

工作评价运用一整套规范的技术和流程对企业内所有岗位进行评价，并通过计算得出岗位的相对价值排列序列。通过对所有岗位适用统一的评价体系，同时对员工公开评价过程、评价方法和数据处理方法等信息，最大限度地保证了公平和公正。

工作评价可以使员工与员工之间、管理者与员工之间对报酬的看法趋于一致和满意，并感到公平。

3. 工作评价是薪酬分配的基础

在工资结构中，很多公司都有职位工资这个项目。在通过职位评估得出职位等级之后，就便于确定职位工资的差异了。当然，这个过程还需要薪酬调查数据做参考。国际化的职位评估体系（如HAY系统、CRG系统），由于采用的是统一的职位评估标准，使不同公司之间、不同职位之间在职位等级确定方面具有可比性，在薪酬调查时也使用统一标准的职位等级，为薪酬数据的分析比较提供了方便。工作评价可以更好地体现同工同酬和按劳分配的原则。

虽然有人认为随着社会的发展、科学技术的创新和网络时代的出现，企业内部的组织结构、岗位构成也在发生翻天覆地的变化，因此工作评价和以岗位为基础的付酬方式不合时宜，应以以技术、能力或绩效为基础的付酬方式取而代之。但从实践来看，目前最常见的薪酬形式仍旧是结构工资制，包括基本工资、岗位工资、学历工资和绩效工资等。岗位工资依然占据重要地位。如果设计薪酬体系时，把工作评价与技能评价、绩效评价有效结合使用，可以取得更好的效果。

4. 工作评价是企业以后进行薪酬调整和制订的有效手段

随着企业内部或者外部环境的变化，企业对各岗位的要求可能产生变化，人力资源管理者只需要修改以前确定的报酬要素或分配权重，就可以合理地调整薪酬。如果出现了新的工作岗位，我们也只需要结合此岗位的职务说明书，利用原先的价值评估方法就可以确定这一岗位的薪资比率了。

工作评价对深化现代企业制度建设，建立适应现代企业制度下的工资制度、分配制度，提供了科学依据，为企业进行薪酬调整和薪酬制度改革提供了技术支持。

5. 工作评价是员工确定职业发展和晋升路径的参照系

工作评价能在企业内部建立一个连续性的等级，这些等级可以引导员工朝更高的工作效率发展。员工在企业内部跨部门流动或晋升时，需要参考各职位等级。透明化的工作评价标准、评价程序和方法，便于员工理解企业的价值标准是什么、该怎样努力才能获得更高的薪酬或职位。

（三）工作评价的原则

在进行工作评价前，必须确立一定的原则来指导整个评价过程，如下几个原则能够保证整个评价过程的科学性与评价结果的实用性。

1. 对事不对人原则

整个评估工作的重心应该是放在岗位的工作贡献上，工作评价针对的是工作的岗位而不是目前在这个岗位上工作的人。这样才能保证整个过程中所受到的阻力较小，也能保证评估的客观性。"对事不对人"既是工作评价的特点，也是工作评价的第一原则。

2. 一致性原则

一致性原则即所有的职位都应用同一套评价因素进行评价。这样才能保证不同岗位的评价结果具有可比性，实现内部公平。

3. 完备性原则

评价要素的选择要满足完备性原则。各项评价要素间是相互独立的，各项因素都有其各自的评价范围，这些评价范围彼此间没有重叠，但能覆盖所有的范围。

4. 实用原则

用于评价的因素应尽可能结合组织实际,这需要专家小组成员的专业素质来保证。特别是对一些定量的因素处理上,专家组成员要选定那些与实现组织目标和完成岗位工作有关的因素,不能为了省事或者随大流而直接利用现成的评价因素。

5. 保密原则

工作评价工作对薪酬设计有着直接的影响,涉及大多数人的利益,具有较强的敏感性。因此评价的工作程序及评价结果在一定的时间内应该处于保密状态。这样也有利于评价人员在没有太大压力的情况下坚持评价的原则。

二、工作评价研究的起源与发展

工作评价思想源于美国的文职人员工作分类的方法。早在1883年,美国就开始实行文官制度。19世纪末20世纪初,第二次科技革命带来了社会经济的蓬勃发展,政府职能进一步扩大,美国文官人数增至30万。他们在各类型的政府机构里工作,按照不同的薪酬系统获取工资,从而出现了很多混乱和不合理的现象。其中最突出的问题就是同工不同酬。首先,担任同样工作的文官,待遇高低差别却很大;其次,同样待遇的文官所担任的工作的轻重程度也有很大的差别。这种现象引起了文官的不满,也引起了美国国会的极大关注。1895年,泰勒和"动作与时间"研究者吉尔布雷斯(Frank Bunker Gilbreth)率先在工业企业中推行"工作分析"、"岗位评价"的科学管理方法,并获得成功。随后,工作分析和工作评价制度在美国工商企业中开始广泛推广和运用,对政府行政机关的文官管理产生了深刻的影响。1905年,芝加哥市政府确定了对职位进行分类的原则,即在工作进行分析和评价的基础上,给职位分类分级。这样,凡是处于同一等级的职位,根据其工作的轻重程度相应地向任职者支付大体相同的报酬。1912年,芝加哥市政府正式实行职位分类。自此,人们找到了将工作与薪酬结合起来的链条,解决了同工不同酬的问题。1923年,在各州相继实行职位分类制的基础上,美国联邦政府制定了第一个职位分类法案,经国会批准后正式实行。

工作评价在美国真正广泛运用是在第二次世界大战时期。二战期间,美国采取管制经济措施。1942年,美国采用经济稳定法案冻结了工资,防止因劳工短

第二章 工作分析与工作评价

缺而引起的经济蛙跳运行。在该冻结行动中，唯一例外的是由全国战时劳工委员会批准的增加工资方案，该方案旨在调整由于实行工作评价而显现出来的工资不均。1944年，美国联合钢铁工人协会（The United Steel Workers of America）和钢铁公司就解决当时钢厂内部工资标准不平等问题时，规定所有各方应该通过工作评价和工作分类由工资评级的合理化来协商解决，以消除不平等。自此，工作评价计划迅速在整个美国经济中应用开来。

在欧洲，工作评价在工业中的发展和运用基本上从二战后开始，虽然之前有些零散的试验，但还主要集中在英国和德国。二战结束后，世界各国都处于国家重建时期，百废待兴，各国国民经济都需要重振。一些欧洲国家，如法国、联邦德国、荷兰、瑞典、英国、丹麦等，纷纷引进工作评价技术，并在工业中推广使用，以理顺工资结构从而提高生产率。

在欧洲其他国家，工作评价几乎在同一时间被许多企业或是政府部门引进。如法国的电子电器公司在1948年采用了一项工作评价计划；英国于1952年在黄麻行业试行工作评价技术，3年后在矿山开采行业试行该技术。

在中国，最早运用工作评价技术的是冶金行业。20世纪80年代末，冶金部组织各大钢铁厂投入大量的人力、物力、财力进行全面工作评价，从劳动责任、劳动技能、劳动强度和劳动环境4要素进行定量测定和评定，利用岗位评价修订了1980年制定的《冶金企业劳动定员定额标准》，为劳动定员和岗位档次序列提供了科学依据。鞍山钢铁公司、四川特殊钢公司开始进行岗位评价技术的研究和应用。鞍钢公司对全公司43个厂矿的7 000多个生产岗位进行工作分析和岗位评价，制定定额标准，体现岗位差异，建立了科学的工资奖励制度。

1984年10月，党的十三大明确宣布要在我国建立和推行国家公务员制度。此后，我国理论界开始加强对包括职位分类制度在内的西方文官制度的研究。

三、工作评价的流程及方法

工作评价是一项非常重要而且复杂的工作，需要一整套科学实用的评价流程来提高工作效率，降低工作成本。一般来说，工作评价分为三个阶段：评价前准备阶段、实施阶段以及评价总结和结果反馈阶段，如图2-7所示。

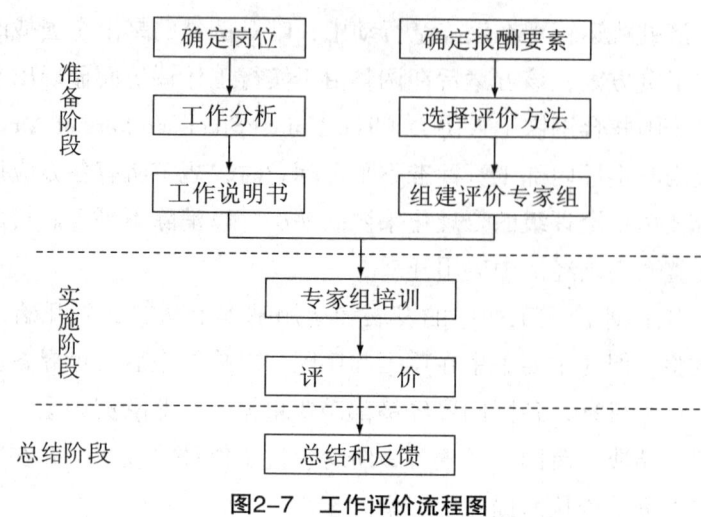

图2-7 工作评价流程图

（一）准备阶段

1. 确定岗位

要进行工作评价，首先要确定参与工作评价的岗位。因此，准备阶段的第一项工作就是梳理企业的组织结构和岗位设置，列出需要进行评价的岗位目录，保证不会有任何遗漏。

一般情况下，对于岗位较少的企业，可以将所有岗位都列入评价范围；若企业的岗位众多，可以选出具有代表性的岗位进行岗位价值评估。被选取的标杆岗位应覆盖企业各类岗位、各个层级，一般以选取10~20个岗位为宜。

2. 完善工作说明书

工作评价必须以工作分析的成果——工作说明书为依据，工作分析中获得的信息也是评价的基础。因此，我们在进行工作评价之前必须通过工作分析，完成工作说明书的撰写，确定每个岗位的职责、任务、权限、协作关系任职资格和工作环境等基本内容。

3. 确定报酬要素

报酬要素的确定也可以视作评估工作的准备工作的一部分，作为评估的指标体系，是衡量岗位价值的重要工具。

报酬要素也叫作可补偿因素，指的是影响一个职位薪酬水平高低的因素。

第二章 工作分析与工作评价

工作评价需要利用报酬要素来对岗位的价值进行评价，反映不同职位在工资报酬方面出现差异的原因。不同的组织确定的报酬要素可能不同，但同一组织对不同的岗位价值进行评价时应采用同一系列的报酬因素，这样才能保证评估的结果具有可比性和科学性。

4.选择评价方法

选择工作评价方法和工具时，应该结合企业的实际情况，依照不同方法的优缺点和适用条件选择最适合的一种评价方法。

常见的工作评价方法有：排序法、分类法、海氏三要素评估法和美世国际职位评估法等。

（1）排序法。排序法是工作评价中较早采用的一种易操作的方法，它以岗位的整体价值大小为评估的基础，将组织中的各岗位排列出一定的顺序。因为这种方法省时并且成本低，在很多中小企业中得到了广泛的运用。

排序法是根据一些特定的标准例如工作的复杂程度、灵活程度、所需的判断能力、创造能力、工作责任以及对组织的贡献大小等对各个岗位的相对价值进行整体的比较，进而将岗位按照相对价值的高低排列出一个次序的岗位评估方法。

排序法的主要优点是简单易操作、省时省力，适用于较小规模尤其是岗位数量较少、新设立岗位较多，评估人员对岗位了解不是很充分的情况。但是这种方法也有一些不完善之处，首先这种方法带有一些主观性，评价者多依据自己对岗位的主观感觉甚至是个人喜好进行排序；其次，工作排序法没有将工作岗位分解为若干个组成要素，只能确定岗位价值的排序，因此不能描述各岗位之间的价值的具体差异程度；另外，对于有很多岗位的组织或者工作内容频繁、缺乏可比性的岗位，工作排序会是一个很复杂的过程。再者，定性化的手段也使这一方法没有量化的比较依据，暴露了其相对其他方法缺乏说服力的一面。

（2）分类法。分类法也被称作描述法，指的是评估者根据工作内容、工作职责、任职资格等方面的不同要求，将企业的所有岗位划分为不同的类别（一般可分为管理工作类、事务工作类、技术工作类及营销工作类等），然后按照职位因素的差别程度，将每一类又划分为不同的等级，最后将各种岗位与确定的类和等级对照后对号入座，界定各岗位的价值。

分类法从某种程度上而言是工作排序法的改进,也是一种定性的评估方法,同排序法相比因为进行了类别的划分和等级的界定而更具科学性。

(3)海氏三要素评估法。海氏三要素评估法,又叫"指导图表——形状构成法",是国际上使用最广泛的一种岗位评估方法,由美国工资设计专家艾德华·海(Edward. N. Hay)于1951年研究开发出来。它有效地解决了不同职能部门的不同职务之间相对价值的相互比较和量化的难题,被企业界广泛接受。

海氏工作评价系统实质上是一种评分法,根据这个系统,所有职务所包含的最主要的报酬因素有三种,即知能、解决问题的能力和应负责任的能力。它通过三个方面对岗位的价值进行评估,并且通过较为正确的分值计算确定岗位的等级。"三要素评估法"所指的三个要素如图2-8所示:

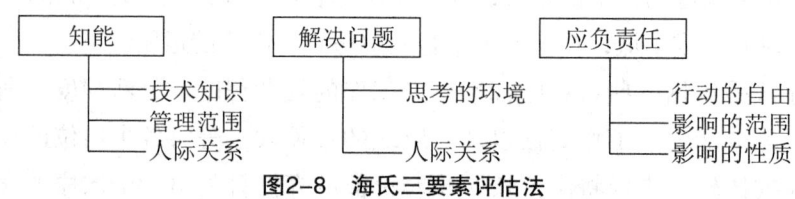

图2-8 海氏三要素评估法

为什么用这三个要素来评估一个岗位是否科学呢?该评估法认为,一个岗位之所以能够存在,是必须承担一定的责任,即该岗位的产出。那么通过投入什么才能有相应的产出呢?即担任该岗位人员的知识和技能。那么具备一定"知能"的员工通过什么方式来取得产出呢?是通过在岗位中解决所面对的问题,即投入"知能"通过"解决问题"这一生产过程,来获得最终的产出"应负责任"。

海氏评估法对所评估的岗位按照以上三个要素及相应的标准进行评估打分,得出每个岗位评估分,即:

岗位评估分=知能得分+解决问题得分+应负责任得分

其中知识和能力得分、承担责任评估得分都是绝对分,而解决问题的评估分是相对分(百分值),经过调整后为最后得分后才是绝对分。例如,利用海氏职位分析法对某咨询公司的项目经理评分,得出表2-10:

第二章 工作分析与工作评价

表2-10 对某咨询公司的项目经理评分

报酬要素	子要素	评级	等级内容	得分
A：知识水平、技能技巧	专业知识技能 （1-8级）	7	8. 权威专业的 7. 精通专业的 6. 熟练专业的 5. 基本专业的 4. 高等业务的 3. 中等业务的 2. 初等业务的 1. 基本业务的	1056
	管理技巧 （1-5级）	4	5. 全面的 4. 广博的 3. 多样的 2. 有关的 1. 起码的	
	人际关系技巧 （1-3级）	3	3. 关键的 2. 重要的 1. 基本的	
B：解决问题的能力	思维环境 （1-8级）	7	8. 抽象规定的 7. 一般规定的 6. 广泛规定的 5. 明确规定的 4. 标准化的 3. 半常规性的 2. 常规性的 1. 高度常规性的	87%
	思维难度 （1-5级）	5	5. 重复性的 4. 模式化的 3. 中间型的 2. 适应性的 1. 无先例的	

（续表）

C：应负责任的能力	行动的自由度 （1-9级）	7	9. 一般性无指导 8. 战略性指导 7. 广泛性指导 6. 方向性指导 5. 有指导 4. 一般性规范 3. 标准化 2. 受控制 1. 有规定	920
	职务对后果形成所起的作用 （1-4级）	4	4. 主要的 3. 分摊的 2. 辅助的 1. 后勤的	
	财务责任 （1-4级）	4	4. 大量的 3. 中级的 2. 少量的 1. 微小的	
总得分				=A+A×B+C =1 056+1 056×87%+920 =2 894.72

利用海氏评估法在评估三种主要付酬因素不同的分数时，还必须考虑各岗位的"形状构成"，以确定该因素的权重，进而据此计算出各岗位相对价值的总分，完成岗位评价活动。所谓职务的"形状"主要取决于知能和解决问题的能力两因素相对于岗位责任这一因素的影响力的对比与分配。

从这个角度去观察，企业中的岗位可分为三种类型：

一是"上山"型。此岗位的责任比知能与解决问题的能力重要，如公司总裁、销售经理、负责生产的干部等。

第二章 工作分析与工作评价

二是"平路"型。知能和解决问题能力在此类职务中与责任并重，平分秋色，如会计、人事等职能干部。

三是"下山"型。此类岗位的职责不及职能与解决问题能力重要，如科研开发、市场分析干部等。

通常要由职务薪酬设计专家分析各类岗位的形状构成，并据此给知能、解决问题的能力这两个因素与责任因素各自分配不同的权重，即分别向前两者与后者指派代表其重要性的一个百分数，两个百分数之和应为100%。

举一个简单的例子：有一个企业某个岗位的知能得分为941分，解决问题得分为71%，应负责任得分为1 004分。而这个岗位解决问题能力和责任权重为40%和60%，那么这个岗位的最终评估得分为1 269分。

当然，海氏评估法还涉及每个因素的评估标准和程序，以及评估结果的处理和形成一个公司的岗位等级体系等，这里不再做详细介绍。

（4）美世国际职位评估法。该职位（岗位）评估通过"因素提取"并给予评分的职位价值测量工具。早在20世纪七八十年代，职位评估风靡欧美，成为内部人力资源管理的基础工具。2000年，美世咨询公司兼并了全球另一个专业人力资源管理咨询公司CRG（国际资源管理咨询集团，Corporate Resources Group）后，将其评估工具升级到第3版，成为目前市场上最为简便、适用的评估工具——国际职位评估系统（International Position Evaluation，IPE），它不但可以比较全球不同行业不同规模的企业，还适用于大型集团企业中各个分子公司的职位比较。

这套职位评估系统共有4个因素，10个纬度，104个级别，总分1 225分。评估的结果可以分成48个级别。其中4个因素是指：影响（Impact）、沟通（Communication）、创新（Innovation）和知识（Knowledge）。这是在原先这个系统第2版7个评估因素（对企业的影响、监督管理、责任范围、沟通技巧、任职资格、解决问题、环境条件）的基础上经过大量科学提炼简化的结果。在100多位美世人力资源首席咨询顾问和众多企业人力资源资深从业者的共同研究中证明，事实上真正相互之间不存在相关性的因素只有两个——影响和知识。但为了减少评估过程由于主观因素造成的偏差，还是保留了另两个相对重要的因素——沟通和创新。

表2-11　各种工作评价综合比较[1]

	性质	复杂性	对使用者素质要求	信度	效度	主观因素影响	开发、维护成本	与组织战略相关度
排序法	定性	最简单	低	不可靠	不精确	最大	低	低
分类法	定性	简单	低	较可靠	较精确	大	较低	低
因素比较法	定量	较复杂	较高	可靠	较精确	较小	高	较低
要素计点法	定量	较复杂	较高	可靠	较精确	较大	高	较低
海氏三因素法	定量	复杂	较高	可靠	较精确	较大	最高	低

本章小结

不同的职位需要不同的技能，因此对工作的分析和评价就显得尤为重要。本章系统地梳理了工作分析和工作评价的方式方法。工作分析的方法多种多样，但每一种方法都有其优劣，本章对工作分析的不同方法都做了优劣对比，在熟悉方法的基础上，根据实际工作情况及分析内容选择合适的方法。工作分析也是有章可循的，本章在明确方法的基础上，对工作分析流程及结果做了详细梳理，以期能够进行规范化的流程设计。

工作评价已经成为我们认识工作本身，并确定工作相对价值的最直接手段。因此进行工作评价能使我们更好地把握工作脉搏。本章讨论了工作评价的作用、方法及工作评价流程。

本章思考题

1. 简述工作分析的方法。
2. 简述工作描述的概念。
3. 如何进行流程分析？
4. 工作评价有哪些特征？
5. 如何运用海氏要素评估法进行评估？
6. 案例分析。

---

[1] 王吉鹏主编：《职位评估——解密职位相对价值》，中国劳动社会保障出版社2005年版。

第二章 工作分析与工作评价

索尼公司的绩效主义[①]

在消费电子市场发展呈现一日千里的情况下,昔日曾经站立在世界消费电子业的顶峰,创造出特丽珑(Trinitron)、Walkman,CD,Play Station的"激情集团"——日本索尼(Sony)公司却遭遇了成立60多年来的一段较长时间的停滞期。

相对于其亚洲最大竞争对手韩国三星在2004年近94.1亿美元的净利润(当年位居全球IT企业第一),索尼公司可谓流年不利。从公司净利润的雷达图[②](图2-9)可以看出,索尼还没有走出2003年"索尼冲击"的阴霾。近年,公司产品乏善可陈,"热门商品"越来越少。在全球消费类电子产品市场上,索尼遭遇了全线的衰退。

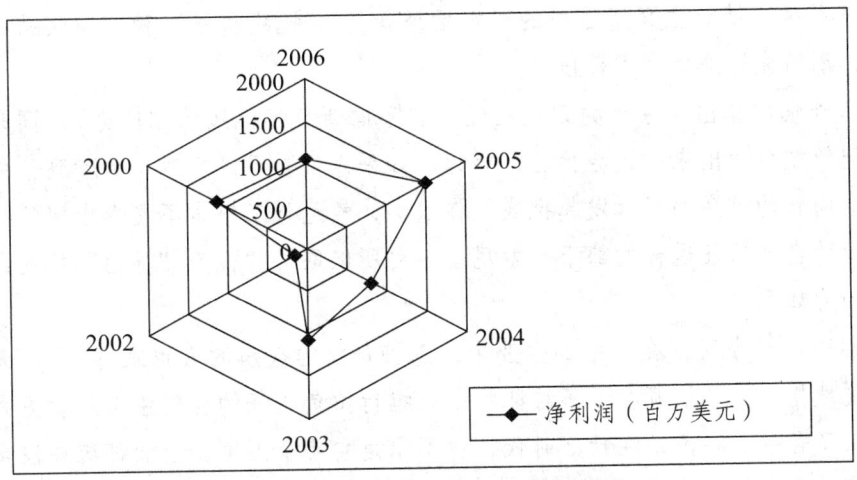

图2-9 索尼公司近年净利润雷达图

作为索尼创始人指定的隔代接班人,前一任CEO出井伸之为索尼的未来构筑了一个宏伟的战略:企业内部开始E化融合,所有的产品转向数码化,以宽带网

[①] 本案例根据天外伺郎:《绩效主义毁了索尼》,《参考消息》2007年1月4日;高炜:《Sony刮骨自救》,《数字商业时代》2005年第12期;马君:《授权时代的控制:绩效评价系统内在设计机理研究》,经济科学出版社2010年版;《Sony集团发表中长期公司战略(2005~2007财年):通过重振电子业务强化集团业绩》,Sony官方网站,[2014-5-23],http://www.sony.com.cn/news_center/90_1790.htm等资料整理而成。

[②] 根据Sony2000~2006财年财务报表数据整理、绘制而成,具体参见[2014-5-23],http://www.sony.net/SonyInfo/IQ/library/sec.html。

络为平台，以索尼的终端产品，以索尼音乐和影视为内容，向消费者提供综合娱乐服务。应当说，这个战略部署具有时代超前性。既然战略没有问题，那么战略执行问题出现在哪里？

2007年1月日本《文艺春秋》杂志刊登了索尼前常务董事天外伺郎（笔名）撰写的《绩效主义毁了索尼》一文，一语惊醒梦中人——索尼发起的绩效主义人事评价模式对公司发展起到了负面作用。

从1995年左右开始，索尼公司逐渐实行绩效主义，成立专门机构，制定详细的评价标准，并根据对每个人的评价结果确定报酬。为了衡量业绩，首先必须把各种工作要素量化。同时，公司为统计业绩，敷衍真正工作，出现了本末倒置的倾向。索尼"挑战精神"消失了。因实行绩效主义，索尼公司内追求眼前利益的风气蔓延。绩效主义所造成的严重后果就是"挑战精神"和"团队精神"的消失，创新先锋沦落为了落伍者。

天外伺郎指出，今天的索尼已经没有了向新目标挑战的"体力"，同时也失去了把新技术拿出来让社会检验的胆识。如果人们自己没有意识到受到信任，也就不会向新的更高的目标发起挑战。在过去，索尼员工根本不畏惧上司的权威，上司也欣赏和信任这样的部下。索尼当年之所以取得被视为"神话"的业绩，也正是因为如此。

然而，"今天，在日本的企业中，患抑郁症等疾病的人越来越多"，天外伺朗尖锐地指出，"根源在于不称职的上司推行不负责任的合理主义经营方式给员工带来了苦恼。不论是在什么时代，也不论是在哪个国家，企业都应该注重员工的主观能动性"；"过去人们都把索尼称为'21世纪型企业'，进入21世纪后，索尼反而退化成了'20世纪型企业'"。

思考：

（1）请运用工作评价理论分析索尼创新力衰退的原因。

（2）结合工作分析、工作评价及组织诊断给出索尼走出困顿的解决方案。

本章参考文献

1. 葛玉辉主编：《工作分析与工作设计实务》，清华大学出版社2011年版。
2. 付亚和主编：《工作分析（第2版）》，复旦大学出版社2009年版。

第二章 工作分析与工作评价

3. 张春瀛主编：《工作分析》，天津大学出版社2009年版。

4. 萧鸣政主编：《人力资源开发与管理——在公共组织中的应用（第2版）》，北京大学出版社2009年版。

5. 王吉鹏主编：《职位评估——解密职位相对价值》，中国劳动社会保障出版社2005年版。

6. 〔美〕斯蒂芬·P. 罗宾斯、玛丽·库尔特著，李原等译：《管理学（第11版）》，中国人民大学出版社2012年版。

7. 周三多、贾良定主编：《管理学：原理与方法（第5版）学习指导》，复旦大学出版社2010年版。

8. 〔美〕加里·德斯勒著，刘昕译：《人力资源管理（第12版）》，中国人民大学出版社2012年版。

9. 马君：《授权时代的控制：绩效评价系统内在设计机理研究》，经济科学出版社2010年版。

第三章 人力资源规划

本章学习目标

1. 了解：人力资源规划与企业战略的关系、人力资源规划在人力资源管理中的角色。
2. 熟悉：影响人力资源规划的因素、供需预测和人才盘点的含义及作用。
3. 掌握：人力资源规划的程序、需求预测和供给预测的依据、供需预测的方法。

本章核心概念

人力资源规划　人力资源需求　人力资源供给　供需预测

第一节　人力资源规划概述

一、人力资源规划的含义

人力资源规划是企业人力资源管理的重要活动。人力资源管理规划为后续的人员招聘和晋升提供了依据。狭义上看，人力资源规划是指企业从战略目标和发展方向出发，根据外部环境和企业自身的变化，对企业未来的人力资源需求和供给做出预测，以满足所需的人力资源活动。广义上讲，人力资源规划可指企业人力资源管理中的各类规划活动。在人力资源规划中，要注意以下几点：

（一）人力资源规划要以战略目标为导向

规划要有方向，企业的战略目标就是导向，是确定人力资源未来需求包括数量和质量的依据。显然，处于扩张期的企业，其战略目标可能是成为市场领导者，这要求业务的增加，也就对人才的数量和质量产生更高需求。相反，如果企业中的某事业部在实施业务收缩战略，那么相应的人力资源规划就要考虑不招聘甚至裁员的规划。

（二）人力资源供需预测是人力资源规划的核心

这里的"供"包括内部晋升和外部招聘，"需"则包括所需人才的数量和质量。这是狭义的人力资源规划的要义，要看企业在今后的一段时间内需要多少人、已有多少人、还需多少人。同时，要定义所需人才，包括教育背景、工作经验、能力要求等。

（三）人力资源规划要考虑招聘、培训、晋升、岗位调整等系列活动

从广义的人力资源规划的角度而言，人力资源规划是一个整体，除了供需预测这一核心要素，还要兼顾各个相关环节。比如，招聘是满足人才需求的重要途径，培训则用于提升现有人员的技能和素养以完成相应工作任务，晋升可看作通过内部招聘满足岗位需要，岗位调整则能优化企业中的人才配置。

案例

人力资源规划：捕捉风里的密码（1）[①]

周明丽在国内大型房地产企业森龙集团担任人力资源总监已经有3年之久，最近她越来越喜欢自嘲是个"捕风者"，也觉得自己越来越看不懂从事了10余年的人力资源管理工作。

原来，森龙集团是国内一家还算有实力的房地产企业，旗下包括了住宅地产、商业地产和物业管理三大子公司，在行业形势持续飙红的背景下，经营一直顺风顺水。但宏观调控的信号无时无刻不在敲打老板黎志强的神经，怀着"不要把鸡蛋放在一个篮子"的想法，森龙利用充裕的资金陆续进军了旅游地产、养老地产等相关产业，甚至还把触角延伸到了酒店、矿产开发等非相关产业。

这些举措却给周明丽提出了难题。业务上得急，哪里都缺人。要不到人的部门开始埋怨人力资源部支持不力，要到人的部门埋怨人才不给力。周明丽吃一堑长一智，于是针对新兴业务进行了大范围的储备式招聘，并及时跟进了培训，但不想人家战略一转向，招来的人根本就派不上用场，用人单位又埋怨浪费了人

---

① 摘编整理自穆胜：《捕获人力资源柔性需求》，《商界评论》2012年第8期及穆胜：《人力资源柔性规划：捕捉风里的密码》，http://blog.sina.com.cn/s/blog_6d8944e201010wba.html。

工成本和培训费。一句话，周明丽的人才供给和业务部门的人才需求总是在捉迷藏！更要命的是，由于供需不对口，人力资源效能连续下滑，仅从人工成本投入产出比一项指标来看，几乎是降到了历史的最低点。

终于，在公司经营分析会上，不知是谁起的头，业务部门不约而同地向人力资源部"发飙"。周明丽满肚子委屈，反过来埋怨业务部门不了解自身业务，提不出有效的人才需求，想一出是一出，逼得人力资源部按照经验进行人才储备，像是在"捕风捉影"。周明丽舌战群儒，黎志强却作壁上观。但越是这样，周明丽就越紧张，她知道，老板的这种状态是代表他不满了……

思考：

（1）周明丽的人力资源管理遇到了什么问题？

（2）人才供需失衡是如何造成的？

（3）你认为这种"捕风捉影"按照经验进行人才储备的方式可行吗？

二、人力资源规划的主体和职责

人力资源规划不仅是人力资源管理部门的事情，其主体除人力资源管理部门，还包括各业务部门。由于人力资源规划要对企业不同发展阶段的人力资源需求做出预测，对不同岗位的人才需求量和雇佣要求做出计划，因此，各部门要积极参与到人力资源规划中。通常，人力资源的高层主管和人力资源专家主要负责计划的制定。如表3-1所示，各部门及其经理们也必须提供必要信息给人力资源管理部门的负责人员，并从人力资源专业人员那里得到信息。

表3-1 在人力资源规划方面的责任分工[①]

部　门	经　理
（1）参与整个组织的战略规划	（1）确定人力资源战略
（2）设计人力资源规划的信息系统	（2）收集和分析人员需求
（3）贯彻经过最高领导层批准的人力资源规划	（3）确认每个部门人力资源的供给和需求
（4）同人力资源专家讨论人员计划信息	（4）整合人力资源规划和部门规划
（5）监控人力资源规划的执行，并作出必要调整	（5）对人力资源规划进行总结

① 〔美〕罗伯特·L.马西斯、约翰·H.杰克逊著，孟丁译：《人力资源管理（第10版）》，北京大学出版社2006年版。

第三章 人力资源规划

正因如此,在连续案例(1)中,出现的问题正是人力资源部门和用人部门的整体责任。认识到这一点,就为合理解决奠定了基础。

案例

人力资源规划:捕捉风里的密码(2)[①]

周明丽也对自己的套路进行了反思。走到这步尴尬境地,首先是业务部门对新兴业务不熟悉,而这种情况下,人力资源部也没有提供有效的支持,帮助他们筛选过滤出真实需求。说白了,大家都有责任!

周明丽知道,业务部门那些"大老粗们"一直不重视人力资源,习惯了在人力资源管理上的随心所欲,要人的时候就像是打仗,根本没有优先规划的习惯,而要他们分析人力资源数据,提炼真实需求,简直是"赶鸭子上架"。周明丽自己也曾经动过要做全集团的人力资源规划的念头,但考虑到这项工程浩大,她一直下不了决心,但现在似乎是绕不过去了!

思考:
人力资源部门和用人部门在人才需求分析时有什么责任?

三、人力资源规划的层次和任务

(一)人力资源规划的层次

根据人力资源规划的层次,人力资源规划可分为战略层、战术层和操作层。战略层的人力资源规划主要是长期规划,通常为5年以上,要求根据企业的战略目标预测企业的人力资源需求,评估企业内外部的人力资源现状,进而制定人力资源需求与供给对策。战术层通常属于中长期规划,如3~5年,包括各层面的人力资源规划策略,如招聘以内部还是外部来源为主、培训费用占多大比例、薪酬水平与行业平均薪酬水平的相对高、薪酬的构成等,对这些问题的规划,属于广义的人力资源规划的范畴。最后,所有的策略需要落地执行。这就需要操作层计划,包括企业的接替晋升计划、退休解聘计划、人员补充计划和培训发展计划等。

[①] 摘编整理自穆胜:《捕获人力资源柔性需求》,《商界评论》2012年第8期及穆胜:《人力资源柔性规划:捕捉风里的密码》,http: //blog.sina.com.cn/s/blog_6d8944e201010wba.html.

（二）人力资源规划的任务

人力资源规划的基本任务包括：

（1）对企业中人力资源的需求量进行评估；

（2）从内部和外部对人力资源供给进行评估；

（3）根据供需预测，制定合适的人员招聘、晋升、考评等计划。

案例（3）中，专业的咨询公司给周明丽解释了人力资源规划中"大规划"和"小规划"的分类，类似于广义人力资源规划和狭义人力资源规划的概念之分。人力资源规划不仅涉及招聘、晋升和培训之类与人才供应直接相关的模块，即"小规划"，还包含相应的薪酬、绩效、激励等模块，即整合实施的"大规划"。若企业人力资源管理体系较为成熟，则可着眼于"小规划"，反之，则需要实施"大规划"。

案例 人力资源规划：捕捉风里的密码（3）[①]

周明丽虽然是资深HR，也害怕和数据打交道，专业的事情还是由专业的人来做吧！于是，国内在人力资源资源规划方面颇有建树的菲力咨询被请进了森龙集团。

菲力咨询的项目经理张欣睿向周明丽解释道："人力资源规划分为'小规划'和'大规划'，前者仅仅是预测人才的缺口，然后再针对缺口制定一系列的招聘、晋升和培训计划，后者不仅包括前者，还涉及重新对人力资源体系进行优化，例如会涉及薪酬、绩效、激励等模块。说得通俗点儿，前者就好像是对机器下订单，明确生产什么，而后者则是对机器进行升级，明确如何生产。"这个解释很清楚，周明丽点点头。张欣睿看到在概念上已经达成了一致，于是继续影响周明丽："森龙集团当前最需要的是'小规划'，如果当前的人力资源体系已经能够支撑弥补'小规划'的人才缺口，这就已经够了。否则，就还是需要做'大规划'，即对人力资源体系进行升级，在机制层面进行改变！"周明丽对于森龙的人力资源体系可没有这么大的信心，而且想想人才缺口本身也不小，于是就定下了做"大规划"的思路。

[①] 摘编整理自穆胜：《捕获人力资源柔性需求》，《商界评论》2012年第8期及穆胜：《人力资源柔性规划：捕捉风里的密码》，http://blog.sina.com.cn/s/blog_6d8944e201010wba.html。

第三章 人力资源规划

思考：
周明丽为何要选择"大规划"的思路？

四、人力资源规划的作用

（一）明确方向，支撑战略

企业经营战略的成功达成需要相应的人才支撑。企业说到底是由"人"运行的。相应地，为了达成企业经营目标，要构建合适的团队，包括领导者、管理者和员工。企业的战略需要什么样的人才？这些人才从哪里来？企业现有的员工能够满足需求吗？他们可以继续为企业目标做出贡献吗？对这些问题的回答，都有赖于人力资源规划。

一方面，组织通常先制定战略，然后通过人力资源规划来确保人员供应的类型和数量。另一方面，企业战略应当将人力资源问题作为战略制定程序中的初步因素加以考虑。比如，某公司要进军新的业务领域，除了分析该业务的前景等，还需考虑现有人才、所需人才问题。如果人才缺口过大，企业就要考虑该战略的可行性以及是否需要调整战略。

（二）防患未然，未雨绸缪

在企业运营中，外部环境和内部任务等因素的变化也会引起人力资源需求和供给的变化。面临这些变化时，如果企业缺乏人力资源规划，则容易被动。企业人力资源规划通过分析外部环境和企业内部条件，可以对人力资源需求和供给做出预测，进而确定人力资源的招聘、录用、晋升、培训等策略。最重要的是，通过供需预测和人力资源规划，可以尽量避免人力资源不足和人力资源过剩两种情况的出现。即便之后遇到突如其来的变化，也能有效应对。

（三）为人力资源管理实践提供依据

人力资源规划是人力资源各类管理实践，包括招聘、录用、培训、晋升、考评、激励及人员调整等活动的基本依据。比如，通过供需预测，可以确定招聘的人数和来源。当企业自身的人才储备足以应对潜在增加的需求或者通过培训可以胜任某些岗位时，就可以采取内部晋升或通过培训后晋升的人才补给方式。如果是这样，对现有人才的考评，确定哪些人才可以晋升或通过培训晋升就至关重要。可见，人力资源规划为人力资源管理实践提供了依据。

人力资源管理

案例

桑科机械设备制造公司的"难题"[1]

北京桑科制造公司的营销经理赵旺在经理例会上说:"我有个好消息,我们可以与麦多德公司签订一大笔订单。我们所要做的就是在一年而不是两年内完成该计划。我告诉过他们我们能够做到。"

然而人力资源副经理王琳的话却让每个人都陷入沉思,她说:"在我看来,我们现有的工人并不具备按麦多德公司的标准生产出优质产品所需的专业知识。在原来两年的计划进度表中,我们曾计划对现有工人逐步进行培训,但是按现在这个新的时间表我们将不得不到劳动力市场上招聘那些具有该方面工作经验的工人,或许我们有必要分析一下这个方案,看看是否确实需要这么做。如果我们要在一年而不是两年内完成这一计划,人力资源成本将大幅度上升。不错,赵经理,我们能够做到这点,但是由于有些约束条件,这个计划的效益会好吗?"

思考:

营销经理和人力资源经理的分歧在哪里?你的观点如何?

第二节　人力资源规划的程序

人力资源规划源自战略规划。人力资源管理者要根据企业的战略规划确定将来一定时期内的业务,并评估完成该业务需要的人力资源数量和质量。质量这一指标体现的是企业需要何种人才来完成业务目标。之后,需要对企业已有的人力资源进行盘点,与未来的人力资源需求相对应,找出缺口,并做可得性评估。所谓可得性评估,是指从何处、如何获取所需的人力资源,包括内部和外部两种来源。据此,人力资源管理者可以制定人力资源权利的整体规划和专项规划,比如招聘、晋升、薪酬等具体规划。

需要说明的是,人力资源规划的程序根据具体任务和情境不同应有所差异。一般而言,人力资源规划的程序如图3-1所示。其中核心的步骤如下所述:

---

[1] 郑晓明编著:《人力资源管理导论》,机械工业出版社2005年版。

第三章　人力资源规划

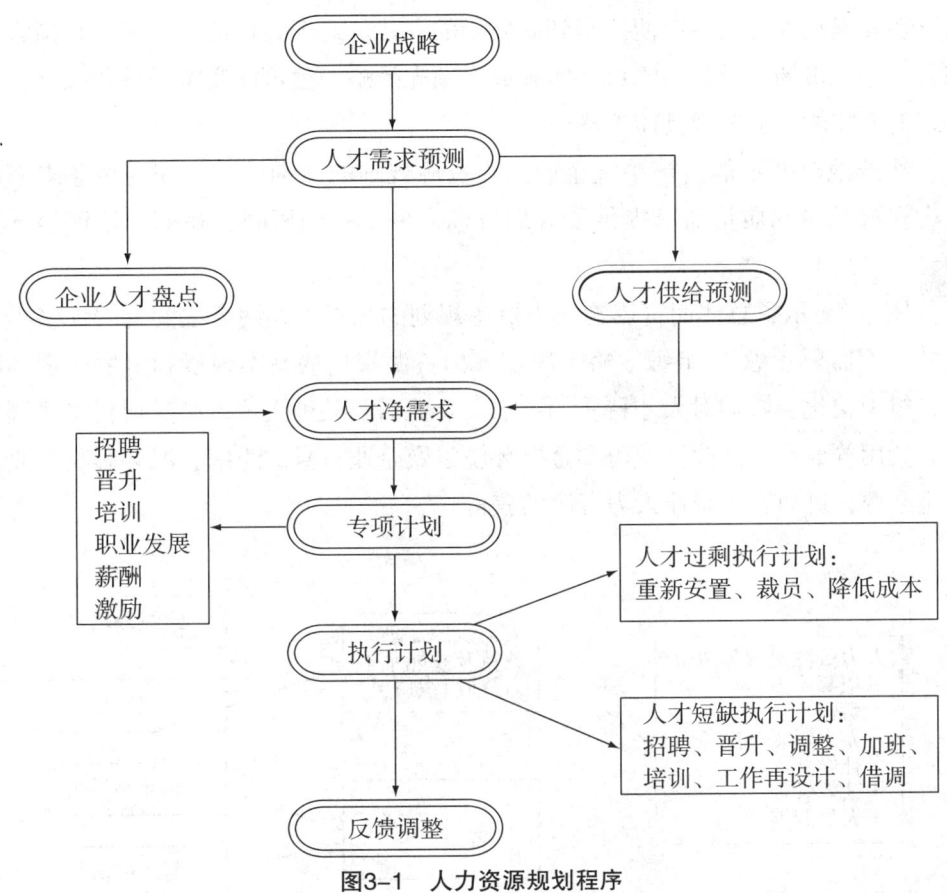

图3-1　人力资源规划程序

一、根据企业战略确定规划目标

如前所述，人力资源规划应该以企业的战略作为指南，据此制定规划目标，以支撑企业战略的实现。企业的发展战略需要人力资源作为支撑。首先，企业采取扩展战略、稳定战略或收缩战略，将会影响未来人力资源需求的数量。其次，企业在各业务层面的不同竞争战略，如成本领先战略、产品差异化战略或聚焦战略则会影响企业所需人力资源的构成和要求。

对于实施成本领先的企业而言，一般多为集权式管理，生产技术较为稳定，市场也较成熟，因此要求员工有较高的稳定性。由于追求成本领先，在招聘员工时也要求较低的薪酬成本。产品差异化战略则要求员工有较强的创造力，因此可能要提高人力成本以便招聘到高质量的人才。对于聚焦战略而言,是指集中在某一特定市场,具体则既可能实施成本领先战略,也可能实施差异化战略,因此,对人才的要求要视具体策略而定。

企业战略并不能直接决定企业人力资源规划的详细内容,却为企业未来的人力资源数量和质量需求提供了规划目标,也影响到招聘、薪酬、培训等具体活动。

图3-2显示了总体而言影响人力资源规划的因素。在两者之间有着许多不确定的因素需要考虑。组织战略是决定人力资源规划的基本因素和重要因素。同时,组织文化会影响对人才特质的要求。企业需要某种人才,必然要付出薪酬、招聘费用等成本,因此,竞争和金融环境以及企业自身的组织状况会影响企业的资金来源,进而影响企业人力资源的获得。

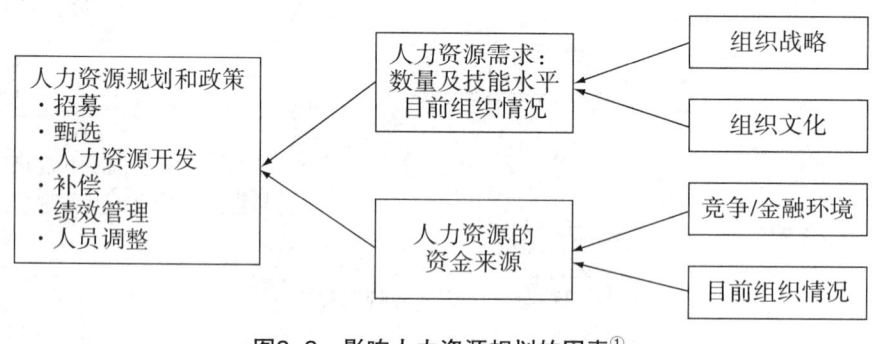

图3-2　影响人力资源规划的因素①

二、供需预测和人才盘点

人力资源的供需预测是人力资源规划中的核心步骤。这是因为,人力资源规划的基本目的就是满足企业在今后的人力资源需求,这就涉及三个基本问题:企业需要多少人、什么人?企业现有多少人、什么人?企业还需多少人、什么人?这三个问题对应的即是人才需求预测、人才盘点和人才供给预测。

---

① 〔美〕罗伯特·L.马西斯、约翰·H.杰克逊著,孟丁译:《人力资源管理(第10版)》,北京大学出版社2006年版。

第三章 人力资源规划

（一）人才需求预测

需求预测包括以下方面：

（1）未来需要的人力资源总量。与现在相比是增加还是减少？差多少？

（2）未来需要的人力资源结构。从性别、年龄、学历、技能等看，所需人力资源的不同类型占比如何？与现在相比，有何变化？

（3）未来需要的人力资源技能和素质。这一点是企业对今后所需人才进行定义的过程。因为人力资源需求预测不仅包含数量上的预测，也包括质量上的预测。

> **案例**
>
> **人力资源规划：捕捉风里的密码（4）**[①]
>
> 确定了做人力资源"大规划"的目标，菲力咨询的项目经理带领团队开始了工作。他们兵分两路：一路走的是定量路线，即通过未来的经营目标进行"战略逆推"，并结合当前人员增长历史规律进行趋势外推，同时，还参考外部的行业标杆数据，以确定各专业细目所需的人才数量；另一路走的是定性路线，即通过对于战略的梳理和业务部门的反馈，演绎出所需的关键岗位和关键人才，这也是为了对定量路线中可能忽略的信息进行补充，例如，可能涉及对一些未设的岗位进行预先布局。这是菲力咨询和张欣睿习惯的模式，他们的逻辑中，两条路线的集合无疑可以挖掘出森龙集团"缺什么、缺多少"的信息。
>
> 不料，两边却都传来了让张欣睿意外的信息。
>
> 首先是定量路线，项目组希望按照森龙集团确定的未来的经营目标数据"逆推"未来各专业需要多少人才，但经营目标数据本来就是一个粗放的预测，战略部老大私下回应："我还想把未来的经营目标做精准呢，但啥时宏观调控谁知道呀？那主业我就算不准吧。再说辅业，现在才进入那些市场，能做到什么程度我也不知道呀！"转向行业标杆，又发现国内的房地产公司都是"乱劈柴"，各玩各的多元化，根本找不到可以类比的。这条路线是彻底瘫痪了！
>
> 再说定性路线，森龙集团是有挂在墙上的"战略体系"，但却语焉不详。仔

[①] 摘编整理自穆胜：《捕获人力资源柔性需求》，《商界评论》2012年第8期及穆胜：《人力资源柔性规划：捕捉风里的密码》，http://blog.sina.com.cn/s/blog_6d8944e201010wba.html。

细阅读老板的讲话和公司内的文件，似乎又和战略有所冲突。例如，有的领导似乎倾向于相关多元化，即仅做地产；有的领导却倾向于非相关多元化，即强调扩张到其他业态；而对于多元业态之间的联动模式，大家更是众说纷纭；还有的领导甚至倡导"回归住宅地产主业"。一句话，高管层还没有统一思路呢！

思考：

（1）张欣睿在人力资源规划中遇到了什么问题？

（2）问题难以解决的原因是什么？

在以上案例中，张欣睿试图从定量和定性的两条线得出森龙集团"缺什么、缺多少"的信息，此即人力资源需求预测。人力资源需求预测的基本依据是企业战略。然而，在案例中，企业的战略目标并未精准确定，也就难以据此推断人力资源的需求量。另外，定性分析试图找出需要什么样的关键人才，却遭遇高层战略理念的分歧，自然也难以对人才需求预测提供可靠依据。如何做出需求预测？请参考第三节的相关内容回顾本案例并进行相应思考。

（二）人才盘点

在需求预测之后，要解决人才供给的问题。需要注意的是，需求预测是对企业未来所需人才在总体上的计算。接下来要对企业现有多少人、什么人的问题做出分析，此即人才盘点。在人才盘点后，方可确定企业未来人力资源的净需求。

人才盘点，指的是企业通过体统的方法，对自身所拥有的人力资源存量和结构进行分析，并将分析结果与晋升、招聘等问题相结合，对人力资源规划提供依据。人才盘点时，首先按照部门和职位对任职者的年龄、性别、教育程度、工作年限等进行统计和分析。之后，则对现有人员的能力和绩效进行盘点，这有助于企业制定薪酬、晋升等人力资源专项内容规划。同时，可以发现需要调整的岗位员工，作为人力资源内部供给的一个来源。

（三）人才供给预测

企业未来的人力资源需求，去掉现有人力资源存量，即未来的人力资源净需求。净需求有可能是负数，此时，企业要考虑减少员工数量，或对现有员工结构做出调整。通常情况下，如果宏观经济和企业运营正常，人力资源净需求一般都会大于零。此时，要做人力资源供给预测。人力资源供给的来源包括外部和内部两方面。外部供给即来自人才市场上的人力资源供给；内部供给则包括岗位调整和岗位晋升两类。岗位调整指的是某些岗位上的任职者更适合其他岗位时，会成为其他岗位的人才供给；岗位晋升则使某些任现职的人员成为其上层职位的人才供给。但是，企业内部的供给会造成原有岗位的空缺，因而形成新的人力资源需求。

三、制定人力资源专项规划

人力资源专项规划的制定是人力资源规划的核心，包括人才招聘规划、培训规划、晋升规划、绩效考核规划、职业发展规划、薪酬福利规划、劳动关系规划等。按照期限，亦可分为长期、中期和短期规划。其中，年度计划属于短期规划，也是操作性最强的部分。

人力资源专项规划中最基本的是根据人力资源的预计短缺或剩余制定的人力资源规划。在人力资源短缺时，企业可以利用现有人员或从外部招聘人员。利用现有人员包括：将某些人员调到人员短缺的岗位上，或培训某些人员将他们晋升到人员的短缺的岗位。从外部招聘人员受到市场劳动力供给的影响。如果所需劳动力种类在劳动力市场充裕甚至过剩，就容易招聘；否则，则招聘难度大。

如果人力资源剩余，则有三种可能的规划策略：

（1）针对局部人员过剩的情况进行重新安置，将某些部门的过剩人员安置在其他需要的岗位上。

（2）针对整体人员过剩的情况，实施裁员。

（3）维持现有劳动力规模不变，通过暂时雇佣、减少劳动时间的方式降低劳动成本。这有助于企业与员工共度难关。

具体而言，企业还需要制定职务设置、人员配置、招聘计划、培训计划、晋升计划等专项规划。

四、修正和完善

人力资源规划应根据情况及时修正、动态调整，例如外部市场人才供给的变化、企业内部人才的流失或补充、企业业务调整对人才需求的变化等。只有根据情况及时调整，才能充分发挥人力资源规划的作用，而不僵硬。

人力资源管理

案例

Donna Karan 国际公司的人力资源规划[①]

面对挑战是一回事,而能够战胜挑战又是另一回事。1997年,总部位于纽约的Donna Karan国际公司的盈利情况令人失望。作为一家年轻的、快速成长的公司,它没有一直按照利润最大化、效率最高的方式建立自己的组织。这种情况迫使管理层重新评估公司核心运营群体的职能和相互关系。公司制订了3年战略规划,主要内容为进行规模缩减,把13个分支机构减少为6个。公司还精简了高层管理结构,并把6家分支机构整合为一个运营单元。下面是和人力资源副总裁Christina Nicholes就其部门如何帮助公司完成所有的这些变革所进行的讨论。

问题:是什么因素推动了最近的规模缩减?

Nicholes:我们的公司很年轻,过去的发展也很快。当你快速成长的时候,你并不能总是按照最佳的盈利模式和最有效率的方式成长。因此,我们做了一个困难的决定:停下来,对我们所做的一切进行评估,并在需要的地方重新做出调整。

问题:哪些雇员受到的影响最大?为什么是这部分雇员?

Nicholes:这是个令人感兴趣的问题。我在这家公司工作了6年,期间也有过大大小小的几次缩减规模的经历。一般来说,事先会确定一个部门的缩减比例。不过这一次的缩减是由对分支机构内部进行重组带来的,目的是提高效率、节约成本。

对于重组有显著影响的另一个因素是我们与其他公司结成了战略联盟。其中包括把公司的美容业务特许经营权出售给Esprit公司,把DKNY牛仔装及运动装的特许经营权出售给Liz Claiborne公司,把DKNY童装的特许经营权出售给Esprit公司。这些举措使公司各个层面的雇员都受到一定影响。

问题:人力资源的含义是什么?

Nicholes:至少可以说,重组的过程是逐步完成的!我们和新的实习执行官John D. Idol一起确定新的组织结构,搜集和整理可能受影响的雇员相关信息,协调重新安排这些雇员就业的服务,并且在整个过程中对管理层实施培训。最后,我们形成了一个密切的团队推动这一切成功地进行。

[①] 本案例转引自〔美〕乔治·伯兰德、斯科特·斯内尔著,魏海燕主译:《人力资源管理(第13版)》,东北财经大学出版社2006年版,第49页。

第三章 人力资源规划

重组的结果是带来了许多新的挑战。随着同事数量的不断减少,留下来的雇员承担的责任越来越大,而他们自身工作的安全也充满了变数。应对这些问题又是一件困难的任务。重组过程结束之后,由于决定把各种产品的特许经营权出售,我们减少了很多工作岗位。这对公司来说是个全新的方向。你必须在特许经营领域成为专家,这样才能帮助公司的雇员进行成功的转型,并与他们一起工作。

在公司转型之后,要确保雇员维持原来的薪酬和福利水平不是一件容易的事情,这是一个艰苦的过程,因为雇员转型到特许经营业务的环境中之后事情并没有结束。在这个过程中,我们扮演的角色已经从现有的工作框架和功能演化到为雇员提供最佳支持方面来了。

问题:在人力资源管理方面,你们最近的创新是什么?

Nicholes:应该说是我们整个团队的创造。很幸运我能和一群很有才干的同事一起工作……而且我们始终相信只有团队获得成功,个人的成功才有意义。

随着公司发生的改变,以及重组以后新首席执行官的到来,人力资源部的目标和工作重心发生了彻底的转变,与公司的发展方向保持一致。我们把自己定位于成为公司其他部门的战略性业务伙伴,我们已经从解决问题和制定政策进化为全面型的业务伙伴。

思考:

(1)Donna Karan公司的重组和削减规模的战略使人力资源部面临哪些问题和挑战?

(2)人力资源部门如何根据公司战略的调整做出相应规划?具体包括哪些方面?

第三节 供需预测的依据和方法

一、基本指标

在人力资源规划中,人力资源供给、人力资源需求和人力资源净需求是三个基本指标。其关系如下:

年初人力资源需求数+年内人力资源需求增加数=年末总需求数

年初人力资源拥有数+年内新进人数−年内流出人数=年末拥有人数

其中，年末总需求数减去年末拥有人数就是年度净需求。年度净需求的计算是企业人力资源规划的核心内容，也是人力资源专项规划的依据。

二、供需预测的依据

案例

人力资源规划：捕捉风里的密码（5）[①]

由于两条分析线路都遇到问题，张欣睿决定反其道而行之，先做人力资源体系的优化。对成员企业和人力资源从业者进行了访谈后，他向周明丽提交了一份人力资源体系优化方案，涉及各模块的优化建议。张欣睿力主优化人力资源体系才是"固本培元"，人才需求的问题可以迎刃而解。

但看到方案后，周明丽却并不买账。她提出了两个疑问：第一，森龙早就尝试过人力资源模块优化，但要推动又谈何容易，以绩效管理为例，都知道方向，但太多的利益纠葛却又让这项工作一直陷在僵局里；第二，人力资源体系规划好比吃中药调理身体，见效太慢，而现在是要解决当下问题，要的是一剂西药！

听着周明丽犀利的质疑，张欣睿的头皮有点发麻。他开始寻求新的解决办法。想起一位Moo博士曾经做过相关的讲座，似乎对人力资源规划有些新理念。他就邀请Moo博士来到森龙，为项目提供独立意见。Moo博士听完介绍，问了张欣睿三个问题：第一，森龙集团的战略能否厘清？第二，假如厘清了战略，人才缺口能否预测？第三，假如预测了人才缺口，后续的补给如何能够跟上？

在森龙集团，回答以上问题有难度。张欣睿的回答更像是自言自语："首先，森龙的战略连老板都说不清楚，更多的是一种摸着石头过河的模式，所以他们的经营目标不清楚，实施路径不清楚，应该是不可能厘清。其次，即使厘清了战略，由于业态复杂，人才的缺口也不可能被精确预测。因为，在简单生产系统

[①] 摘编整理自穆胜：《捕获人力资源柔性需求》，《商界评论》2012年第8期及穆胜：《人力资源柔性规划：捕捉风里的密码》，http://blog.sina.com.cn/s/blog_6d8944e201010wba.html。

第三章 人力资源规划

中,员工数量应该和业务量有很强的线性关联关系,但生产系统一旦变得复杂,这种关联关系也就变得难以捉摸。即使预测出总量,也难以精确分解到每个专业细目,还是无法解决森龙当前的人力供需错位问题。最后,即使我们精确地预测到了人才缺口,补给也只能更多依靠外部招聘和一些专项的人才培养'工程',但问题在于,人才缺口总是在变化当中,招聘计划和人才培养'工程'却不能适时而变,根本就是在'捕风'嘛!"

思考:
(1)为什么说森龙集团的人力资源规划像"捕风"?
(2)针对这种情况,你有何建议?

在以上案例中,Moo博士提出的三个问题,符合人力资源规划的基本思路,先确定战略,再预测人才需求(缺口),然后寻找人才供给方式。然而,回答这三个问题都不容易。尤其在森龙集团战略经常变动的情况下,就很难根据战略进行人才需求预测。同时,生产系统复杂性会使员工数量与业务量的关系难以捉摸。因此,在遵循一般的人力资源规划程序的同时,还应该认识到组织所面临状况的特殊性和复杂性。

在战略不明晰、生产系统复杂的情况下,人力资源需求和供给预测会面临困难。但人力资源的供需预测仍然是有法可循的,以下是供需预测的基本依据和方法。

(一)需求预测依据

人力资源需求,是指为了实现企业的战略规划而需要雇佣的员工数量和质量。需求预测时需要考虑以下因素:

第一,组织规模的变化。该因素是影响人力资源数量需要的直接因素。组织规模变化可能是在原有业务范围内扩大或缩小规模,也可能因为增加新业务或放弃旧业务导致。扩大规模、增加新业务会增加对人力资源的需求,反之则会减少对人力资源的需求。

第二,企业的设备和技术变化。随着技术的发展,生产设备的更新和自动化程度的提高,将会降低对基层员工数量的需要,但会提高对员工质量(如自动化设备操作技能)的要求。

第三，企业的战略导向变化。企业战略的变化除带来组织规模变化的扩张、收缩和维持之外，还有业务重点的调整。如企业将经营重点从市场推广转入渠道管理时，可能要减少市场推广人员需求，增加渠道管理的客户代表数量。如果企业将重点从专利购买转为自主研发，则需增加研发人员的需求。在本章的连续案例中，最主要的影响因素应属战略导向的变化。

（二）供给预测依据

企业的人力资源供给受到很多因素的影响，包括社会、行业等外部人才供给的数量和质量，还受到企业自身对人才吸引力、竞争者对人才的获取能力等因素的影响。

从来源看，企业人力资源供给包括组织外部的人力资源供给来源和组织内部的人力资源供给来源。内外部的人力资源供给来源又受到不同因素的影响。

1. 外部供给来源

当企业的净需求大于零，即企业内部人力资源存量不能满足企业对人力资源的需求时，企业就需要寻求外部供给来源。外部供给来源的影响因素包括两个层面：一个是国家的宏观的人力资源供给；另一个是某一地域范围、行业范围内的人力资源供给。外部供给来源的影响因素通常不受企业控制。企业在对外部供给进行预测的时候，需要考虑多方面的环境因素。

首先，国家总体经济状况会影响人力资源的供给，包括数量和质量。国家通常会针对国内劳动力市场发布统计报告，企业可以据此做出人力资源供应预测。

其次，人力资源的行业分布是影响企业人力资源外部供给的中观因素。尽管国家整体劳动力规模和质量在一定时间内相对固定，但由于行业吸引力差异，人才会在不同行业间流动，影响企业的外部人力资源供给。其中，工资水平会影响人力资源流动，高工资的企业、行业和地区，会获得更多的人力资源供给。其他影响劳动者流动的因素包括：职业或行业的声望、工作条件、安全保障等，比如多数人由于办公条件的原因倾向于管理工作。某些行业对从业人员的专业技能要求也会影响人力资源供给。

最后，企业要考虑竞争者对行业人才的占有率和获得能力。在相对短期内，某行业某岗位的可胜任人力资源是有限的，尤其是对人员技能要求较高的岗位。此时，企业相较竞争者能够提供给劳动者的薪酬、工作条件、发展机会等因素，会影响外部人员的供给量。

2. 内部供给来源

组织内部的人力资源如何通过优化配置提高其价值，进而满足企业对人才的需要是企业人力资源供给需要考虑的重要方面。例如，某企业的产品部总监岗位空缺，这就形成人力资源需求。企业有两种方式满足该需求：外部招聘或者内部调动、晋升。很多企业一旦需要高级人才，往往首先想到的是外部招聘。

实际上，对企业的内部供给做出合理的分析和预测，有很多优势。除了为企业节约搜寻成本和招聘成本，内部供给最大的优势是内部人员能更快、更好地适应新职位，而外部人员则需要更长的时间适应环境。

在对内部供给进行预测时，除对人才存量和结构进行盘点，还要动态考虑影响因素。

一是企业的人力资源结构是否合理及可能的变动，如年龄结构、教育程度、工作年限、技能素质如何，再如即将退休的员工占比如何？这些员工可能会造成接下来几年内部人力资源供给的减少。

二是企业对现有人力资源的培训、开发计划。企业内部人力资源供给的方式主要是晋升和调岗。两者都对应着如何使员工与岗位更加契合的问题。尤其是晋升，一方面是由于员工的自我成长，另一方面则需要企业对可能的继任者进行有目的的开发和培训。如果企业缺乏相应的培训和开发计划，企业的人力资源供给就会相对静态。

三、供需预测的方法

人力资源供需预测方法可以分为定性预测和定量预测。很多情况下，人力资源管理者需要综合各种方法，制定企业的人力资源规划。需要说明的是，以下方法并非相互独立的，而是各有侧重的分析方法。比如，现状规划法是最基本的，属于静态方法，如果结合描述法则能预测未来可能遇到的情况，能够做到动态预测，更加全面、精准。经验预测法和德尔菲法是具体的预测方法，属于定性方法；比率推算法、统计模型预测法则属于具体的定量方法。替换单法则是专门预测特定职位尤其是关键岗位的内部供给的。据此，供需预测的方法包括但不限于以下几种：

（一）预测的考量因素

1. 现状规划法

现状规划法是比较简单的预测方法。如前所述，企业在人力资源供求预测时要考虑企业内外部各种变化。而现状规划法则属于静态规划，其假定企业保持原有生产技术和规模不变，企业的内部人力资源供给也处于相对稳定状态。据此，人力资源规划的工作是测算出在规划期内的人员晋升、降职、退休或调出，再确定人才补给计划即可。尽管这一方法忽视了内外部变化，但对简单掌握企业人力资源状况、提供所需人才也是不无裨益的。

2. 描述法

描述法重视企业在未来可能遇到的不同情况及其对人力资源供需的影响。这不同于现状规划法的静态观，描述法注重变化并会根据变化提出假设。规划者会对行业状况、企业战略、生产条件等在规划期的变化进行描述，并据此分析和提出未来对人力资源的供给和需求。

（二）预测的定性方法

1. 经验预测法

这一方法依赖于规划者的个人经验，简便易行。规划者会根据自己的经验，对企业现有人员进行盘点，发现缺口，结合外部环境变化和企业自身变化，推测企业的人力资源需求量和内外部供给量。该方法需要结合更多的定量方法才可更好地发挥作用，否则容易因为主观原因导致预测失误。

2. 德尔菲法

德尔菲法也叫专家会议预测法，是20世纪40年代由美国兰德公司开发的主观预测方法。德尔菲法分为几轮进行，要求专家以书面形式对企业的人力资源需求和供给进行预测。之后，组织者统计、整合各专家预测结果，计算平均值，并将结果通过书面方式反馈给各位专家。专家根据统计结果重新考虑并调整自己的预测结果，并将结果返回。经过两轮或几轮反馈后，当各专家的结果趋于一致时，即完成了供需预测。

（三）预测的定量方法

1. 比率推算法

比率推算法是通过某种因素与人力资源供需之间的比例关系，对未来的人力资源供需进行预测。首先，可以运用在企业普遍适用的比率关系，如人力资源管理工作的人数与员工总人数之间的比率、人力资源各职能部门人数占比等。一般而言，招聘、培训、薪酬所占比率较高，绩效考核、劳动关系管理和部门间协调所占比例相对较低。其次，要考虑本企业所适用的人员比例，如销售额与销售人员的比例、生产人员与市场人员的比例等。如果某企业销售部的人均销售额是150万元人民币，未来一年销售额要增加4000万元人民币，则销售人员约要增加27人。

2. 统计模型预测法

该类预测是以本企业和所在行业的历史数据为基础，找出关键变量（影响因素）并对这些变量与供给和需求的关系进行统计分析，建立统计模型，用以推算未来的人力资源需求或供给。这些模型包括回归模型、指数平滑模型等。

（四）关键岗位内部人员供给预测方法：替换单法

继任计划可以有效应对关键岗位人员离职、变动及突如其来的状况。替换单法则是确定继任计划的方法，是在人才盘点和现有人才潜力评估基础上，确定公司中每一职位的内部供应源。替换单法首先将各岗位和上下级关系列出，在每一岗位下标明现有任职人员。然后对现有人员的绩效和潜力分别考察、评级，确定某一职位的可能继任者。同时，要预测可能继任者可以晋升的时间，作为内部人力资源供给的重要来源。

根据替换单法，首先要列出某一团队所有关键岗位现任者的下属，将空缺职位列在其中，标明姓名和头衔。之后，根据绩效和潜力对下属进行评估。根据绩效，可以分为高、中、低三类；根据潜力，可以分为比较有潜力、有潜力和特别有潜力三类。据此，可以对每一个职位的继任者进行分类，确定哪些已具备晋升条件、哪些通过1~2年培训可以晋升、哪些需要2年以上培训及后续考察（见图3-3）。

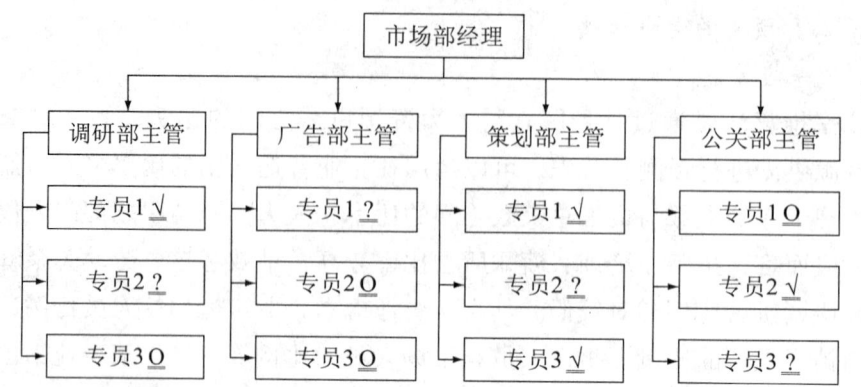

注：√表示已具备晋升条件；O表示经过1~2年培训可晋升；？表示需要2年以上培训并待考察。

图3-3 替换单法示例

"联邦快递公司"的继承规划[①]

案例

在刊登于1993年6月3日的《孟菲斯商业诉求》上的一篇文章中，作为航空包裹运送行业领袖的"联邦快递公司"，宣布了两位高级执行官的突然辞职。

Thomas R. Oliver，"联邦快递"负责全球顾客运作的副总裁，辞职生效日期为1993年6月21日，他接受了另一家公司的总裁和首席执行官的职位。

Carole A. Presley，一位负责营销和公司传播的资深副总裁，宣布她的辞职生效日期是1993年9月1日。她的计划是移居佛罗里达，写作并开创一家咨询服务公司。她的辞职决定是突然的、自愿的。

联邦快递公司任命William Razzouk接替Oliver。Razzouk是负责销售和顾客服务的前资深副总裁。没有人代替Ms.Presley，也没有人填补由Mr.Razzouk的晋升而留下的空缺职位。

这两个关键人物的辞职都发生在这样一个时期：联邦快递公司报告国际性亏损和公司盈利下降。人们说Oliver已经改善了国际性的运作，尽管他们不盈利。

他们辞职之后，"联邦快递公司"的股票价格下跌，一个经纪公司把该公

[①] 《"联邦快递公司"高层辞职风波》，上海交通大学网络课程，［2014-4-26］，http://course.onlinesjtu.com/mod/page/view.php?id=26409.

第三章 人力资源规划

司的股票从它的推荐名册上划掉了,另一个经纪公司则把评定从"买进"变成了"适度有吸引力",这些都是市场对这两位高级执行官辞职的反应。该公司的股票在6月3日星期四以每股45.50美元收市,每股价格下降了4.37美元。当天在"纽约股票交易所"有764 100股的交易,其平均日交易量为165 000股,股票交易甚至在市场开盘时被推迟了,因为卖出的股数多于买进股数而导致了某种订单的失衡。Lehman Brother的一位分析员承认,她担心该公司继续失去管理人才。根据摩根斯坦利的另一位分析员的说法,流动不是一个好征兆。

思考:

(1)你认为两位副总裁为何辞职?市场对两位副总裁的辞职有何反应?

(2)如果该公司有相应的继任计划,结果可能有何不同?请列举公司今后为避免这一状况可能采取的有效计划。

本章小结

人力资源规划是企业人力资源管理重要活动。狭义上指人力资源管理者从企业战略出发,对企业未来的人力资源需求和供给做出预测,并制定相应的满足需求的规划策略。广义上讲,则包括人力资源管理中的各类规划活动。

人力资源规划包括战略层、战术层和操作层。人力资源规划的基本任务包括对企业人力资源需求量、内外部供给量进行评估和预测,并据此制定招聘、晋升、考评等计划。人力资源规划具有以下作用:明确方向、支撑战略、防患未然、未雨绸缪,为人力资源管理实践提供依据。

人力资源的一般程序包括:根据企业战略确定规划目标、需求和供给预测、现有人才盘点、制定人力资源专项规划、修正和完善规划。其中,战略目标是导向,引起涉及企业规模和业务重点的变化,对人力资源的数量和质量有不同要求。需求和供给预测是核心问题,是制定人力资源规划的重要依据。人才盘点指对企业现有人员的数量、结构、质量等方面做彻底的调查和统计,是企业内部人力资源供给预测的依据。人力资源需求减去现有人才存量即为人力资源净需求,是企业需要通过人力资源规划填补的空缺。由于社会经济等外部环境和企业的战略业务处于变化中,企业要根据变化和规划实施情况动态调整人力资源规划。

供给与需求预测是人力资源规划的核心问题。在供需预测时，要全面考虑各自的影响因素。人才需求预测包括未来需要的人力资源总量、结构和质量要求，受到组织规模的变化、企业的设备和技术变化、企业的战略导向变化影响。人才供给预测包括内部和外部供给两方面。内部供给主要来自调动和晋升，外部供给通常指招聘。预测方法包括现状规划法、经验预测法、德尔菲法、描述法、替换单法等定性预测方法，以及比率推算法、统计模型预测法等定量预测方法。

本章思考题

1. 人力资源规划在人力资源管理中的作用有哪些？
2. 人力资源规划的核心任务是什么？如何实现？
3. 企业人力资源需求和供给的影响因素有哪些？
4. 人力资源需求和供给预测有哪些方法？请分析其优缺点。

本章参考文献

1. 穆胜：《捕获人力资源柔性需求》，《商界评论》2012年第8期。
2. 〔美〕罗伯特·L.马西斯、约翰·H.杰克逊著，孟丁译：《人力资源管理（第10版）》，北京大学出版社2006年版。
3. 郑晓明编著：《人力资源管理导论》，机械工业出版社2005年版。

第四章　招聘与选拔

本章学习目标

1. 了解：员工招聘的概念、意义、原则及程序，招聘评估工作的内容和指标，以及如何根据实际情况选取相应指标。

2. 熟悉：员工招聘的渠道和方法，内外部招聘的具体途径、内容，不同方法的优缺点，以及如何择优选用。

3. 掌握：面试的类型、程序，以及员工录用过程中的注意事项，能够在给定情况下设计相应的面试。

本章核心概念

员工招聘　招聘计划　笔试　面试　录用决策　员工录用　招聘评估

第一节　员工招聘概述

一、员工招聘的概念

员工招聘是组织采用科学的方法寻找、吸引有能力又有兴趣到本组织来任职的人员，并从中选出适宜人员予以聘用的过程。它包括招募、筛选、录用、评估等四个阶段。

员工招聘一直是人力资源管理的具体业务活动，是人力资源管理的重要基础和主要职能。随着组织结构和环境的不断变化，为确保组织的生存和发展，人力资源规划对员工招聘下达了任务，人力资源部门需要不断吸收新生力量，为组织不断适应市场和发展需要，提供可靠的人力保障。

一般而言，员工招聘主要出现在以下几种情况：

（1）新建组织；

（2）组织因业务发展缺乏员工；

（3）组织内部员工结构不合理；

（4）调任、退休、解雇和死伤等情况导致组织岗位空缺。

二、员工招聘的意义

是否拥有一支高素质的人力资源队伍是决定组织建设和发展的重要因素。组织间的竞争同样也是一场人力资源的竞争，直接影响了组织的各项管理活动，对组织的运作具有非常重要的意义。主要表现在以下几个方面：

（一）决定企业竞争力的重要手段

人才是企业核心竞争力的源泉，企业间的竞争越来越表现为人力资源的竞争，对优秀人力资源的争夺也成为企业之间较量的重要一环。因此，招聘过程直接影响到了企业人力资源的质量，有效的招聘可以为企业赢得组织发展所需的人才，获得更加优秀的人力资源，增强企业的竞争力。

（二）提高人力资源管理效益的重要起点和基础

人力资源管理可能给企业带来效益也可能不带来效益。如果员工招聘政策和活动有助于企业人力资本存量的提高，有助于人力资本作用的发挥，那么，它对企业效益就产生正效应；反之，如果员工招聘政策和活动导致企业人才流失，员工对企业认同感下降，工作效率低下，那么，它对企业效益的影响就是负效应的。

（三）增添新活力的重要途径

对高层管理者和技术人员的成功招聘，可以有效地为组织添加新的管理思想、运行模式，也可以为组织带来重大的技术创新，为组织增添新的活力。

（四）提高声誉和知名度的重要手段

招聘是组织对外宣传、树立良好形象的重要渠道。组织招聘的过程中，企业都会与应聘者、人才中介、媒体舆论、政府部门等发生联系，都会对外公布企业的基本情况、方针政策、企业文化、发展目标等各类信息，企业招聘人员的工作能力、招聘组织以及招聘或拒绝怎么样的人等都会影响对企业的评价。招聘过程可能树立良好形象，吸引应聘者，也可能损害企业形象。

（五）影响人力资源管理成本的重要因素

作为人力资源管理的重要职能，招聘成本构成了人力资源成本的重要组成部分，包括：①直接成本，如招聘人员工资、差旅费、考察费、广告费等；②重置成本，如因招聘不慎，需重新招聘的成本；③机会成本，如新员工未能胜任或员工离职造成的费用支出。一般情况下，职位越高，招聘成本越大，有效的招聘力争将成本降到最低，又保证录用员工的素质要求。

三、员工招聘的原则

人力资源部门要按照组织发展的需求，做好人力资源规划、工作分析等环节，有序开展人员招聘工作。在招聘的整个过程中要严格确定对应聘人员的基本原则，为组织招募适合组织发展、提高组织竞争力的人才。具体须遵循以下几个原则：

（一）双向选择，公开、公平竞争原则

要把招聘的职位、种类、数量，应聘的资格，条件，考核、筛选的科目、方法和时间都公之于众。一方面要尽可能吸引更多的求职者来应聘，另一方面要严格按照考核与测评的程序和手段，对应聘者一视同仁，提供公平竞争的机会，通过公开、公平竞争，鉴别、选拔和录用各方面的优秀人才。

（二）全面、择优、能级原则

对所有应聘者要从品行、知识、能力、智力、心理、生理、过去工作的经验和绩效等方面进行全面考核、测评和考察。要依据企业的人力资源需求和任职要求，采用科学的程序、方法和手段，为企业的各个职位选择最合适的员工。人的知识水平有高低，能力有大小，工作有难易，要求有区别，择优招聘员工，不是都要最优秀的，而应量才录用，做到人尽其力，用其所长、职得其人，把适当的人配置到适当的职位上，避免大材小用和小材大用。

（三）少而精、宁缺毋滥原则

当某一职位暂时招不到合适人选时宁可暂时空缺，也不要让不合适的人占据。人力资源部门制定招聘计划时要有一个提前期，避免空缺的时间过长给企业

带来损失。不适合的员工不仅会大大降低效率,也会为以后再辞退给企业带来重大损失。因此,在可招可不招时,尽量不招;在可少招可多招时,尽量少招。

(四)遵守有关法律法规原则

任何组织在招聘过程中都要遵守国家关于员工就业的《劳动法》、《劳动合同法》等法律、法规的规定。实行平等就业,反对种族歧视、性别歧视、信仰歧视等,保护未成年人和妇女的正当权益,关注少数民族、残疾人等弱势群体。

四、员工招聘的流程

员工招聘程序是指出现职位空缺后到应聘人正式进入组织工作的整个过程,包括招募、选拔、录用、评估四个阶段,如图4-1所示:

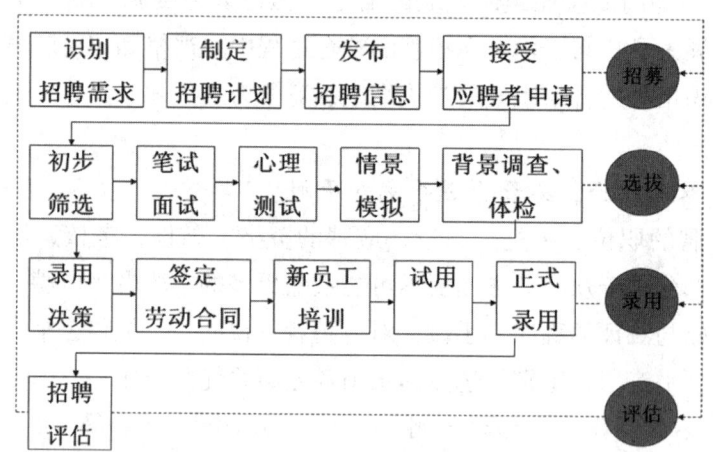

图4-1 员工招聘程序图

五、员工招聘渠道

员工招聘是指能够将潜在的员工吸引到本企业来的特殊方法。通过有效的招聘方式吸引各方人才前来应聘,是人员招聘录用工作的关键环节之一。

(一)广告招聘

企业可以通过广播、报纸、电视和行业出版物等媒介向公众传送企业的就业需求信息。在设计广告内容时,企业必须注意树立其企业形象。企业应该给未来的员工一个准确的工作或组织说明,同时应尽力吸引那些注重自身发展的员工，强调工作或组织的独特吸引力。广告必须给求职者提供足够的信息，包括对工作的简要说明、必要的学历和素质要求。

利用广告招聘具有传播范围广、接受人群多、可以同时进行企业宣传等优点。并且，广告可以激发潜在的求职者对企业的兴趣，并进一步寻求有关企业的更多信息和提供的工作机会。存在的问题是广告的作用效果较短，对于求职者来说信息量不足。

1. 报纸广告

选择怎样的媒介对招聘的效果也很有影响。一般来说，最便宜且传播范围最广的广告形式是报纸广告，许多企业都会在报纸上刊登招工广告。这种招聘形式的最大的问题就是往往会引来大量不合格的人应聘，增大了错误选择的可能性，并加大了企业筛选的工作量。

某些专业性报纸往往能吸引一些在就业技能、教育和求职定位上非常相似的读者。例如，《中国经营报》这样的出版物主要涉及商务、管理等方面的内容。它的读者群主要是那些从事经营、管理方面工作的人员。在这样的报纸上的广告主要涉及经营、管理或技术职位。在专业性报纸上刊登招聘广告，可以使得不合格的求职者的比率大大减少。

2. 杂志广告

杂志广告具有广告效果留存时间长，广告信息容量较大等优点。另外，一些专业性杂志也是定位明确的招聘广告的良好载体，如《人力资源杂志》的读者基本上都是人力资源的专业人员，所以比较适合在上面刊登人力资源、管理岗位的广告。但是，利用杂志也带来一些问题。杂志缺乏时间上的灵活性，它们的出版日期可能要比发行日期早几周。由于不可能总是很早地预测到对工作人员的需求，所以利用杂志进行招聘具有一定的局限性。

3. 电视、广播广告

利用电视、广播刊登招聘广告的优点是广告的时效性强，传播范围广，广告受体多。在急需雇佣的情况下，电视和广播广告可以提供较好的效果。这些方式的不足是它们的费用较高，留存的时间短，信息容量小。

4. 其他渠道

其他可用的媒体还包括广告牌、网络、传单等。它们具有各自的优势和不足。广告牌留存时间长，网络广告信息容量大，但这两种方式都受到传播范围的局限。传单广告可以有目的地集中分发，对象性强；但它的影响范围小，工作量也太大。

（二）内部招聘

在企业内部进行人员调整，可以最大限度发挥企业现有人力资源的潜力。组织在进行人员招聘录用工作时，内部调整应先于组织外招聘，尤其对于高级职位或重要职位的人员选聘工作更应如此。因为内部招聘具有如下优势：

（1）有利于员工的职业发展，能够促进组织中现有人员的工作积极性；

（2）可以利用已有人事资料简化招聘、录用程序，节约人力、财力等资源；

（3）内部员工对企业熟悉，对新职务的适应期更短；

（4）可以控制人力成本，减少培训期和费用。

组织内招聘可以通过公布现有职位空缺，鼓励员工自我推荐的方法来实现。组织内招聘需要注意的一点是要保证筛选的公开、公正性。不透明及不合理的选拔往往容易挫伤员工的积极性，反而会降低员工工作绩效。另外，对于不被选用的员工，管理者要详细说明原因，并提出期望，展示将来的机会。

（三）职业中介机构

各种职业介绍所和人才交流中心是在帮助企业招聘员工的同时又尽力帮助个人找到工作的一种组织。这些机构可以有效地将合格的求职者与空缺的职位联系在一起，是企业招收人员的重要渠道之一。

通过职业介绍所和人才交流中心招聘有如下优点：

（1）它们作为专门机构，具有先进的技术和庞大的人才信息库；

（2）专门机构作为第三者介入，可以保证雇佣方排除私人纠葛，公事公办，依标准招聘；

（3）从这些机构可以直接获取应聘人的有关资料，如学历、经历、意愿等，可节省招聘时间。

但是，这种渠道也存在一些不足，例如，有些职业介绍所或人才交流中心可能存在管理不够规范，人才库不全面等缺陷。并且，通过这些机构招聘往往成功率较低，难以招到优秀的人才。此外，企业还需要付给这些机构一定的费用。

（四）校园招聘

职业学校、学院和大学是企业重要的招聘来源，因此学校举办的各种招聘会是企业招募人才的宝贵机会。一般来说，学校的毕业生分配部门负责安排用人单位举办招聘会或与学生会见，并提供合适的面试场所。入校招聘的优势在于应聘目标群明确，人员素质较高，应聘者的背景真实，可信度高，由于招聘的时间确定，企业可以有计划地进行招聘录用。其不足在于只能在固定时间招聘，不能临时录用，并且相对于大企业，中小企业处于较为不利的位置。

企业往往会派出一些招聘人员入校进行招聘和选拔活动，这些招聘人员在吸引求职者方面发挥着重要的作用。这种情况下，招聘人员可以说是企业形象的代表。求职者往往会将招聘人员的行为看成是企业特点的一种反映。如果招聘人员表现冷漠、不礼貌，被接见者会认为该企业的人际环境也是如此。为了吸引优秀的人才进入企业，招聘人员必须注意自己呈现给求职者的形象，应尽量表现得热情、友好和具有活力。

宝洁公司的校园招聘[①]

有一位宝洁公司的员工这样形容宝洁的校园招聘："由于宝洁的招聘做得实在太好，即使在求职这个对学生而言比较困难的关口，也能感觉到自己被充分尊重，就是在这种感觉的驱使下，我来到了宝洁。"

1. 前期宣传广告

派送招聘手册，招聘手册基本覆盖所有的应届毕业生，以达到吸引应届毕业生参加其校园招聘会的目的。

2. 邀请大学生参加其校园招聘介绍会

宝洁的校园招聘介绍会程序一般如下：校领导讲话，播放招聘专题片，宝洁公司招聘负责人详细介绍公司情况，包括招聘负责人答学生问，发放宝洁招聘介绍会介绍材料。

宝洁公司会请公司有关部门的副总监以上高级经理以及那些具有校友身份的公司员工来参加校园招聘会。通过双方面对面的直接沟通和介绍，向同学们展

[①] 改编自苗祥波：《如何招到优秀人才》，《经理世界》2003年第23期，第90~92页。

示企业的业务发展情况及其独特的企业文化、良好的薪酬福利待遇，并为应聘者勾画出新员工的职业发展前景。通过播放公司招聘专题片，公司高级经理的有关介绍及具有感召力的校友亲身感受介绍，使应聘学生在短时间内对宝洁公司有较为深入的了解和更多的信心。

3. 网上申请

宝洁在中国使用自传式申请表之前，先在中国宝洁的员工中及中国高校中分别调查取样，汇合其全球同类问卷调查的结果，从而确定了可以通过申请表选拔的最低考核标准。同时也确保其申请表能针对不同文化背景的学生仍然保持筛选工作的相对有效性。申请表还附加一些开放式问题，供面试的经理参考。因为每年参加宝洁应聘的同学很多，一般一个学校就有1 000多人申请，宝洁不可能直接去和上千名应聘者面谈，而借助于自传式申请表可以帮助其完成高质高效的招聘工作。自传式申请表用电脑扫描来进行自动筛选，一天可以检查上千份申请表。

4. 笔试

笔试主要包括三部分：解难能力测试、英文测试、专业技能测试。

5. 面试

宝洁的面试分两轮。第一轮为初试，一位面试经理对一个求职者面试，一般都用中文进行。面试人通常是有一定经验并受过专门面试技能培训的公司部门高级经理，一般是面试者所报部门的经理，面试时间在30~45分钟。

通过第一轮面试的学生，宝洁公司将出资请应聘学生来广州宝洁中国公司总部参加第二轮面试，也是最后一轮面试。为了表示宝洁对应聘学生的诚意，除免费往返机票外，面试全过程在广州最好的酒店或宝洁中国总部进行。第二轮面试大约需要60分钟，面试官至少是3人，为确保招聘到的人才是用人单位真正（部门）所需要和经过亲自审核的，复试都是由各部门高层经理来亲自面试。如果面试官是外方经理，宝洁还会提供翻译。

思考：

（1）你认为宝洁公司的校园招聘在流程设计上有什么特点？

（2）宝洁公司的校园招聘方案对国内同类企业有何借鉴？

（五）人才交流市场

由众多企业共同举办的工作招聘会也是一种重要的招聘渠道。工作招聘会的优点是可以在短时间内吸引大量求职者，并且单位雇佣成本较低。存在的问题是，由于参加的企业众多，单一企业往往很难脱颖而出。因此，招聘展台的布置、招聘人员的形象都成为吸引应聘者注意的重要因素。同时，因为在短时间内需要接受大量的应聘者，难以做到与每一应聘者进行面谈，因此往往通过简历进行大比例地筛选，而这可能会错误地拒绝了一批合格的应聘者。

（六）员工引荐

许多企业发现，在招聘过程中他们自己的员工也能够提供帮助。员工经常主动地从他们的朋友或相关的人中介绍一些求职者。这种方式可以减低搜寻、广告和其他相关的费用，使招聘成本显著降低。在这种方式下，在职员工往往对应聘者的素质有一个较好的了解，而这些信息可能是雇主无法通过其他途径获得的。并且，应聘者往往事先通过引荐人对企业和工作有了很好的了解，是经过了慎重考虑后的申请，因此他们的留任率较高。存在的不足是容易造成员工的同质性过高，妨碍员工多样化进程，并容易在企业中形成小团体。

（七）猎头公司

组织在招聘有经验的专业人员和管理人员时，可以求助于猎头公司。猎头公司是帮助企业寻找适合于特定职位的最有资格的人员的机构，对于特殊类型的人员的招聘，企业往往求助于猎头公司。猎头公司与职业介绍机构的不同之处在于，它们一般不为个人服务，他们的任务在于为企业寻求最佳的人选。并且，猎头企业一般定位在对中、高层管理人员和高级技术人员的招募。猎头企业收取的费用通常按个人在第一年报酬金额的20%～30%提取，一般由企业支付。

第二节 员工招募

一、识别招聘需求

确定职位空缺，提出招聘需求是整个招聘活动的起点。人员招聘需求是建立在对组织内部现有员工认真分析的基础上，组织内外部的环境因素也会对招聘需求产生较大的影响。一般来说，招聘需求来源于：组织人力资源的自然裁员；组织业务量的变化使得现有人力资源无法满足需求；现在人力资源不合理。在掌握相关人员的需求信息，即数量、类型和具体要求，明确职位空缺的情况后，组织才能开始制定招聘计划。

二、制定招聘计划

（一）招聘标准

人力资源部门和用人部门需要开展充分的交流沟通，并且根据工作分析情况，从与工作有关的背景情况、工作经验、工作技能、个人能力、身体素质、价值观等方面进行确定，明确所需人员的录用标准和录用资格。

（二）招聘规模

招聘人数是组织计划通过招聘活动吸引多少数量的应聘者。招聘规模既不能过大也不能过小：过大会增加招聘者的工作量，增加招聘成本；过小不利于获得所需的人力资源。一般情况下，需要计算全部应聘者的数量和最终进入组织报道人数的比例。估算这一比例可以采用招聘规模金字塔，如图4-2所示：

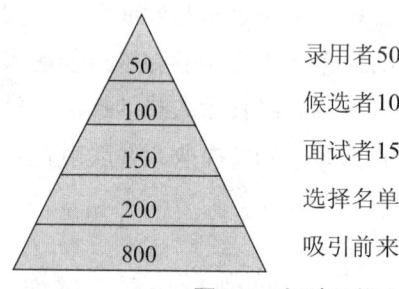

图4-2　招聘规模金字塔

在招聘规模金字塔模型中，招聘被分为五个阶段，各阶段的参与人数和拟招聘人数是成一定比例的。例如，某企业拟招聘50个岗位，如果确定提供岗位的候选人数和录用的人数比例是2∶1，则需要100名候选者；而面试者与被提供岗位的候选者的比例为3∶2，则需要150名应聘者进行面试；而参加面试的与实际被邀请参加面试的比例为4∶3，所以需要邀请200名应聘者参加面试；而这些被邀请参加面试的又是从最初前来应聘者中产生的，假设比例为4∶1，因此需要800人参加应聘，也就是招聘规模为800人。

当然，由于所处国家、时期的不同，每一个阶段的比率都是不同的。这主要是由劳动市场的供给关系决定的。劳动力供给越充足，劳动力素质要求越高，比例会越小；反之亦然。

（三）招聘范围

招聘的范围是指组织所开展招聘工作的范围的大小。一般情况下，招聘活动的范围越大，越有可能招聘到合适的应聘者，成本也会越高，因此，需要在适当的范围内开展招聘工作。首先，招聘所需职位层次越高的人才，由于符合要求的人员比例降低，招聘范围应随之扩大。其次，需要考虑当地劳动力市场的状况，如果当地劳动市场比较富足，在本地招聘基本上可以满足企业需求；反之，则需要扩大招聘范围至本地区以外的劳动力市场。

（四）招聘时间

招聘需要一定的时间，时间越宽裕，效果则越好。但是企业是由于出现人员缺口才需要招聘的，招聘时间越长就越会影响到企业的正常运转。所以，企业需要确定合理的招聘时间，并且将总体的时间分摊到从收到个人简历到发出面试通知、从发出面试通知到面试、从实际开始工作面试到录用、从录用到接受录用等每个阶段，确保各个阶段的工作质量。同时，在具体操作中，需要根据各阶段的实施进程灵活安排，保证总体时间不变。

（五）招聘预算

招聘需要一定的成本费用，因此在招聘计划中，列出招聘成本可以对招聘过程和结果起到控制作用，对日后的招聘效果进行评估。招聘费用主要包括：

（1）人事费用：工资、福利及加班费；

（2）业务费用：电报、电话费、专业费及服务费、信息服务费、广告费、物资及邮资费用等；

（3）企业一般管理费：租用临时设备、办公用具设备等的费用。

人力资源管理

一个IT企业招聘失败案例的反思

案例　某信息电子产品研发公司的一个部门需要人，人力资源部在收到详细需求后与用人部门讨论。讨论过程中双方在招聘方式上出现争议，人力资源部认为内部招聘应该能解决问题，用人部门却坚持通过外聘的方式解决，认为人最终是在用人部门服务的，人力资源部不懂技术，也不了解项目的实际情况，况且公司的招聘制度也规定用人部门拥有决策权，因此采用哪种招聘方式应由用人部门决定，人力资源部的职责应该是根据用人部门的需求组织和实施招聘活动，人力资源部却认为他们正在行使监督的职责。

最后，人力资源部经理找到副总经理，希望他出面作出裁决，副总经理听取了双方的意见后最终认可了人力资源部的观点，要求首先通过内部招聘来解决问题，实在不行再考虑外部招聘。

之后，就出现了有趣的现象，用人部门在内部招聘过程中，表面上积极配合，并且派出了强有力的专业技术人员参与面试，但无论应聘者是谁，他们总是能找到一些理由来证明应聘者不是合适的人选，结果当然是人力资源部在预定的时间内无法完成招聘任务，用人部门把责任推给人力资源部门。

思考：

试分析该公司招聘失败的原因，并提出可行的解决方法。

三、发布招聘信息

（一）发布信息内容

招聘信息内容除了需要详细列明企业招聘岗位名称、工作内容、计划招收人数、任职资格、工作职责、工作地点和相关工作经验等信息，还需要列明企业的性质、经营范围、规模、业绩、未来的发展战略等情况，充分展示企业的自身魅力和对人才的吸引力。

（二）信息发布范围

招聘信息发布范围的选择需在考虑招聘预算的前提下，选择适当的媒体，让尽可能多的人了解到企业的用人需要，接收到该信息的人越多，找到合适的人

---

① 改编自吴宏军：《IT企业招聘实战手册》，海天出版社2008年版，第128~129页。

才的概率就越大。

（三）信息发布渠道

发布信息的渠道主要包括电视、报纸、网站、杂志和新闻发布会等，不同的信息发布渠道，相关的覆盖面、影响力以及成本都差异较大。人力资源管理人员应当根据企业自身的情况、招募职位的特点以及应聘者获知信息的方式确定信息发布的渠道。

（四）信息发布时间

招募信息应当尽早对外发布，这样可以缩短招聘进程，让更多的人获取信息，吸引更多的应聘者。

（五）招聘对象区分

为了节约招聘的成本，提高招聘的成功率，发布招聘信息时要避免盲目发布，需要根据职位特点，有针对性地向特定层次的潜在应聘者发布，提高人员招聘的工作效率。

四、接受应聘者申请

完成发布信息阶段后，企业将收到大量的应聘申请。在接待过程中，招聘人员须要求应聘者提供个人简历、各种证明文件（复印件）、身份证（复印件）等证明材料，并填写《应聘申请表》（见表4-1），整理归类交由主管筛选。主管将明显不符合条件的应聘材料剔除，筛选出初步具有资格的人员。

第三节　员工选拔

一、初步筛选

招聘人员根据应聘者的简历和应聘申请表的信息对所有应聘者进行初步筛选，鉴别、剔除不符合职位要求的应聘者，缩小甄选范围。初步筛选重点如下：

（1）基本背景：主要包括应聘者个人基本情况是否符合招聘要求，如年龄、性别、学历、籍贯、技能、健康情况和婚姻状况等。

表 4-1 应聘申请表

申请部门：		申请职位：		申请日期：		照片
姓名：		年龄：		性别：		
籍贯：	婚否：		通讯地址：			
邮编：	联系电话：		身份证号码：			
现在工作单位及地址：						
职称：	专业：		现在从事的专业或工作：			
掌握何种外语：		掌握程度：		外语等级证书：		
技能与特长：		技能等级：				
个人兴趣和爱好：			身高：　　米	体重：　　公斤	健康状况：	
个人简历						
离开原单位的主要原因：						
加入本单位的主要原因：						
现在的薪酬：　　元/年		薪酬期望：　　元/年		可开始的工作日期：		
晋升期望（职位、时间）：						
培训期望（内容、日期、时间）：						
其他期望：						
个性特征：						
家庭成员情况：						
备注：						

（2）职位技能和经验要求：主要包括应聘者所取得的成绩、担任的职务和掌握的知识技能等，了解其原有工作的理论知识、技能经验与招聘岗位的相关性。

（3）申请表的真实性：根据内容是否合乎逻辑、前后是否矛盾等方面，对应聘申请表进行审查。如发现可疑的地方，意味着可信度降低。

（4）整体印象：态度端正、渴望得到工作的应聘者都会认真填写应聘申请表，填写材料不完整、字迹潦草的应聘者可以暂不考虑。

二、笔试

笔试是人员选拔过程中的基本甄选方法，是用以考核应聘者特定的知识、专业技术水平和文字运用能力的一种书面考试形式，可以有效的测量应聘人的素质及能力的差异等。

笔试的优点在于：可以一下子把员工的基本活动了解清楚，然后可以划分出一个基本符合需要的界限；适用面广，费用较少，可以大规模地运用。但是缺点在于不能全面的考察应聘者的工作态度、品德修养以及组织管理能力、口头表达能力和操作技能等。

笔试试题应该根据岗位要求科学设计，包括基本知识、专业知识、管理知识、综合分析能力和文字表达能力等内容。

三、面试

面试是一种经过组织者精心设计，在特定场景下，以考官与考生的面对面交谈和观察为主要手段，由表及里测评考生的知识、能力、经验等有关素质的一种考试活动。面试是企业挑选职工的一种重要方法。面试给企业和应聘者提供了进行双向交流的机会，能使企业和应聘者之间相互了解，从而双方都可更准确地做出聘用与否、受聘与否的决定。

面试有很多形式，依据面试的内容与要求，可以分为：

（一）问题式

由招聘者按照事先拟订的提纲对求职者进行发问，请予回答。其目的在于观察求职者在特殊环境中的表现，考核其知识与业务，判断其解决问题的能力，从而获得有关求职者的第一手资料。

（二）压力式

由招聘者有意识地对求职者施加压力，就某一问题或某一事件作一连串的发问，详细具体且追根问底，直至无以对答。此方式主要观察求职者在特殊压力下的反应、思维敏捷程度及应变能力。

（三）随意式

招聘者与求职者海阔天空、漫无边际地进行交谈，气氛轻松活跃，无拘无束，招聘者与求职者自由发表言论，各抒己见。此方式的目的为：于闲聊中观察应试者谈吐、举止、知识、能力、气质和风度，对其做全方位的综合素质考察。

（四）情景式

由招聘者事先设定一个情景，提出一个问题或一项计划，请求职者进入角色模拟完成，其目的在于考核其分析问题、解决问题的能力。

（五）综合式

招聘者通过多种方式考察求职者的综合能力和素质，如用外语与其交谈，要求即时作文或即兴演讲，或要求写一段文字，甚至操作一下计算机等，以考察其外语、文字、书法及口头表达等各方面的能力。

面试过程中，面试考官重点了解的仪容、居住、姿态、精神面貌、专业知识、工作经验和以往的工作经验、求职动机、兴趣爱好、人际交往、应变分析能力等情况，对应聘者进行综合评价。

案例 **世界名企招聘比较**[①]

微软公司选聘人才的方式灵活多样，其中在用户中检索人才是其一大特色。微软公司的网站，每月都有12 000多个用户登录，这些用户登录主要是为检索资料。微软编有一个专用程序，负责统计出用户所使用的关键词，从统计结果分析出此人是否具有较高的计算机技能，然后再根据分析结果列出初选的招聘对象。

---

① 改编自吕婷：《招聘，如何做到慧眼识才？》，《成都人才》第3期，http://www.rc114.com/html/ebook/cdrc/2008/0728/2673.htm。

第四章 招聘与选拔

汇丰银行在招聘人才时，常用的一种方式是要求应聘者在规定的时间内去整理资料。凡不接受此项工作或者整理工作完成得不理想的人员均不录用。汇丰银行希望通过资料整理这种工作来考察该人员是否能够分清资料的轻重缓急，是否具有处理业务的条理性，以及是否具备吃苦耐劳和脚踏实地的作风。

与一些国内企业避讳"任人唯亲"不同，员工推荐是英特尔公司招聘人才的渠道之一。这种招聘人才方式的优点在于，现有的员工既对英特尔公司很熟悉，又对自己要推荐的朋友比较了解，因此，根据这种了解，员工在推荐某人时将会先判断其是否适合英特尔公司。实践证明，这种在深入了解基础上推荐的人才比通过仓促的面试获得的人才要可靠得多。对于为公司推荐优秀人才的员工，英特尔公司还会发给其"荐才奖"。

IBM公司在招聘人才时，有一道必答题，即请应聘者谈谈自己的缺点。IBM公司认为一个自称没有缺点或者不敢于承认缺点的人是不值得信赖的。因此，对不说自己缺点、一味美化自己的应聘者，IBM公司将会毫不留情地拒之门外。

近年来，联合利华公司开创了在实习生中招聘人才的特色方式。主要是启动夏令营计划，在全国范围内选拔优秀的学生，邀请他们利用暑假到企业参观实习，让其提前接受企业的文化理念，熟悉企业的工作环境。如果双方满意，毕业时将正式签约。

思考：

（1）以上企业在招聘活动中采用了哪些方法？各种方法有什么优缺点？

（2）以上企业的人员招聘主要考察候选人哪些方面的素质？

四、背景调查

背景调查是指通过从应聘者提供的"第三者"那里搜集资料，来核实应聘者的个人资料的行为，是一种能直接证明求职者情况的有效方法。"第三者"指应聘者原来的企业、同事及其他了解应聘者的人员，或是能够验证应聘者提供资料准确性的机构和个人。

企业在招聘工作中所面临的种种风险可以归纳为胜任力风险、法律风险、职业操守风险、成本风险四大类。如果没有必要的措施，这些风险将直接由企业的人力资源部门承担。为规避这些风险，人力资源部门可以通过打电话、访谈、要求提供推荐信、请代理机构进行调查等方式调查应聘者的教育背景、工作经历、品行、工作能力、兴趣等。

背景调查需要花费大量的时间和财力，主要针对企业相关重点岗位实施：

（1）涉及资金管理的职位。如会计、出纳、投资，出于对资金安全的考虑，了解这些准员工的工作能力、犯罪记录和诚信状况。

（2）涉及企业核心技术秘密的职位。如研发部的工程师、技术人员。核心技术秘密关系到企业的生存问题，一旦被竞争对手弄到手，企业就会出现生存危机。

（3）部分中高层管理职位。运营总监、销售总监、战略管理总经理这些职位主要涉及企业的运营战略，企业的运营方向、核心客户资源都掌握在这些职位的人员手上，如果这部分人员有动荡，整个企业的资金链或者运营层面都会受到极大影响。

五、体检

体检的主要目的是保证应聘者的身体状况适合从事该专业工作，在集体生活中不会造成传染病流行，不会因其个人身体原因影响他人。

体检内容包括健康检查和身体运动能力测试。

第四节　员工录用

招聘录用是指从招聘选拔阶段层层筛选出来的人员中选择适合企业组织的人，最终通过录用决策、通知报到、办理入职手续、签订试用合同、入职培训和正式入职的过程。这是员工招聘的重要环节，直接决定企业招聘的成败。

一、录用决策

员工录用决策是指通过选拔过程中获取的信息进行综合评价与分析，确定每一位应聘者的能力和特点，并根据预先设定的人员录用标准进行挑选，从而选择合适人员的过程。人员录用程序是否成功，对员工招聘有着极其重大的影响，

第四章 招聘与选拔

如果决策出现偏差，将会使企业蒙受重大的经济损失，延误企业的建设和发展。

在做出录用决策时，要做到以岗位为标准，按照岗位要求选择最适合的应聘者；以人员为标准，努力将人员安置到最合适的岗位上。在这一过程中，人力资源部门要将上述两种标准结合起来，避免个人主观意愿，进行综合考核，从中择优确定录用名单。

二、通知报到

录用名单确定后，要张榜公布拟录用人员名单，做到录用过程公开、透明。录用通知一般采取信函的方式，说明报到的时间、地点以及其他应该说明的信息。

三、签订试用合同

试用合同是对被录用人员与组织双方的保障和约束。员工试用期是指从新员工报到上班开始，经历岗前培训、岗位熟悉到正式胜任工作岗位所需的时间。它主要包括以下几方面内容：试用的职位、期限、报酬和福利、试用期接受的培训、员工在试用期期间的工作目标和所应该承担的责任和义务、享有的权利、转正条件等。

四、入职培训

一般情况下，员工的职位应按照招聘的要求和应聘者意愿来安排，入职培训是企业对每一个初入公司的新员工介绍公司历史、基本工作流程、行为规范、组织结构、人员结构和处理同事关系等活动的总称，目的是为了使员工融入这个团队。经过培训合格后可允许上岗，培训不合格则允许再次参加培训，考试仍不合格者，应予辞退。

五、正式入职

正式录用即我们通常所称的"转正"，是指试用期满且试用合格的员工正式成为该组织的成员的过程。员工能否被正式录用关键在于试用部门对其的考核结果如何，组织对试用员工应坚持公平、择优的原则。

正式入职过程中，企业应当完成以下几项工作：① 员工试用期的考核鉴定，② 根据鉴定结果进行正式录用决策，③ 签订正式的劳动合同，④ 提供相应的薪酬待遇，⑤ 为员工制定一系列的发展计划。

劳动合同是单位与应聘者的契约，也是当事人的行为准则。合同签订须符合国家相关的法律法规，维护用人单位和应聘者双方的合法权益。

第五节　员工招聘的评估

在招聘活动结束以后，企业应当从招聘成本、录用人员、录用人员工作等方面对此次员工招聘进行及时总结和评估，目的是进一步提高下次招聘工作的效率。

招聘评估是招聘中最重要的组成部分，是通过对流程的效益和成本进行核算进而了解招聘过程中相应的费用支出，并且有针对性地确定应支出项目和不应支出项目。通过这种方式的审核，可以相应地控制支出的成本。但前提必须是保证质量和效率，并为以后的招聘提供丰富的参考资料和经验。

招聘评估需要进行录用员工的绩效审核，分析其能力以及工作潜力，并在此基础上分析招聘工作和方法的时效性，进而可以改变招聘的策略和方法，或者对其招聘资源进行优势重组。

一、招聘成本评估

招聘成本评估主要是对招聘中的费用进行调查、核实并对照预算进行评价的过程。它是鉴定招聘效率的一个重要指标。通过成本核算能明确掌握费用的支出情况，有利于降低今后的招聘费用，减少成本开支。

招聘成本分为招聘总成本和招聘单位成本。招聘总成本即人力资源的获取成本，它包括人事费用、业务费用、一般开支等方面。

招聘总成本=人事费用+业务费用+一般开支

招聘单位成本是招聘总成本和实际录用人数的比例，若实际费用少，录用人数多，则招聘的单位成本降低；反之，则招聘单位成本高。

招聘单位成本=总经费（元）/录用人数（人）

二、录用人员评估

录用人员评估是指根据招聘计划对录用人员的质量和数量进行评价的过程。

（一）录用人员的数量

录用人员的数量可用以下几个数据来表示。

1. 录用比

录用比=（录用人数/应聘人数）×100%

录用比越小，相对来说，录用者的素质越高；反之，则可能录用者的素质较低。

2. 招聘完成比

招聘完成比=（录用人数/计划招聘人数）×100%

如果招聘完成比等于或大于100%，则说明在数量上全面或超额完成招聘计划。

3. 应聘比

应聘比=应聘人数/计划招聘人数

应聘比越大，说明发布招聘信息效果越好，同时说明录用人员可能素质较高。

（二）录用人员的质量

除了运用录用比和应聘比这两个数据来反映录用人员的质量外，也可以根据招聘的要求或工作分析中的要求对录用人员进行等级排列来确定其质量。

三、招聘工作评估

招聘工作评估主要通过平均职位空缺时间、新员工的合格率、新员工的满意度等指标进行评测。这些指标反映了招聘工作的实际成效。

（一）平均职位空缺时间

平均职位空缺时间计算公式为：

平均职位空缺时间=职位空缺总时间/补充职位数×100%

该指标反映的是平均每个职位空缺多长时间能够有新员工补缺到位，即招聘人员的工作效率。该指标越小，说明招聘效率越高。

（二）招聘合格率

该指标反映招聘工作的质量，这里的合格招聘人数是指顺利通过岗位适应性培训、试用期考核最终转正的员工。

$$合格率=新上岗位数/考核合格数\times 100\%$$

（三）新员工对招聘人员的工作的满意度

良好的建议可提高招聘人员的工作水平。

（四）新员工对企业的满意度

该项评估一定程度上反映了新员工对企业的认可程度。

一个酒店的外部招聘实例[①]

某酒店因发展需要，在2012年10月底从外部招聘新员工。其间先后招聘了两位行政助理（女性），结果都失败了。具体情况如下：

第一位A，入职的第二天就没来上班，没有来电话，上午酒店打电话联系不到本人。经她弟弟解释，她不打算来酒店上班了，具体原因没有说明。下午，她本人终于接电话，不肯来酒店说明辞职原因。三天后又来酒店，中间反复两次，最终决定不上班了。她的工作职责是负责前台接待。入职当晚酒店举行了聚餐，她和同事谈得也挺愉快。她自述的辞职原因：工作内容和自己预期不一样，琐碎繁杂，觉得自己无法胜任前台工作。HR对她的印象：内向，有想法，不甘于做琐碎、接待人的工作，对批评（即使是善意的）非常敏感。

第二位B，工作10天后辞职。B的工作职责是负责前台接待、出纳、办公用品采购、酒店证照办理与变更手续等。自述辞职原因：奶奶病故了，需要辞职在家照顾爷爷（但是当天身穿大红毛衣，化彩妆）。透露家里很有钱，家里没有人给人打工。HR的印象：形象极好，思路清晰、沟通能力强，行政工作经验丰富。总经理印象：商务礼仪不好，经常是小孩姿态，撒娇的样子，需要进行商务礼仪的培训。

招聘流程：

（1）酒店在网上发布招聘信息。

---

① 改编自《招聘任用案例》，http://www.360doc.com/content/11/0607/11/1800_122186616.shtml。

第四章 招聘与选拔

（2）总经理亲自筛选简历。筛选标准：本科应届毕业生或者年轻的，最好有照片，看起来漂亮的，学校最好是名校。

（3）面试：如果总经理有时间就由总经理直接面试。如果总经理没时间，HR进行初步面试，总经理最终面试。新员工的工作岗位、职责、薪资、入职时间都由总经理定。

（4）面试合格后录用，没有入职前培训，直接进入工作。

酒店背景：

此酒店是一国外酒店在中国投资的独资酒店，薪水待遇高于其他传统行业。酒店的位置位于北京，对女性具有很强的吸引力。总经理为外国人，在中国留过学，自认为对中国很了解。

员工背景：

A 23岁，本地人，专科就读于某二流大学，后专接本就读于一流名校。基本无实习经历。

B 21岁，本地人，学历大专。曾参加歌唱比赛，形象气质均佳，在校期间在两个单位工作过：一个为拍卖公司，另一个为电信设备公司，职务分别为商务助理和行政助理。

思考：

招聘行政助理连续两次失败，酒店的总经理和HR觉得这不是偶然现象，肯定有重大问题。问题出在什么地方？有何对策？

本章小结

员工招聘是组织采用科学的方法寻找、吸引有能力又有兴趣到本组织来任职的人员，并从中选出适宜人员予以聘用的过程。员工招聘的意义重大，是决定企业竞争力的重要手段；是提高人力资源管理效益的重要起点和基础；是增添新的活力的重要途径；是提高声誉和知名度的重要手段；是影响人力资源管理成本的重要因素。员工招聘应遵循以下原则：双向选择，公开、公平竞争原则；全面、择优、能级原则；少而精、宁缺毋滥原则；遵守有关法律法规原则。

员工招聘的流程包括招募、选拔、录用、评估四个阶段，其主要途径包括：广告招聘、内部招聘、职业中介机构、校园招聘、人才交流市场、员工引荐和猎头公司。

员工招募的流程包括：识别招聘需求、制定招聘计划、发布招聘信息、接受应聘者申请。制定招聘计划应包含招聘标准、招聘规模、招聘范围、招聘时间、招聘预算。发布招聘信息应注意发布信息内容、信息发布范围、信息发布渠道、信息发布时间、招聘对象区分。

员工选拔的流程包括：初步筛选、笔试、面试、背景调查和体检。

员工录用是指从招聘选拔阶段层层筛选出来的人员中选择适合组织的人，最终通过录用决策、通知报到、办理入职手续、签订试用合同、入职培训和正式入职的过程。

员工的招聘评估是在招聘活动结束以后，企业从招聘成本、录用人员、录用人员工作等方面对员工招聘进行及时总结和评估，目的是进一步提高下次招聘工作的效率。

本章思考题

1. 简述员工招聘的一般程序和主要原则。
2. 内、外部招聘的渠道有哪些？各有什么特点？
3. 结合实际，阐述你对员工招聘评估要求的理解。
4. 试为你的岗位发布一条招聘信息。

本章参考文献

1.〔美〕加里·德斯勒著，刘昕、吴雯芳译：《人力资源管理（第6版）》，中国人民大学出版社1999年版。

2. 吴志明编著：《招聘与选拔实务手册（第2版）》，机械工业出版社2006年版。

3. 林忠、金延平主编：《人力资源管理（第3版）》，东北财经大学出版社2012年版。

第五章 培训与开发

本章学习目标

1. 了解：员工培训与开发的含义、意义、内容、特点，以及培训与开发的侧重点和主要目的。

2. 熟悉：员工培训与开发的主要原则、常用方法和操作过程，能够根据实际需要选择适用的培训和开发方法。

3. 掌握：员工培训与开发的计划制定的具体方法和步骤，能够在给定的环境中制定合理的培训和开发计划，并依据相应标准对其结果进行测评。

本章核心概念

培训需求　培训目标　培训方案　培训评价

第一节　培训与开发概述

一、培训与开发的含义

员工培训是企业提升员工素质和技能，并推动企业发展的重要手段。员工培训与开发是人力资源管理的重要组成部分，是提高组织运转绩效、使组织获取和增强竞争优势、维持组织有效运转的重要手段。在一般意义上，员工培训与开发是指组织根据发展和业务需要，通过各类不同方式采取计划性、系统性的学习、训练等手段，使员工不断更新知识、提高技能，提高员工的工作绩效，为组织目标作贡献,从而改善和提高组织绩效的培养和训练活动或过程。美国学者劳伦斯·S.克雷曼(Lawrence S. Kleiman)认为,培训和开发是"教会工人们怎样去有效地完成其目前或未来工作的有计划的学习经历","培训与开发的实践旨在通过提高雇员们的知识和技能去改进组织的绩效"[1]。

  培训与开发是两个有所不同但是密切联系的概念,在很多情况下可以混合使用,实际上两者在内涵上是有所区别的。一般认为,培训是根据实际工作需要,通过有计划地向员工提供各种培训项目,帮助员工提高知识、技能和业绩水平的活动。培训侧重于提高员工当前的工作绩效。开发着眼于长远目标,是指员工为未来发展而进行的一系列培训活动,包括正规教育、工作实践等以提高员工的综合素质和各种潜能的培养及测评活动,帮助员工更好地适应新技术、市场和工作变化带来的挑战,提高员工面向未来职业的能力和员工的可雇佣性。

  传统观念认为,培训与开发区别主要体现在:培训侧重于现在的工作和目标,是以现在为导向,根据实际工作需要,重心是帮助员工完成当下工作,掌握基本的工作知识、方法和步骤的过程,具有一定的强制性;开发侧重于员工将来的成长,培养员工特别是管理人员的综合素质,帮助员工为企业的其他岗位做准备,提高其面向未来职业的素质和能力,帮助员工更好地与组织一起发展和成长。

  近些年来,由于市场竞争的加剧,培训与开发越来越受到企业的重视,其重要性越来越被人们所认识,再加上培训与开发同企业发展和经营战略的契合,两者的功能和使用的技术手段趋同,界限已日益模糊。企业纷纷认识到,如果要获得竞争优势,培训不能仅仅局限于基本技能的开发,还要关注员工对工作中发生的问题进行分析和解决的能力。在现代意义下,培训与开发都注重员工与组织现在和未来的发展,而且一般员工和管理人员都必须接受培训和开发,人们已经越来越习惯于把两者合称为培训。可以说,开发是更广泛意义上的培训。

  培训与开发的含义,具体可以从以下几个方面掌握:

---

[1]〔美〕L.S.克雷曼著,吴培冠译:《人力资源管理:获取竞争优势的工具》,机械工业出版社2009年版。

第五章 培训与开发

（一）培训与开发是一种人力资本投资

人力资本是与物质资本、金融资本相并列的一种资本存在形态，表现为员工所掌握的相关文化知识、技能知识、技能水平和健康状况等。根据劳动经济学中的人力资本理论，人力资本是一种稀缺的生产要素，是组织乃至社会进步的决定性因素，但是它的取得不是无代价的，如果想要取得人力资本，必须进行投资活动，即人力资本投资。人力资本投资是形成人力资本的必要条件。人力资本投资形式包括岗前培训、在职培训、脱产培训等，目的是组织员工不断更新知识、开拓技能、改进态度、提高工作绩效，最终提高组织效率、实现组织目标。

（二）培训与开发以为组织实现目标为根本目的

组织目标就是培训与开发的最终目的，培训与开发必须为实现组织的目标服务。应该说，员工培训与开发的直接目的是提高员工现在以及将来的绩效和职业能力，从根本上说是为组织实现目标而服务。这就要求组织在计划及实施员工培训与开发时，必须首先明确这样一些问题：为什么要进行培训，需要进行什么样的培训，哪些人需要接受培训，由谁来培训，如何评价培训的效果，如何进行员工开发等，不能为培训和开发而培训和开发，更不能仅仅做表面文章，否则只能使培训与开发的效率和效果大打折扣。

（三）培训与开发是一个管理过程

根据组织行为学理论，一个人的工作绩效取决于其工作行为，而其工作行为又由这个人在具体工作情境下所选定的行为目标决定。组织期望通过培训与开发促进组织目标的实现，这一过程必须通过影响员工在特定的工作情况下的行为选择来实现，也就是必须通过影响或者塑造员工的工作态度、工作行为，使其符合职业需要并有助于实现组织的目标。从管理的全过程来看，培训与开发既是一种管理手段，也是一个管理过程。

（四）培训与开发是员工职业发展的需要

培训与开发并不只是给组织带来收益，由于人力资源是组织资源中最重要的组成部分，现代人力资源管理理论认为，员工在为组织目标的实现努力，以推动组织绩效的提高，同时也要尽力展现自身价值，不断自我完善和发展。从另一角度来考虑，无论是知识、技能等培训，还是素质、管理潜能的开发，不仅组织会从中大受其益，而且员工个人的知识、技能等人力资本无疑得到增值，使其增强适应各种工作岗位和职业的能力，提高工作绩效。从组织的角度来说，在实施培训和开发过程中，绝不能忽视员工的个人职业发展，这样才能进一步增强组织的凝聚力，更好地提高组织运行的效率。因此，培训与开发是促进员工个人发展的需要。

二、培训与开发的意义

随着世界经济的全球化、信息化、知识化和网络化时代的到来，以及与此相适应的市场竞争范围的日益扩大和程度的日益加深，培训和开发日益受到组织和个人的重视，被视为获取竞争优势的工具，越来越多的培训机构也随之诞生。培训与开发的重要意义体现在以下几方面：

（一）从外部环境角度考虑

从外部环境角度考虑，培训与开发是组织适应外部环境变化的重要手段。

当前，组织所生存的外部环境时时都在发生变化。如果员工普遍具有较高的素质和极强的职业能力，那么就将成为组织的宝贵财富；否则，员工素质低下，跟不上时代发展的要求和职业需要，那么就将成为一种无用资源，甚至成为组织的负担。通过员工选拔、录用等固然可以为组织招聘到素质较高和能力较强的员工，但现代社会发展的一个重要趋势就是新技术、新知识、新工艺、新产品层出不穷，特别是知识、技术的更新速度在近些年明显加快，加之市场需求变化多端，市场竞争日趋激烈，因此，必须通过员工培训与开发提高员工素质，调动员工积极性，发挥员工创造力。

（二）从企业内部角度考虑

从企业内部角度考虑，培训与开发是提高企业劳动生产率，增强企业竞争力的重要措施。

企业通过员工培训与开发，可以使员工明确自己的工作职责、任务和目标，提高自身的知识水平和技能水平，并具备与实现组织目标相适应的自身素质、业务技能及人际交往、沟通协调、集体参与等其他能力，使之可以胜任本职工作。经过培训与开发的员工，劳动熟练度、对新知识的吸收使用能力和员工间的配合默契都会提高，主要表现在：通过增加员工的知识技能，提高员工的工作质量和工作效率；使员工适应在新的工作环境和业务流程下工作角色转变的需要，为整个组织工作质量和效率的提高奠定坚实的人力基础，从而满足企业长远的战略发展需求，实现组织的目标。

（三）从市场竞争角度考虑

从市场竞争角度考虑，培训与开发是企业应对激烈市场竞争的重要途径。

世界经济的知识化、全球化、网络化时代的到来，新技术革命的日新月异，市场竞争的日趋激烈和市场需求的日益复杂多变，对企业提出了前所未有的挑战。每一个企业如果要赢得竞争，必须具备较强的综合素质或特有的核心专长。包括员工培训与开发在内的人力资源在企业各类资源中所具有的独特地位，使其开发与管理显得比以往任何时候都更加重要。培训与开发可以提高员工的素质与能力，可以使组织拥有更多的高素质员工，进而拥有更多的人力资本，从而有效应对市场竞争，获得竞争优势，并最终赢得胜利。

（四）从员工个人角度考虑

从员工个人角度考虑，培训与开发是实现员工个人发展和自身价值的必要措施。

现代组织提倡的员工为组织工作的目标已不仅仅是满足低层次需要，绝大多数员工工作的目的在于追求高层次的自尊和自我实现的需要，实现自我价值。而培训与开发能给员工不断提供学习和掌握新知识、新技能的机会，使其能适应和接受新的工作岗位所提出的挑战和任务，实现自我成长和自我价值，不仅使员工获得物质上的满足，而且使员工精神上获得成就感。所以在企业里虽然每个人所处的岗位不同、层次不同，但大多数都渴求不断充实自己，使自己的潜力充分发掘出来。企业如能满足员工的这种自尊、自我实现需要，将激发出员工深刻而又持久的工作动力。

三、员工培训与开发的特点

员工培训的对象是在职人员，其性质属于继续教育的范畴。它具有鲜明的特征。

（一）广泛性

首先，组织内培训与开发的网络涉及面广，不仅决策层需要培训，而且中间管理层和一般员工也需要进行培训与开发，体现出一种全员培训的性质；其次，是指培训内容的广泛性，不仅涉及一般管理知识如计划、组织、领导、控制的培训，而且也包括技术、财务、统计、营销、生产等各个经营环节的内容，还包括面向未来的新知识、新技能等。

（二）层次性

员工培训网络的深度，也是培训网络现实性的具体表现。不仅企业战略不同，培训与开发的内容及重点不同，而且不同知识水平和不同需要的员工，所承担的工作任务不同，知识和技能需要也各异。

（三）协调性

员工的培训与开发是一个完整的组织管理系统，它要求培训与开发的各环节、培训项目应协调，使培训网络运转正常。要从企业经营战略出发，制定适当的培训方案，包括在进行培训需求分析的基础上确定培训对象、内容、组织形式等；要根据企业发展的规模、速度和方向，合理确定受训者的总量与结构；要根据员工的培训人数，合理地设计培训方案、培训的时间、地点等；要对培训效果进行恰当的评估、总结，找出成绩与不足，使培训与开发工作能满足整个组织运转的需要。

（四）实用性

实用性指员工的培训投资应产生的一定回报。员工培训与开发系统要发挥其功能，即成果转移或转化成生产力，并能迅速促进企业竞争优势的发挥与保持。首先，企业应设计好培训与开发项目，使员工所掌握的技术、技能、更新的知识结构能使其适应新的工作。其次，应让受训者获得实践机会，为受训者提供或其主动抓住机会来应用培训中所学的知识、技能和行为方式。最后，为培训与开发的成果转化创造有利的工作环境，构建学习型组织。它是一种具有促进学习能力、适应能力和变革能力的组织。

（五）长期性和速成性

员工的培训与开发是伴随员工在组织内工作的全过程，不能指望一次或几次培训就能解决全部问题，员工必须不断接受新的知识，不断学习，任何企业对其员工的培训将是长期的。同时，员工学习的主要目的是为企业工作，每次培训应强调周期短、见效快，技能型培训尤应如此，以提高培训与开发的效果。

（六）实践性

培训与开发应根据员工的生理、心理以及一定工作经验等特点，在教学方法上应注重实践教学方法。不能和实际工作脱节，应将启发式、讨论式、研究式以及案例式相结合，使员工所学到的知识、技能能够适应工作需要，使员工培训有效果。

案例

西门子公司员工培训体系[①]

在员工培训方面，西门子公司创造了独具特色的培训体系。西门子对员工进行培训的根本目标是使他们能够从容应付来自各方面的挑战。为此，西门子为员工设计了各种各样的有效培训：

1. 新员工培训

培训期间，学员要接受双轨制教育：一周中3天在企业接受工作培训，另外2天在职业学校学习知识。这样，学员不仅可以在工厂学到基本的熟练技巧和技术，而且可以在职业学校受到相关基础知识教育。西门子早在1992年就拨专款设立了专门用于培训工人的"学徒基金"。现在，公司在全球拥有60多个培训场所，如在公司总部慕尼黑设有西门子学院；在爱尔兰设有技术助理学院，它们都配备了最先进的设备，每年培训经费近8亿马克。第一职业培训（新员工培训）保证了员工一旦正式进入公司便具有很高的技术水平和职业素养，为西门子的长期发展奠定了坚实的基础。

2. 大学精英培训

西门子从每批大学生中选出30名尖子生进行专门培训，培养他们的领导能力，培训时间为10个月，分三个阶段进行。

第一阶段，让他们全面熟悉企业的情况，学会从互联网上获取信息；第二阶段，让他们进入一些商务领域工作，全面熟悉本企业的产品，并加强他们的团队精神；第三阶段，将他们安排到下属企业（包括境外企业）承担具体工作，在实际工作中获取实践经验和知识技能。

[①] 改编自《西门子的多级培训制度》，《成都人才》总第4期，http://www.rc114.com/html/ebook/cdrc/2008/0725/2656.htm。

3. 员工在职培训

西门子员工管理教程分五个级别，各级培训以前一级别培训为基础，从第五级别到第一级别所获技能依次提高，其具体培训内容大致如下：

表5-1　西门子员工管理教程

培训级别	培训对象	培训目的	培训内容	培训日程
第五级：管理理论教程	有管理潜能的员工	提高参与者的自我管理能力和团队建设能力	西门子企业文化、自我管理能力、个人发展计划、项目管理、掌握满足客户需求的团队协调技能	与工作同步的一年培训，为期3天的研讨会两次和开课讨论会一次
第四级：基础管理教程	有较大潜力的初级管理人员	让参与者准备好进行初级管理工作	综合项目的完成、质量及生产效率管理、财务管理、流程管理、组织建设及团队行为、有效的交流和网络化	与工作同步的一年培训、为期5天的研讨会两次和为期两天的开课讨论会一次
第三级：高级管理教程	负责核心流程或多项职能的管理人员	开发参与者的企业家潜能	公司管理方法、业务拓展及市场发展策略、技术革新管理、西门子全球机构、多元文化间的交流、改革管理、企业家行为及责任感	与工作同步的18个月培训，为期5天的研讨会两次
第二级：总体管理教程	①管理业务或项目并对其业绩全权负责者；②负责全球性、地区性的服务者；③至少负责两个职能部门者；④在某些产品、服务方面是全球性、地区性业务的管理人员	塑造管理者的领导能力	企业价值、前景与公司业绩之间的相互关系，高级战略管理技术、知识管理、识别全球趋势、调整公司业务、管理全球性合作	与工作同步的两年培训，为期6天的研讨会两次
第一级：西门子执行教程	已经或者有可能担任重要职位的管理人员	提高领导能力	根据参与者的情况特别安排	根据管理学知识和公司业务的需要而制定，随着两者的发展变化，培训内容需要不断更新

第五章 培训与开发

西门子的员工培训计划涵盖了业务技能、交流能力和管理能力等广泛领域，为公司储备了大量的生产、技术和管理人才，从而提高了公司整体竞争力，成为西门子不败的重要保证。

思考：

西门子公司员工培训体系的特点是什么？

第二节 培训与开发的内容与形式

员工培训的内容与形式必须与企业的战略目标、员工的职位特点相适应，同时适应内外部经营环境变化。但大体上看，培训与开发在内容与形式方面，都是有规律可循的。

一、培训与开发的内容

合理确定培训与开发的内容，对于目标的实现，提高组织绩效具有十分重要的意义。员工的培训与开发主要是根据工作需求，提高工作绩效展开的，而影响工作绩效的因素是员工所掌握的知识、业务技能和工作态度。因此，员工培训也围绕这三方面开展。

（一）知识的学习

知识学习是员工培训与开发的主要方面，包括事实知识与程序知识学习。员工应通过培训掌握完成本职工作所需要的基本知识，企业应根据经营发展战略要求和技术变化的预测，以及将来对人力资源的数量、质量、结构的要求与需要，有计划、有组织地培训员工，使员工了解企业的发展战略、经营方针、经营状况、规章制度、文化基础、市场及竞争等。依据培训对象的不同，知识内容还应结合岗位目标来进行。如对管理人员既要培训计划、组织、领导和控制等管理知识，还要他们掌握心理学、激励理论等有关人的知识，以及经营环境如社会、政治、文化、伦理等方面的知识。

（二）技能的提高

知识的运用必须具备一定技能。培训与开发首先对不同层次的员工进行岗位所需的技术性能力培训,即认知能力与阅读、写作能力的培训。认知能力包括语言理解能力、定量分析能力和推理能力等三方面。有研究表明,员工的认知能力与其工作能否胜任有相关关系。随着工作变得越来越复杂,认知能力对完成工作显得越来越重要。阅读能力不够会阻碍员工良好业绩的取得。随着信息技术的发展,不仅要开发员工的书面文字阅读能力,而且要培养员工的电子阅读能力。此外,企业应更多培养员工的人际交往能力。尤其是管理者,更应注重判断与决策能力、改革创新能力、灵活应变能力、人际交往能力等的培训。

(三)态度的转变

态度是影响能力与工作绩效的重要因素。员工的态度与培训效果和工作表现是直接相关的。管理者重视员工态度的转变使培训成功的可能性会增加。受训员工的工作态度怎样、如何形成、怎样受影响等是一些复杂的理论问题,又是一种实践技巧。通过培训可以改变员工的工作态度,但不是绝对的。关键的是管理者工作本身。管理者要在员工中树立并保持积极的态度,同时善于利用员工态度好的时间来达到所要求的工作标准。管理者应根据不同的特点找到适合每个人的最有效的影响与控制方式,规范员工的行为,促进员工态度的转变。

二、培训的组织形式

员工培训与开发往往是根据企业的不同需要而有所差别的,为适应不同的培训目的、不同的培训内容、不同的受训者等,员工培训的组织形式也多种多样。

(一)按培训职能部门的组建模式划分

从培训职能部门的组建看,培训有学院模式、客户模式、矩阵模式、企业办学模式和虚拟培训组织模式五种模式。

1. 学院模式

学院模式即企业所组建的培训部门看起来非常像一所大学的结构。培训部门由主管人会同一组对特定课题或特定的技术领域具有专业知识的专家共同领导。专家负责开发、管理和修改培训项目。

2. 客户模式

客户模式即企业组建培训部分负责满足公司内某个职能部门的培训需求,使培训项目与经营部门的特定需要而不是与培训者的专业技能相一致。但培训者必须了解经营需要并不断更新培训课程和内容以适应这种需求。

3. 矩阵模型

矩阵模型即企业组建培训部门能适应培训者既向部门经理又要向特定职能部门的经理汇报工作的模式。培训者具有培训专家和职能专家两个方面的职责，它有助于将培训与经营需求联系起来。培训者可以通过某一特定的经营职能而获得专门的知识。

4. 企业办学模式

企业办学模式是指利用企业办学组建职能部门趋向于提供范围更广的培训项目与课程。该模式的客户群不仅包括员工和经理，还包括公司外部的相关利益者。企业一些重要的文化和价值观将在企业大学的培训课程中得到重视；它保证企业某部门内部开展的有价值的培训活动能在整个企业进行传播。

5. 虚拟培训组织模式

该模式与传统培训部门的最大区别体现在结构上。传统的培训组织趋向于由固定的从事某一特定职能如指导设计的培训者和管理者来运营；这种模式中的培训者的数量则根据对产品和服务的需求不同而变化，培训者不仅要具有专业能力而且能作为内部咨询专家并能提供更完善的服务。

英特尔的高级经理人培训方式[①]

案例

英特尔公司为了延续公司文化和辉煌的成就，采用了"一带一"的手法去培养经理人。公司CEO葛鲁夫曾多次说过，任何管理者的部分关键工作就是为继任者铺路，而为继任者铺路的最好方式就是平稳过渡，即铺路者在工作的时候对继任者起推动作用。英特尔公司对人才的最高要求并不是经验，而是学习能力。

英特尔公司的经理人培训通常包括三个阶段。第一阶段是经理在公司做事的一些流程和制度培训，让经理人更深入地了解管理层的事情；第二阶段是管理任务周期培训，此过程是管理业务技能的训练，即告诉管理者如何去管理；第三

---

① 改编自《2013年人力资源案例探讨：英特尔"一带一"的手法》，[2014-5-28]，http://www.examw.com/hr/anli/217684/.

阶段是人员管理培训，这一阶段主要练就沟通、辅导和发展员工的能力。

此外，对经理人还有五个环节的培训：第一步是制定工作目标；第二步是完成计划；第三步是如何帮助别人共同解决问题；第四步是对员工如何实施管理；第五步是如何进行员工的激励训练。

从名企公司培养模式来看，企业培训是人力资源管理的核心之一，也是一切人才发展的立足点，有效的企业培训是实现企业战略和经营目标的重要条件。企业的能力发展主要之一是人才的培养发展，并且渗入企业文化、企业经营发展所必须具备的核心能力，关注员工个人成长与发展，共同促进业务与组织的成长。培训的重点必须把握企业所处的阶段及业务发展重点，以及组织管理所需的能力，此外，培训要与员工职业发展、绩效管理相结合。

思考：

英特尔公司的"一带一"培训方式对国内众多为了培训而培训的公司有何借鉴？

（二）按培训对象划分

从培训的对象看，培训有管理人员培训、专业技术人员培训、基层员工培训及新员工培训。管理人员培训主要让他们掌握必要的管理技能，以及新的管理知识与理论、先进的管理方法。专业技术人员培训是让他们提高专业领域的能力，旨在提高其新产品研制能力；同时培训财务、营销知识、时间管理、信息管理、沟通技巧、团队建设、人际能力、指导员工、外语等方面的知识与能力。基层员工培训让员工操作技能提高，是针对不同岗位所要求的知识与技能而言。新员工培训，即为新进入企业的员工指引方向，使之对新的工作环境、条件、工作关系、工作职责、工作内容、规章制度、组织期望等有所了解，尽快顺利地融入企业并投身到工作之中。

（三）按员工培训的时间划分

从员工培训的时间看，培训有全脱产培训、半脱产培训与业余培训等。全脱产培训是受训者在一段时期内完全脱离工作岗位，接受专门培训后，再继续工作。半脱产培训是受训者每天或每周抽出一部分时间参加学习的培训形式。业余培训是受训者完全利用个人业余时间参加培训，不影响正常生产或工作的培训形式。

三、培训与开发的原则

企业培训的成功实施要遵守培训的基本原则。尽管培训的形式多种多样、内容各异,但各类培训坚持的原则基本一致。主要有如下几项原则(见图5-1):

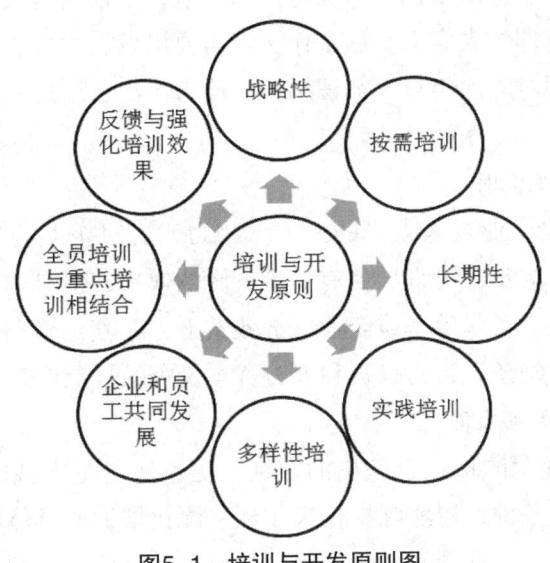

图5-1 培训与开发原则图

(一)战略性原则

员工培训是企业生产经营活动的一个环节,在组织培训时,要从企业发展战略的角度去思考问题,避免发生为培训而培训的情况。制定企业的中、长期培训计划,既要符合企业整体发展的需要,又要满足企业目前工作需要。要做到这一点,需要在每一个培训项目实施前进行培训需求调查时,认真分析企业战略,抓住企业战略意图实现过程中的一些障碍,并努力通过培训帮助组织清除这些障碍。脱离战略性考虑的培训计划,虽然在企业现阶段工作中能起到一定的作用,但必将因与企业整体发展规划脱节而落后被动,顾此失彼。

(二)按需培训原则

企业组织员工培训的目的在于通过培训让员工掌握必要的知识技能,以完成规定的工作,最终为提高企业的经济效益服务。不同的岗位,工作性质、内容不同,要达到的工作标准也不同。因此,员工培训工作应当充分考虑培训对象的工作性质、任务和特点，实行按需培训。培训的内容必须是员工个人的需要和工作岗位需要的知识、技能以及态度等。因此，在培训项目实施中，要把培训内容和培训后的使用衔接起来，这样培训的效果才能体现到实际工作中去，才能达到培训目标。如果不能按需培训、培训与使用脱节，不仅会造成企业人力、物力的浪费，而且会使培训失去意义。从工作实际需要出发，主要表现在要与职位特点紧密结合，与培训对象的年龄、知识结构、能力大小、思想状况紧密结合，切忌概念化、一般化。

（三）长期性原则

员工培训需要企业投入大量的人力、物力，这对企业的当前工作可能会造成一定的影响。有的员工培训项目有立竿见影的效果，但有的培训要在一段时间以后才能反映到员工工作效率或企业经济效益上，尤其是管理人员和员工观念的培训。因此，要正确认识智力投资和人力资本投资的长期性。

（四）实践培训原则

培训不仅是观念的培训、理论的培训，更重要的是实践的培训。因此培训过程中要创造实践条件，以实际操作来印证、深化培训的具体内容，这样更有利于实践成果的转化。如在课堂教学过程中，要有计划地为受训员工提供实践和操作机会，使他们通过实践提高工作能力。

（五）多样性培训原则

企业中不同员工的能力有偏差，具体工作分工也不同，因此员工培训要坚持多样性原则。多样性培训原则包括培训方式的多样性，如岗前培训、在岗培训、脱产培训等；也包括培训方法的多样性，如专家讲授、教师示范、教学实习等。

（六）企业和员工共同发展原则

对企业而言，员工培训是调动员工工作积极性、改变员工观念、提高企业对员工的凝聚力的一条重要途径；对员工个人而言，员工培训使员工学习并掌握新的知识和技能，提高个人的管理水平，有利于个人职业的发展。因而有效的员工培训，会使员工和企业共同受益，促进员工和企业共同发展。

（七）全员培训与重点培训结合原则

全员培训，就是有计划、有步骤地对各类人员进行全面培训，以提高企业全员素质，增强组织整体竞争能力。重点培训是对企业技术中坚、管理干部，特别是中高层管理人员，要加大培训力度，进行重点培训。

（八）反馈与强化培训效果原则

反馈的作用在于巩固学习技能、及时纠正错误和偏差。反馈的信息越及时、准确，培训的效果就越好。强化是将反馈结果与受训人员的奖励和惩罚相结合，它不仅应在培训结束后马上进行，而且应该体现在培训之后的上岗工作中。

四、员工培训计划制定

有效的培训计划是员工培训的重要保障。精心设计员工培训系统是非常重要的。员工的培训计划包括培训需求的确定、培训目标的设置、培训方法、培训的实施、培训成果的转化以及培训评价和反馈等（见图5-2）。

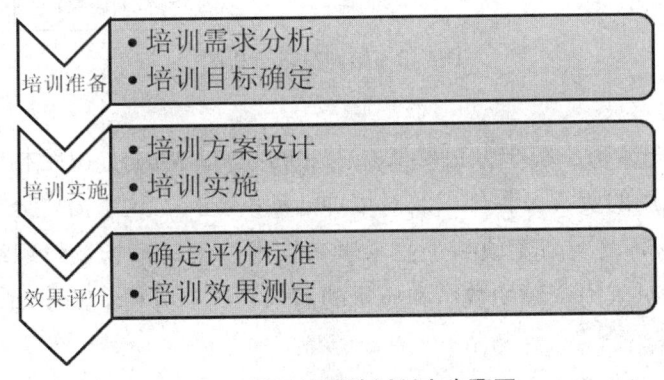

图5-2　员工培训计划制定步骤图

（一）培训准备阶段

在员工培训的准备阶段，必须做好两方面的工作：一是培训需求分析；二是培训目标确定。

1. 培训需求分析

培训需求分析对是否需要进行培训来说非常重要。它包括组织分析、任务分析与个人分析三项内容，如图5-3所示：

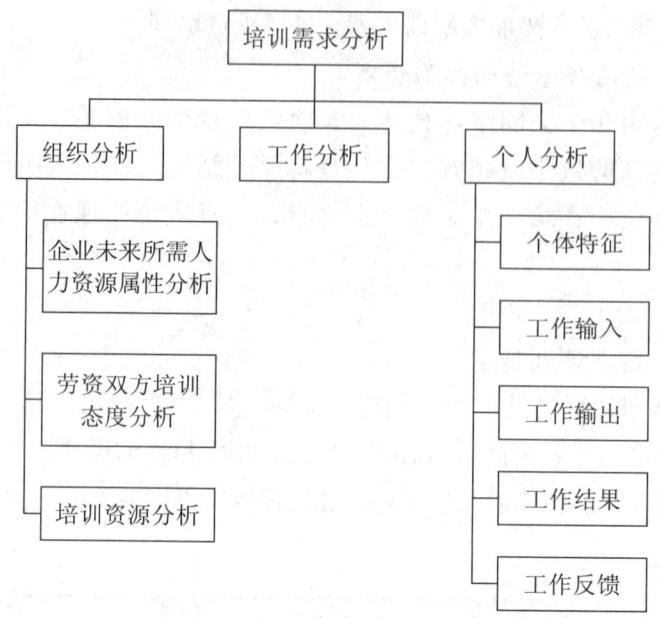

图5-3 培训需求分析图

（1）组织分析。组织分析是要在企业的经营战略下，决定相应的培训，并为其提供可利用的资源、管理以及对培训活动的支持。这里需要分析三个问题：

一是从战略发展高度预测企业未来在技术、销售市场及组织结构上可能发生什么变化，对人力资源的数量和质量的需求状况的分析，确定适应企业发展需要的员工能力。

二是分析管理者和员工对培训活动的支持态度。大量研究表明员工与管理者对培训的支持是非常关键的。培训成功的关键要素在于：受训者的上级、同事对其受训活动要持有积极态度，并同意向受训者提供关于任何将培训所学的知识运用于工作实践中去的信息；受训者将培训所学的知识运用于实际工作之中的概率较高等。如果受训者的上级、同事对其受训不支持，这种概率就不大。

三是对企业的培训费用、培训时间及培训相关的专业知识等培训资源的分析。企业可在现有人员技能水平和预算基础上，利用内部咨询人员对相关的员工进行培训。如果企业缺乏必要的时间和专业能力，也可以从咨询公司购买培训服务。目前已有越来越多的企业通过投标的形式来确定为本企业提供培训服务的供应商或咨询公司。

（2）工作分析。工作分析包括任务确定及对需要在培训中加以强调的知识、技能和行为的分析。工作分析用以帮助员工按时、准确地完成任务。任务分析的结果是有关工作活动的详细描述，包括员工执行任务和完成任务所需的知识、技术和能力的描述。工作分析的重点和关键是分析和发现现实状态下和理想状态下从事一项工作所需要的知识、技能以及员工的实际表现存在的差距，从而确定其需要接受的培训。

（3）个人分析。个人分析从员工个人的层面出发，主要是在衡量员工的能力是否足以应付目前以及将来工作需要后，将员工目前的工作绩效与员工绩效标准进行对比，如果发现不足，则需要开展培训。影响员工个人绩效水平包括以下因素：

第一，员工的个体特征，即分析员工是否具有完成工作所应具备的知识、技术、能力和态度。

第二，员工的工作输入，即分析员工是否得到一些指导，该干些什么，怎样干和什么时候干等，如果员工有工作必备的知识、能力、态度和行为方式，但缺少必要的指导，其绩效水平也不会高。

第三，分析员工工作输出，即分析员工是否了解工作的目标。有时员工不能达到标准要求的业绩表现，其重要的原因之一是员工不知道他们应该达到什么样的绩效水平。

第四，分析员工工作结果。如果不知道业绩表现好而受到的各种奖励措施，或员工认为绩效奖励不具有激励作用的话，那么他们就不愿执行绩效标准，而且团队行为也不会鼓励员工执行绩效标准。

第五，分析员工工作反馈，即分析员工是否能得到执行工作中的有关信息。如果员工在工作中没人定期向其反馈工作表现，或者说员工知道怎样做，但不知道自己做得怎样，其绩效水平也会出现问题并缺乏学习动机。

只有在以上分析的基础上才能制定具体的培训项目。

2. 培训目标的确定

设定培训目标是员工培训的一个必不可少的环节。只有明确培训目标，才能确定培训的方向、内容以及组织形式。培训目标是指培训活动的目的和预期成果，可以针对每一培训阶段设置，也可以面向整个培训计划来设定。培训目标确定的作用表现在：

（1）结合受训者、管理者、企业各方面的需要，满足受训者方面的需要；帮助受训者理解其为什么需要培训。

（2）协调培训的目标与企业目标的一致，使培训目标服从企业目标。

（3）使培训结果的评价有一个基准；有助于明确培训成果的类型。

（4）指导培训政策及其实施过程。

（5）为培训的组织者确立了必须完成的任务。

培训目标一般包括三方面的内容：① 说明员工应该做什么；② 阐明可被接受的绩效水平；③ 受训者完成指定学习成果的条件。

培训目标确定应当注意以下几个问题：

一是使每项任务均有一项工作表现目标，让受训者了解受训后所达到的要求，具有可操作性。

二是目标应明确针对具体的工作任务。

三是目标应符合企业的发展目标。

（二）培训的实施阶段

在培训的实施阶段，企业要完成两项工作：设计培训方案和培训实施。从培训工作的系统来看，培训的成功与员工培训项目设计有很大关系。

1. 培训方案设计

培训方案的设计是培训目标的具体操作化，即告诉人们应该做什么、如何做才能完成任务，达到目的。主要包括以下一些内容：选择设计适当的培训项目；确定培训对象；培训项目的负责人，包含组织的负责人和具体培训的负责人；培训的方式与方法；培训地点的选择；根据既定目标，具体确定培训形式、学制、课程设置方案、课程大纲、教科书与参考教材、培训教师、教学方法、考核方法、辅助器材设施等。

制定培训方案必须兼顾企业具体的情况，如行业类型、企业规模、客户要求、技术发展水平与趋势、员工现有水平、政策法规、企业宗旨等，最关键因素之一是企业领导的管理价值观和对培训重要性的认识。

2. 培训的实施

培训实施是员工培训系统关键的环节。在实施员工培训时，培训者要完成许多具体的工作任务。要保证培训的效果与质量，必须把握以下几个方面（见图5-4）：

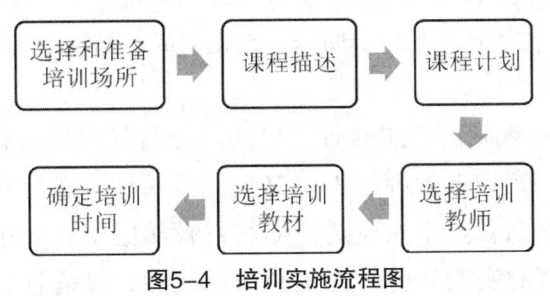

图5-4　培训实施流程图

（1）选择和准备培训场所。选择什么样的培训场地是确保培训成功的关键。

首先，培训场地应具备交通便利、舒适、安静、独立而不受干扰，为受训者提供足够的自由活动空间等特点。

其次，培训场地的布置应注意一些细节：检查空调系统以及临近房间、走廊和建筑物之外的噪音；场地的采光、灯光与培训的气氛协调；培训教室结构选择方形，便于受训者看、听和参与讨论；教室的灯光照明适当；墙壁及地面的颜色要协调，天花板的高度要适当；桌椅高度适当，椅子最好有轮子，可旋转便于移动等；教室电源插座设置的数量及距离也要适当，便于受训者使用；墙面、天花板、地面及桌椅反射或引音能保持合适的音响清晰度和音量。

最后，注意座位的安排，即应根据学员之间及培训教师与学员之间的预期交流的特点来布置座位。一般地，扇形座位安排对培训十分有效，便于受训者相互交流。当然，也可根据培训目的与方法来布置教室，例如培训主要是获取知识，以讲座和视听演示为主要培训方法，那么传统教室的座位安排就比较合适。

总之，选择和准备培训场所应以达到培训效果为目的。

（2）课程描述。课程描述是有关培训项目的总体信息，包括培训课程名称、目标学员、课程目标、地点、时间、培训的方法、预先准备的培训设备、培训教师名单以及教材等。它是从培训需求分析中得到的。

（3）课程计划。详细的课程计划非常重要，包括培训期间的各种活动及其先后秩序和管理环节。它有助于保持培训活动的连贯性而不论培训教师是否发生变化；有助于确保培训教师和受训者了解课程和项目目标。课程计划包括课程名称、学习目的、报告的专题、目标听众、培训时间、培训教师的活动、学员活动和其他必要的活动。

（4）选择培训教师。员工培训的成功与否与任课教师有着很大关系。特别是21世纪的员工培训，教师已不仅仅是传授知识、态度和技能，而且是受训者职业探索的帮助者。企业应选择那些有教学愿望，表达能力强，有广博的理论知识、丰富的实践经验、扎实的培训技能，热情且受人尊敬的人为培训教师。

（5）选择培训教材。培训教材一般由培训教师确定。教材有公开出版的、企业内部的、培训公司的以及教师自编的四种。培训的教材应该是对教学内容的概括与总结，包括教学目标、练习、图表、数据以及参考书等。

（6）确定培训时间。适应员工培训的特点，应确定合适的培训时间，如何时开始、何时结束、每个培训的周期培训的时间等。

案例 IBM培训部门的职能定位[1]

IBM的教育部拥有7 000名员工，每年用于培训的投资达20亿美元，被认为是美国具有顶尖培训职能的公司之一。IBM所有的管理人员都必须参加每年为期40小时的培训，以保证他们能始终如一地遵循IBM的管理方式。

在20世纪70年代末80年代初，IBM在计算机产业中一直独领风骚。在这个时期，IBM经营战略的特点表现为企业内部成长与集中统一战略的融合。它的企业文化是注重过程和规范，拥有一套严谨的控制体系。公司以不解雇政策和对员工职业生涯开发、培训及丰厚的额外福利等优良的传统而闻名。

20世纪80年代末90年代初的技术进步，导致个人电脑速度和功能提高，对大型及中型计算机（这曾给IBM带来巨额利润）需求减少，加上美国本土

---

[1] 改编自《员工培训方法与技术》，［2014-5-28］，http：//www.doc88.com/p-091250170877.html。

第五章 培训与开发

及海外计算机产业竞争的加剧，使IBM经历了几次严重的财务危机。为了生存，IBM不得不改变企业文化并放弃不再盈利的业务。对每个经营单位（包括教育部）的价值都认真进行评估。最终，IBM改变了其经营战略；更加注重通过兼并其他公司来扩大规模，同时对公司中不盈利或技术过时的部门实行收缩策略。

基于这样的战略，IBM将教育部分为两个附属部门：技术动力部和劳动力事务部。这两个附属部门都将成为盈利性组织。他们将像IBM其他部门一样看重于某一具体产品，如中型计算机和磁性储存设备，独立核算成本与收益。这两家公司现在必须积极主动向其他IBM的经营单位推销他们的培训服务，而这些单位也有权利接受外部咨询机构提供的培训服务。同时，技术动力部和劳动力事务部还可以自由地向外面的任何一家公司推销他们的服务。公司不给他们任何补贴，如果他们推销不出去他们的服务，那么他们将被淘汰。

思考：

（1）IBM员工培训部门职能的定位和公司发展战略有什么关系？

（2）你对IBM员工培训部门的职能有什么评价？

（3）你认为，IBM员工培训部门的职能定位对我国企业有什么借鉴意义？

（三）培训效果的评价

培训效果评价就是收集有关培训效果的实施反馈信息，根据这些信息对培训进行系统的评价，其目的就是帮助企业选择、调整各类培训活动。培训效果的评价是员工培训的最后一个环节，既是对整个培训活动实施效果的评价，同时也为以后开展培训活动提供重要的数据支持，有利于优化和改进企业的培训体系，促进培训工作不断提升。

1. 确定评价标准

为评价培训项目，必须明确根据什么来判断项目是否有效，即确立培训的结果或标准。只有目标确定后才能确定评价标准，标准是目标的具体化，又称为目标服务。

（1）培训结果的确定。培训结果可以划分为五种类型：认知结果、技能结果、情感结果、效果以及投资净收益，如图5-5所示：

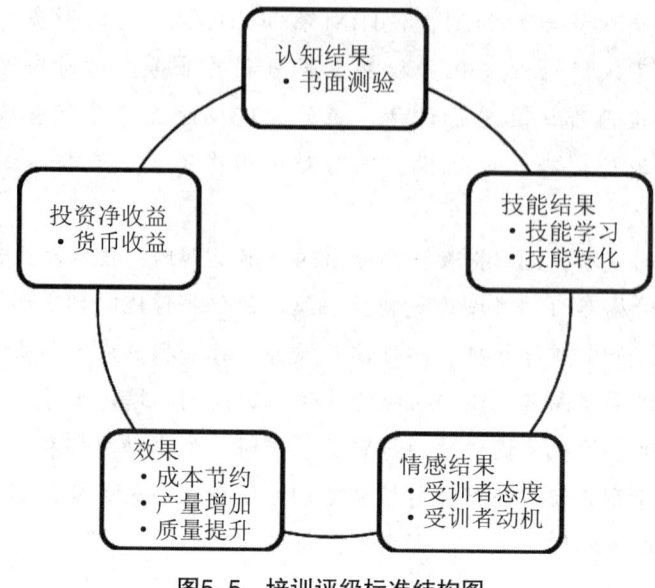

图5-5 培训评级标准结构图

一是认知结果。它可用来判断受训者对培训中强调的原则、事实、技术、程序等的熟悉程度,也是衡量受训者从培训中掌握了哪些知识的指标。通常可用书面测验的方法来评价。

二是技能结果。它是用来评价受训者的技术及行为的一种指标。技能结果包括技能的获得或学习和技能的在职应用(技能转化)两方面,两者都可以通过观察来评价。

三是情感结果。它包括受训者的态度和动机两个方面的内容。情感结果的一种类型是受训者对培训项目的反应。反应性结果是指受训者对培训设施、培训者以及培训内容的感知。对反应性结果的评价可通过受训者填写问卷获得,这种信息对于确定哪些因素有利于学习,哪些因素阻碍学习是很有用的。

四是效果。它用来判断项目给企业所带来的回报,效果性结果表现在企业成本节约、产量增加以及产品或顾客服务质量的改善等。

五是投资净收益。它是对培训所产生的货币收益与培训的成本进行比较,从而量化企业从培训中所获得的价值。

(2)评价标准。评价标准通常由评价内容、具体指标等构成。制定标准的具体措施步骤分为：对评价目标进行分解；拟订出具体标准；组织有关人员讨论、审议、征求意见，加以确定；试行与修订。在确定标准时必须把握一定的原则：评价标准的各部分应构成一个完整的整体；各标准之间要相互衔接、协调；各标准之间应有一定的统一性与关联性。

2. 培训效果测定

关于培训效果的测定问题，不少学者对其进行了研究。美国著名学者D. L. 柯克帕特里克教授（D. L. Kirkpatrick）提出的四层次框架体系就是其中一种（见表5-2）。

第一层次测评为反应评估，即测定受训者对培训项目的反应。如果受训者对所学内容不感兴趣就不会认真学习，培训效果也不会好。

第二层次测评为学习评估，即测定受训者对所学的内容掌握的程度。

第三层次测评为行为评估，即测定受训者在参训后与工作相关的行为上发生了哪些变化。如果受训者把学到的知识运用于工作中，提出更多的合理化建议，改进了工作方法，工作效率明显提高，就说明培训是有效的。

第四层次测评为成果评估，即有多少与成本有关的行为后果，通过评价企业业绩提高程度，评测培训的影响力。

表5-2 柯克帕特里克四层次框架体系

层次	标准	评价重点
1	反应评估	评估被培训者的满意程度
2	学习评估	测定被培训者的学习获得程度
3	行为评估	考察被培训者的知识运用程度
4	成果评估	计算培训创出的经济效益

培训效果测定方法比较多，下面主要介绍员工培训的成本收益分析方法，即通过财务会计方法决定培训项目的经济收益的过程。要确定培训的经济收益就是要确定培训的成本和收益。

（1）确定成本。培训成本包括直接成本与间接成本。一种可根据企业员工培训系统模型，确定培训的不同阶段（培训项目设计、实施、需求分析、开发和评价）所需的设备、设施、人员和材料的成本。这种方法有助于比较不同培训项目成本的总体差异，还可以将培训不同阶段所发生的成本用于项目间的比较。另外，可用会计方法计算成本。一般地，员工培训有以下费用需要计算：直接成本、薪金和福利、材料费、设备和硬件费、差旅费、外聘教师费、项目开发或购买费、间接成本、设施费、薪资、培训部门管理费、间接费和其他费。

（2）确定收益。企业应分析培训的原因，如培训是为了降低生产成本或额外成本等。有许多方法可以确定收益：一是运用技术、研究及实践证实与特定培训计划有关的收益；二是在公司大规模投入资源前，通过实验性培训评价一部分受训者所获得的收益；还可以通过对成功的工作者的观察，确定其与不成功工作者绩效的差别。

成本收益分析还有其他的方法。如效用分析法，即根据受训者与未受培训者之间的工作绩效差异、受训者人数、培训项目对绩效影响的时间段，以及未受培训者绩效的变化来确定培训的价值。这种方法需利用培训前测与后测方案。还有一种是经济分析，即培训为企业或政府带来经济效益而进行的评价。主要通过计算直接和间接成本、政府对培训的奖励津贴、培训后受训者工资的提高、税率和折扣率进行评价。

本章小结

员工培训与开发是指组织根据发展和业务需要，通过各类不同方式采取计划性、系统性的学习、训练等手段，使员工不断更新知识、提高技能，提高员工的工作绩效，为组织目标的贡献，从而改善和提高提高组织绩效的培养和训练活动或过程。培训侧重于现在的工作和目标，帮助员工完成当下工作，具有一定的强制性；开发侧重于员工将来的成长，帮助员工为企业的其他岗位做准备。

培训与开发是组织适应外部环境变化的重要手段，是提高企业劳动生产率，增强企业竞争力的重要措施，是企业应对激烈市场竞争的重要途径，是实现员工个人发展和自身价值的必要措施。培训与开发具有广泛性、层次性、协调性、实用性、长期性和速成性、实践性等特点。

员工培训和开发的主要内容包括：知识学习、技能提高、态度转变。其组织形式多样：从培训职能部门的组建看，培训有学院模式、客户模式、矩阵模式、企业办学模式和虚拟培训组织模式等五种模式；从培训的对象看，培训有管理人员培训、专业技术人员培训、基层员工培训及新员工培训；从员工培训的时间看，培训有全脱产培训、半脱产培训与业余培训等。

培训与开发须遵循以下原则：战略性、按需培训、长期性、实践培训、多样性、企业与员工共同发展、全员培训与重点培训结合、反馈与强化培训效果。

员工的培训计划包括培训需求的确定、培训目标的设置、培训方法、培训的实施，培训成果的转化及培训评价和反馈等。培训需求的确定包括组织分析、工作分析与个人分析三项内容。培训实施包括选择和准备培训场所、课程描述、课程计划、选择培训教师和教材、确定培训时间等。培训结果可以划分为五种类型：认知结果、技能结果、情感结果、效果以及投资净收益。培训效果的测定可针对反应、学习、行为、成果等层次进行评估，通过成本和收益测算来确定培训结果。

本章思考题

1. 简述员工培训和开发的含义及区别。
2. 简述员工培训和开发的特点，并举例说明。
3. 阐述对员工培训和开发所遵循的几大原则的理解。
4. 试为你所在的单位或部门制定一个员工技能培训的相关方案。

本章参考文献

1. 陈国海编著：《21世纪人力资源管理丛书：员工培训与开发》，清华大学出版社2012年版。

2. 张俊娟、韩伟静编著：《企业培训体系设计全案》，人民邮电出版社2011年版。

3. Armstrong, M. A Handbook of Human Resource Management Practice. London：Kogan Page Ltd., 2006.

4. Martin, J. Human Resource Management. London：SAGE Publications Ltd., 2009.

第六章　职业生涯管理

本章学习目标

1. 了解：职业、职业生涯的含义及其重要性，职业规划的内涵及其意义。
2. 熟悉：金斯伯格、萨柏、格林豪斯的职业生涯理论以及职业锚理论，对不同理论内涵进行比较并结合实际进行应用。
3. 掌握：职业生涯管理的主要方法，能够根据实际情况设计组织职业生涯发展通道。

本章核心概念

职业生涯　职业规划　职业锚　职业发展通道

第一节　职业生涯管理概述

一、职业与职业生涯的含义

（一）职业的含义

职业的概念由来已久，但由于学界研究目的的不同，从不同的角度对职业的内涵进行了不同的界定。综合考虑，主要可以对社会学和经济学两方面的内涵进行研究。

1. 社会学角度定义的职业

滨岛朗等编写的《社会学小辞典》对"职业"的定义是："在存在社会分工

的社会中,人为了作为独立的社会单位存在、谋求自己生计的维持、同时实现社会联系和自我实现而进行的持续的人类活动的方式"。

日本社会学家尾高邦雄认为:职业是某种一定的社会分工或社会角色的持续的实现,因此职业包括工作、工作的场所和地位。他指出:职业是社会与个人,或整体与个体的结节点,通过这一点的动态相关,形成了人类社会共同生活的基本结构。整体靠个体通过职业活动来实现,个体则通过职业活动对整体的存在和发展作出贡献。

由迈克尔·曼(Michael Mann)主编的《国际社会学百科全书》指出:职业这一术语最初表示从事法律、教会、医疗和军事服务的传统意义上的"自由的职业",现在表示具有职业的或声称有职业身份的职业群体的数量。"职业乃是作为具有自我利益的职业群体在分工中力图保护和维持其垄断领域而予以运用的工具。"国家通过对某一职业群体的社会承认和对其职业地位的法律有效性的认可,直接介入和成就了职业领域。

总括上述社会学家的意见,社会学意义上的职业的含义是:

(1)职业首先是一种社会位置,但职业位置不是继承性的,而是获得性的,是个人进入社会生产过程之后获得的。

(2)职业是已经成为模式并与专门工作相关的人群关系,它是从事某种相同工作内容的职业群体。

(3)职业同权利紧密相连。一是拥有垄断权,每一种职业(群体)在社会分工中都有自身的位置和作用,使别人依赖于他们,需要他们,这就在一定程度上拥有了对他人的权力,而且总是要维护这种权力,保持自身的垄断领域;二是经济收益权,任何一职业(群体)凭其被他人所需要、所依赖,获得经济收入。

(4)职业是国家授予的。任何一种职业,必定为社会所承认,其存在有法律效应,为国家所授予和认可。

2. 从经济学角度职业的含义

经济学上的职业概念与社会学上的不尽相同。

阿瑟·萨尔兹(Arthur Salz)撰写的《美国社会科学百科全书》"职业"条目称,"职业是人们为了获取经常性的收入而从事的连续性的特殊活动"。

日本劳动问题专家保谷六郎认为,职业是有劳动能力的人为了生活所得而发挥个人能力，向社会作贡献而连续从事的活动。

国内学者姚裕群、朱启臻认为，所谓职业，是指人门从事的相对稳定的、有收入的、专门类别的工作。职业是人的社会角色的一个极为重要的方面。学者潘锦棠认为，职业是劳动者足够稳定地从事某项有酬工作而获得的劳动角色。学者李怀康认为，职业一般是指人们在社会生活中所从事的，以获得劳动报酬作为自己主要生活来源的、在社会分工中具有专门技能的工作。程社明博士认为，职业是参与社会分工，利用专门知识、技能为社会创造物质财富、精神财富，获取合理报酬作为物质生活来源，并满足精神需求的工作。

上述有关职业的界定不无道理，本书认为，劳动者相对稳定地担当某一专项具体的社会劳动分工，或者较稳定地从事某类专门的社会工作，从而获得某种劳动角色，并从中获取劳动报酬，那么这种社会工作便成为劳动者的职业。

经济学上的职业概念有其特定含义：

（1）职业即某种精细的、专门的、具体的社会劳动分工。

（2）职业具有社会性，劳动者所从事的每项职业均系他人所必需，职业是劳动者所进行的社会生产劳动或社会工作。所以，职业是社会的职业。

（3）职业具有连续性、稳定性。劳动者在一定时间内连续、不间断地从事某种社会工作，或者相对稳定地从事该项工作，才称其为劳动者的职业。

（4）职业具有经济性。劳动者从事某项职业工作，目的之一是从中取得经济收入。没有经济报酬的工作，即使其劳动活动较为稳固，也非职业。例如从事自己家庭家务劳动者，便没有职业而言。

（5）职业是劳动者所获得的一种劳动角色。职业根源于社会分工，在社会生产过程中，有诸多工种或岗位，系社会劳动分工体系的一个个环节。不同工种、岗位或特定环节的职业赋予劳动者以不同的工作内容、职责、声誉和社会地位，并规范劳动者相应的劳动行为模式，于是劳动者具有了特定的社会标记，每个劳动者获得了工人、农民、医生、记者、教师、企业家、科学家、编辑、邮递员、乘务员、营业员等千万种角色之中的某一专门劳动角色，具有了某种特定社会职业。

（二）职业生涯的含义

职业生涯，是指一个人从参加工作开始一生中所有的工作活动与工作经历

第六章 职业生涯管理

按时间顺序组成的整个过程。

一个人从出生到死亡，是其整个人生。人在其一生之中存在或生活于三个不同的生命周期或空间：生物社会生命周期、家庭生命周期和职业生命周期，它们构成人的总生命空间或周期。最重要的、有决定作用的是职业生命周期，它是人生存和发展的前提条件，而且从职前教育开始，直到完全退出职业劳动，占据了人生大部分时间。一个人从职业学习伊始，至职业劳动最后结束，整个人生职业工作历程，即为职业生涯。

狭义的职业生涯是从个体工作生命空间意义上的考察，限定于直接从事职业工作的这段生命时光，起始于任职前的职业学习和培训。

广义的职业生涯是从职业能力的获得、职业兴趣的培养、职业选择、就职，直至最后完全退出职业劳动这样一个完整的职业发展过程。因此，从0岁人生起点始。

根据上述分析，本书认为，职业生涯有以下基本含义：

（1）职业生涯是劳动者个体的行为经历，而非群体或组织的行为经历。

（2）职业生涯实质是指一个人一生之中的工作任职经历。就此意义讲，尤指狭义的职业生涯。

（3）职业生涯是个时间概念，意指职业生涯期。狭义的职业生涯期始于最初工作之前的专门的职业学习和训练，终止于完全结束或退出职业工作；就广义而言，由出生到完全结束职业工作止，实际的职业生涯期在不同个人之间有长有短，并非一致。

（4）职业生涯是具体职业内容的发展概念、动态概念。职业生涯不仅表示职业工作时间的长短，而且包括了职业发展、变更的经历和过程，包括从事何种职业工作、职业发展的阶段、由一种职业向另一种职业的转换等具体内容。

二、职业生涯规划的概念和内涵

（一）职业规划的概念

职业规划是指确立职业目标并采取行动实现职业目标的过程。

正确理解职业规划的含义，要从以下四个方面入手：

第一，职业规划是就个人而非组织而言的。制订和执行职业规划的主体不是某个企业或组织,而是企业或组织中的员工个体。企业或组织可能对员工个人的职业规划产生重要影响,但这是通过影响员工对自身、环境、目标的认知间接产生的,并非必然。而且,许多个人职业规划的实现是在唯一组织内工作时无法实现的,这种情况下,个别组织对职业规划的约束、影响力更小了。

第二,企业员工是职业开发的客体。员工是职业的物质承担者,且具有能动性、自主性,同时也是开发主体。企业职业开发,由组织及其成员协同承负。职业开发作为企业一项十分重要的管理工作,组织居于主导的位置。

第三,职业规划包含确定和实施的整个过程。职业规划是个体在职业生涯中有意识地确立目标并追求目标实现的过程。确立目标要基于对内外条件的认识分析。目标确立后要通过职业活动去实现,随着内外条件的不断变化和职业活动的成果出现,职业目标可能会更加明晰,或是需要在反馈后加以修正。职业目标的确定、实现、明晰和修正,都离不开组织,甚至需要组织的主动参与和帮助。

第四,职业规划中的职业目标同工作目标有很大差异,同时又密切联系。工作目标是个人在目前的岗位上想要完成的任务目标,可以是自设的,也可以是给定的。工作目标一般较具体,是同本职工作紧密相关,随时间变化的短期目标。职业目标相对来说较为抽象,涉及长期,而且不一定完全同现时工作有关。但是,职业目标的达成,尤其是在单一专业或组织内部提升的目标,同工作目标的选择及完成情况关系密切。可以说,选择适当的工作目标并很好地实现这些目标是最终达成职业目标的最佳途径。

第五,组织应了解员工的职业规划,并通过相应的人力资源政策,使之有助于组织目标的达成。组织是员工个体职业生涯的重要场所,在对自身和环境进行分析、确定职业目标的过程中,许多员工需要来自外界的指导和帮助。借助组织的聘用、培训、评估、晋升等有效手段,组织可对员工的职业规划产生巨大影响,组织既有责任帮助员工发展和实现自己的职业规划,又有必要加以引导,使员工职业规划的发展同组织整体发展目标相和谐。

(二)职业规划的内涵

职业规划的内涵包括自我定位、目标设定、目标实现、反馈与修正四个方面。

第六章 职业生涯管理

1. 自我定位

自我定位是指客观、全面、深入地了解自己。首先要明确自己为人处世所遵循信奉的价值观念，明确为人的基本原则和追求的价值目标。其次要熟悉自己掌握的技能。此外，还应剖析、了解自己的优势和弱点。在完成这几个层次的自我观察之后，对自己形成一个客观、全面的定位。

2. 目标设定

目标设定是在正确的自我定位的基础上，设立更加具体明确的职业目标。举例来说，如："在40岁之前要成为某大型金融集团财务部门主管"可以说是一个较为明确的目标设定。就整个个人职业生涯来说，目标设定可以是多层次、分阶段的。越来越多的人为了追求挑战，愿意在职业生涯中从事不止一个行业。当然，有时环境迫使我们放弃原有的职业。一个多层次的目标设定可以使我们更快地摆脱窘境，保持开放、灵活的心境。一个远大雄伟的目标很难一气呵成，必须分解成若干易于达到的阶段性目标。由于职业生涯跨越个人的青年、中年和中老年时期，人在各时期的体能精力、技能经验、为人处世的特点有明显差别，所以针对性地制订阶段性目标将更为可行。

3. 目标实现

目标实现是通过各种积极的具体行动去争取目标达成。撰写求职简历、面试应聘、商议工资待遇、制订和完成工作目标、参加公司培训和发展计划、构建人际关系网、谋求晋升、参加业余时间的课程学习以及跳槽等，都可以看成是目标实现的具体努力。目标实现的主要内容是个人在工作中的表现及业绩，此外还包括超出现时工作之外的一些前瞻性的准备，包括参加业余的付费进修班学习，掌握一些额外的技能或专业知识（如进修第二外语，攻读MBA学位等），以及为平衡职业目标和其他目标（如生活目标、家庭目标）而做出的种种努力。如果忽略了后两者的努力，要想长久保持工作中出色的表现几乎是不可能的，职业目标的实现也会遇到许多牵扯精力的障碍。

4. 反馈与修正

反馈与修正是指在达成职业目标的过程中自觉地总结经验和教训，修正对自我的认知和最终的职业目标。自我认知想一下子做到客观、清晰、全面是很困难的。就算有较透彻的自我认知和定位，大多数人不能一下子就看清自己喜爱并适合于从事什么职业。因此，对于职业目标的描述界定，在刚开始时大多数是模糊、抽象的，有的甚至是错误的。在一段时间的工作努力之后，有意识地回顾自身的言行得失，可以检查验证自我定位的结论是否贴切，更可以证明自己对职业目标的设想方向对不对，是太高还是太低。调查表明，不少人是在一段时间的尝试和寻找之后，才了解自己到底适合于哪个领域哪个层面的工作，这段时间在缺乏反馈和修正的情况下可能长达十几年。在自我定位和目标设定正确时，反馈和修正同样可以纠正分阶段目标中出现的偏差，同时极大地增强实现目标的信心。

三、职业生涯管理基本理论

个人在不同的发展阶段，对人生的追求和对职业的需要是不同的。比如40岁以下的人追求有发展，敢于冒风险，而45岁以上的人可能追求事业平稳，趋向于避风险。认识到职业发展道路的阶段性和渐进性对个人进行职业生涯规划是十分重要的，这可使我们客观地评价自己和他人，做到不冒进，不沮丧，心中有数地向职业目标迈进。

在个人漫长的职业生涯中，尽管每个人具体的职业选择过程、所从事的职业、职业转换等情况各不相同，但是，由于职业发展常常是伴随着年龄的增长而变化，每个人在不同年龄阶段表现出大致相同的职业特征和职业需求及职业发展任务。故据此而划分的职业生涯发展时期或阶段，一般来讲，适用于每个人。

对于职业生涯的发展过程，一些著名的职业学专家进行过长期研究，基本上有如下几种职业生涯发展理论。

（一）金斯伯格的职业生涯发展理论

美国著名职业指导专家金斯伯格（Eli Ginzberg），对职业生涯的发展进行过长期研究，对实践产生过广泛影响。金斯伯格的职业发展论分为幻想期、尝试期和现实期。

1. 幻想期

幻想期，处于11岁之前的儿童时期。儿童对于他们所看到或接触到的各类职业工作者，如医生、司机、飞行员、警察、军人、演员、售货员等，充满了新奇之感，幻想着作为自己长大后的职业角色。此时期职业需求的特点是：单纯凭自己的兴趣爱好，不考虑（一般也不可能考虑）自身的条件、能力水平和社会需要与机遇，完全处于幻想之中。

2. 尝试期

尝试期为11～17岁，这是由儿童向青年过渡的时期。此时期，人的心理和生理均在迅速成长发育和变化，有独立的意识，价值观念形成，知识和能力显著增长与增强，初步懂得社会生产与生活的经验。在职业需求上呈现出的特点是：有职业兴趣，但不仅限于此，更多地和客观地审视自身各方面的条件和能力；开始注意职业角色的社会地位、社会意义，以及社会对该职业的需要。

3. 现实期

现实期为17岁以后的青年段。此时，人们即将步入社会劳动，能够客观地把自己的职业愿望或要求，同自己的主观条件、能力，以及社会现实的职业需要密切联系和协调起来，寻找适合自己的职业角色。此时期已有具体的、现实的职业目标，表现出的最大特点是客观性、现实性、讲求实际。

金斯伯格的职业发展论，事实上是前期职业生涯发展的不同阶段，也就是说，是初就业时人们职业意识或职业追求的变化发展过程。

（二）萨柏的职业生涯发展理论

萨柏（Donald E. Super）是美国另一位有代表性的职业学家。在萨柏的理论中，从终生发展的角度出发，把整个人生分为成长阶段、探索阶段、立业与发展阶段、维持阶段和衰退阶段，由于成长阶段属于非职业范畴，故将其省略，即职业生涯分为四个阶段：探索阶段、立业与发展阶段、维持阶段和衰退阶段，处于不同阶段的人有不同的追求。

1. 成长阶段

成长阶段为0～14岁，经历对职业从好奇、幻想到兴趣，到有意识培养职业能力的逐步成长过程。

2. 探索阶段

探索阶段为15～24岁，进行择业、初就业。

这一阶段是从青年人刚涉足工作到25岁左右的时间段，是一个自我考察、角色扮演、探索职业方向的阶段。在这个阶段，青年力图更多地了解自我，并作出尝试性的职业决策。同时，在尝试的过程中通过经验的积累，不断地改变自己的职业期望。

这一时期的职业生涯规划特点是：个人在试探性地选择自己的职业，试图通过尝试不同的工作或工作单位而选定自己一生将从事的职业。在这个时期里，员工希望经常调换不同工作的愿望十分强烈，如在本单位得不到满足则往往会跳槽，因此，跳槽率也高。从企业组织来说，就要了解就业初期青年人的这一特点，给予选择职业方面的引导，并努力为他们提供多种工作，特别是具有挑战性又能吸引他们兴趣的工作机会和他们自我探索的机会。

3. 立业与发展阶段

这一阶段的年龄一般在25～44岁之间。经过早期的试验和探索之后，一个人就逐渐显现出一种安定于某种职业的倾向，这时就进入了立业与发展阶段。在立业与发展阶段，一个人基本上找到了一个比较适合自己的职业，并寻求在这一领域里有所建树，以建立自己的地位。

这一时期职业生涯规划的特点是：个人在职业生涯中主要关心的是在工作中的成长、发展或晋升，他们的成就感和晋升感强烈，而成就、发展或晋升对他们的激励作用也最大。一般来说，处于这一阶段的员工，自己都有成长和发展的计划，并会为其目标的实现而竭尽全力。企业组织对处于这一职业阶段的员工要多给他们提供在知识、技能上具有挑战性的工作和任务，并放手让他们大胆去干，让他们有更多的自我决策、自我管理的机会；同时要给他们的工作提供咨询和各方面的大力支持，为其出成果创造良好的机会，使他们在从事具有挑战性的工作任务中成长、发展；对他们的成果给予表扬等各方面的激励，以促使他们向更高的方向发展。

4. 维持阶段

这一时期的年龄一般在45~60岁之间。人到了这一阶段，通常已经有了一定成就和地位，自己需要做的工作就是最大限度地维持和巩固已有的地位。

当然，处于这一阶段的人，尚有出成果和发展的可能，但相对来说，他们对成就和发展的期望减弱，而希望维持自己已得的地位和成就的愿望则加强；同时，他们也希望更新自己专业领域的知识和技能，或学习和掌握一些其他领域的知识或技能，以便在经济停滞或萧条时免遭裁员，或在被裁员时能另谋其他出路。

在这一时期，有部分人也可能作出新的职业选择，重新调整自己的职业生涯；也有部分人可能进入"事业高原"阶段，知识和能力已经停滞，开始步入衰退阶段。大多数处于这一职业阶段的员工，都有自己的计划，一方面希望再出一些成果，但更多的则注重更新自己的知识和技能或学习其他领域的知识技能。从组织的角度来说，更要关心并向他们提供有利于更新知识、技能或学习其他新领域知识、技能的机会。

5. 衰退阶段

这一阶段一般指60岁以后的员工。这一阶段属于退休阶段，我国男性员工的退休年龄在60岁左右，而西方，例如在北美则在65岁左右。处于这一阶段的人原来的工作停止，转而发展新的角色，寻求不同的工作方式满足身心的需求。许多人希望为适应退休后的环境而学习或培养自己某一方面的爱好，如书画、音乐、下棋等有利于身心健康的活动，也有些人准备采取不同的方式重返职业社会，发挥余热。从企业组织角度看，就要在他们退休前为他们多创造条件，以培养或促进他们对某一娱乐活动的兴趣和爱好，并要有计划地为退休员工多开展一些他们喜爱而又有利于他们身心健康的娱乐活动。

（三）格林豪斯的职业生涯发展理论

金斯伯格和萨柏是根据人生不同年龄段对职业的需求与态度来划分职业生涯阶段的，格林豪斯（J. G. Greenhouse）与他们不同，他研究人生不同年龄段职业发展的主要任务，并以此将职业生涯发展划分为五个阶段。

1. 职业准备

职业准备阶段指0~18岁，主要任务是发展职业想象力，对职业进行评估和选择，接受必需的职业教育。

2. 进入组织

此阶段为18~25岁。主要任务是在获取足量信息基础上，尽量选择一种合适的、较为满意的职业。

3. 职业生涯初期

此阶段包括25~40岁。主要任务是学习职业技术，提高工作能力，逐步适应职业工作，适应和融入组织，为未来职业成功作好准备。

4. 职业生涯中期

职业生涯中期指40~55岁。主要任务是对早期职业生涯重新评估，强化或转变自己的职业理想，选定职业，努力工作，有所成就。

5. 职业生涯后期

职业生涯后期从55岁直至退休。主要任务是继续保持已有职业成就，维护自尊，准备引退。

除格林豪斯之外，福姆（William. H. Form）、米勒（Delbert. C. Miller）、诺杰姆（Khalil Nougaim）和豪尔（Douglas Hall）、施恩（E. H. Schein）等人，均提出过类似的职业发展理论。

（四）"职业锚"理论

职业锚是由美国著名的职业指导专家施恩教授提出的。他认为职业发展实际上是一个持续不断的探索过程，在这一过程中，每个人都在根据自己的天资、能力、动机、需要、态度和价值观等慢慢地形成较为明晰的与职业有关的自我概念。随着一个人对自己越来越了解，就会越来越明显地形成一个占主要地位的职业锚。

所谓职业锚，是人们选择和发展自己的职业时所围绕的中心，是指当一个人不得不做出选择的时候，他无论如何都不会放弃的职业中的那种至关重要的东西或价值观。具体而言，是个人进入职业生涯早期的工作情境后，由习得的实际工作经验所决定，与在经验中自省的动机、价值观、才干和价值观相符合，逐渐发展出的更加清晰、全面的职业自我观，以及达到自我满足和补偿的一种稳定的职业定位。

职业锚作为个人自省的才干、动机和价值观的模式，在个人的职业生涯中以及组织的事业发展过程中都发挥着重要的作用。职业锚能够准确地反映个人职业需要及其所追求的职业工作环境，反映个人的价值观和抱负。了解自己的职业锚类型，有助于增强个人的职业技能，提高工作效率，进而取得职业成功。

职业意向，又称职业期望，是劳动者对某项职业的向往，也就是希望自己从事某项职业的态度倾向。例如，有的人希望自己成为医生，有的人向往当企业家，有人要当工程师，还有人想做教师或法律工作者，等等。

斯隆管理研究院的施恩教授总结出五种类型的"职业锚"，在此予以简要介绍。

第六章 职业生涯管理

1. 技术/职能能力型职业锚

这一类型的人大多对管理工作不感兴趣，喜欢探讨和钻研技术，如果有充分的自我选择条件，他们一般选择技术性工作。他们认为自己的职业成长只有在特定的技术或职能领域才意味着持续的进步，如工程技术、财务分析、营销、系统分析等各种领域。

比如说，一个技术/职能型锚型的财务分析员希望成为公司的会计或审计员，最高理想是某公司的财务副总裁。他们只对同自己的区域有关的管理任务加以接受，对全面管理则抱有强烈的抵触。在传统的由职能型向全面管理型转变的职业发展通道上，这一锚型的个体常经历严重的冲突。为了不损害职业，他们常无法拒绝一些全面管理工作，可是这使他们感到害怕或是心烦，无法胜任。

2. 管理能力型职业锚

这一类型的人大多对管理工作感兴趣，责任感和自控能力强，情商较高，喜欢与人打交道，有强烈的晋升欲望，一般选择管理性工作。这一类型的人在职业实践中得到培养，也相信自己具备胜任责任管理所必不可少的技能和价值观。他们根据需要在一个或多个职能区展现能力，但他们的最终目标是管理本身。他们具有三种能力的强强组合：

分析能力——在信息不全或不确定情况下识别、分析和解决问题；

人际能力——能影响、监督、领导和操纵组织各级人员更有效地完成组织目标；

感情能力——能够为感情危机和人际危机所激励，而不是被打倒，能承担高水平的责任，而不是变得软弱无力，能使用权力而不感觉内疚或羞怯。

其他类型的人可能拥有一两项更强的单项能力，但是管理锚型的人拥有最完善的三项能力的组合。

3. 安全/稳定型职业锚

安全锚的人追求稳定安全的前途，比如安全的工作、体面的收入、有效的退休方案和津贴等。安全锚的人依赖组织或社区对他们能力和需要的识别和安排。为此他们会冒险，也愿意高度服从组织价值观和准则作为交换。安全锚的人也可以区分出两种类型的取向，有些人的安全感和稳定感来自给定组织中稳定的成员资格；而另一些人的安全、稳定源则是以地区为基础，包括一种定居、使家庭稳定和使自己同化某一社团的感情。

4. 创造型职业锚

创造锚的个体有强烈的创造欲望，时时追求建立或创造完全属于自己的成就。他们要求有自主权、管理能力，能施展自己的特殊才华，但是创造是他们自我扩充的核心。他们对创建新的组织，团结最初的人员，为克服初创期难以应付的困难废寝忘食而又乐此不疲。而一旦建成，他们就会厌倦或不适应正规的工作而退出领导层，自愿或不自愿地让位于总经理。成功的企业家大多出自这种锚型，而他们大多无法成为出色的总经理。

5. 自主/独立型职业锚

自主锚型的人崇尚自由和自我才能的发挥，难以忍受限制和约束，对工作有强烈的感受。这类个体追求的主要目标是随心所欲地制订自己的步调、时间表、生活方式和工作习惯，尽可能少地受组织的限制和制约。他们可能是自主性较强的教授，自由职业者，或是小资产所有者、小型组织的成员。技术／职能锚的个体也可以是从事这些职业的，但是他们很少为了自由的需要而放弃晋升的机会，为了更高的地位、收入，他们可以自由的个人生活方式做交换。创造锚型的个体同样会拥有很多自主权，但他们关心的不是自由本身，而是全力以赴地建立自主的职业目标。

职业锚的五种类型不一定能涵盖所有职业类型，在测试职业早期以外的人员中也没有显示出完全的可分性。在职业实践的客观因素之外，是否还有影响职业取向的其他重要因素呢？职业锚的理论距离成熟和完善还有一定差距，但它提供了一个独特的视角，在职业计划和职业管理实践方面提供了新的理论基础。

案例

3M公司的职业生涯体系[①]

3M公司（明尼苏达矿业及制造公司，Minnesota Mining and Manufacturing）的人力资源部门着手对员工职业生涯发展中的各种作用关系进行协调。公司以往的重点更多地放在评价和人力资源规划上，而不是员

---

① 《3M公司的职业生涯体系》，［2014-05-25］，http：//www.china91.com/info/show.asp?id=1582.

第六章　职业生涯管理

工职业生涯发展的具体内容。新的方法强调公司需求与员工需求之间的平衡，为此，3M公司设计了员工职业生涯管理的体系。

（1）职位信息系统。根据员工民意调查的结果，3M公司于1989年年底开始试行了职位信息系统。员工们的反应非常积极，人力资源部、一线部门及员工组成了专题工作小组，进行为期数月的规划工作。

（2）绩效评估与发展过程。该过程涉及各个级别（月薪和日薪员工）和所有职能的员工。每一位员工都会收到一份供第二年使用的员工意见表。员工填入自己对工作内容的看法，指出主要进取方向和期待值。然后员工们与自己的主管一起对这份工作表进行分析，就工作内容、主要进取领域和期待值以及第二年的发展过程达成一致。在第二年中，这份工作表可以根据需要进行修改。到年底时，主管根据以前确定和讨论的业绩内容及进取方向完成业绩表彰工作。绩效评估与发展过程促进了3M公司主管与员工之间的交流。

（3）个人职业生涯管理手册。公司向每一位员工发放一本个人职业生涯管理手册，它概述了员工、领导和公司在员工职业生涯发展方面的责任，还明确提出公司现有的员工职业生涯发展资源，同时提供一份员工职业生涯关注问题的表格。

（4）主管公开研讨班。为期一天的公开研讨班有助于主管们理解自己所处的复杂的员工职业生涯管理环境，同时提高他们的领导技巧及对自己所担任之各类角色的理解。

（5）员工公开研讨班。提供个人职业生涯指导，强调自我评估、目标和行动计划，以及平级调动的好处和职位晋升的经验。

（6）一致性分析过程及人员接替规划。集团副总裁会见各个部门的副总经理，讨论其手下管理人员的业绩情况和潜能。然后管理层分层召开类似会议，与此同时开展人员接替规划项目。

（7）职业生涯咨询。公司鼓励员工主动去找自己的主管商谈个人职业生涯问题，也为员工提供专业的个人职业生涯咨询。

（8）职业生涯项目。作为内部顾问，员工职业生涯管理人员根据员工兴趣开发一些项目，并将它们在全公司推出。

（9）学费补偿。这个项目已实行多年，它报销学费和与员工当前岗位相关的费用，以及与某一工作或个人职业生涯相关之学位项目的全部学费和费用。

（10）调职。职位撤消的员工自动进入个人职业生涯过渡公开研讨班，同时还接受具体的过渡咨询。根据管理层的要求，还为解除聘用的员工提供外部新职介绍。

思考：

试用前文介绍的职业生涯理论对本案例中的职业生涯体系进行分析。

第二节　个人职业生涯管理

一、个人职业生涯的影响因素

每个人的职业生涯都不可能是一帆风顺的，会受到个人和环境两方面的影响，这两方面又分别包含多种因素。了解这些因素，无论对个人还是企业组织都有着不可替代的重要意义。

（一）影响职业生涯的个人因素

职业生涯是一个人一生中的黄金年华，能否成功地开创和发展自己的职业生涯，与个人对自己的认知、定位和剖析程度有很强的关联性。通过自我剖析，明确自己的职业性向和定位、能力水平、职业偏好，才能够保证做出的职业选择是切合实际的。

1. 职业性向

霍兰德（John Holland）教授根据自己对职业性向测试的研究，认为职业性向（包括价值观、动机和需要等）是决定一个人选择何种职业的重要因素。他提出的职业性向模型，将人的性格和职业类型划分为以下六种基本类型：现实型、调研型、艺术型、社会型、企业型和常规型。通过对自我职业性向的分析和判断，选择与其对应或者关联较大的职业，在这样的环境中工作个人，就会感到内在的满足和舒适，最有可能发挥其才能，获取职业成功的可能性也会增加。

2. 能力水平

对企业组织的员工来说，其能力是指劳动的能力，即运用各种资源从事生产、研究、经营管理等的能力。能力是员工职业发展的基础，与员工个人发展水平成正比，具体包括一个人的体能、心理素质、智能在内的全面综合能力。体能即生理素质，表现为对劳动负荷的承受能力和劳动后消除疲劳的能力。心理素质指人的心理成熟程度，表现为对压力、挫折、困难等的承受力。智能包含三方面的内容：① 智力，即员工认识事物、运用知识解决问题的能力，包括观察力、理解力、思维判断力、记忆力、想象力、创造力等；② 知识，即员工通过学习、实践等活动所获得的理论与经验；③ 技能，即员工在智力、知识的支配和指导下操作、运用、推动各种物质与信息资源的能力。

个人能力对个体职业发展有着重要影响。

第一，能力越强者，对自我价值实现、声望和尊重的要求越高，发展的欲望越强烈，对个体发展的促进也越大；同时，能力强者接受新事物、新知识快，其自我完善和提高快，能力与发展呈良性循环，不断上升。

第二，在其他条件一定的情况下，能力越强，贡献越大，收入相对越高。高收入一方面为个人发展提供了物质保证；另一方面能替代更多自我发展的时间。

所以，能力既对员工个人发展提出了强烈需求，又为个体职业发展的实现提供了可能条件，是个人职业发展的重要基础和影响因素。

3. 职业发展阶段

每个人的职业生涯都会经历许多阶段，只有了解不同阶段的特征、知识水平要求和各种职业偏好，才能更好地促进个人的职业生涯发展。美国著名的职业管理学家萨柏教授将人的职业生涯分为五个主要阶段：成长阶段、探索阶段、确立阶段、维持阶段和衰退阶段。职业生涯阶段的划分为个人判断自己所处的职业生涯阶段及分析所处阶段的特点和要求提供了参照。

（二）影响职业生涯的环境因素

1. 社会环境

（1）经济发展水平。一个地区的经济发展水平不同，企业规模和数量不同，对个人的职业选择影响也不同。一般来说，在经济发展水平高的地区，企业相对集中，优秀企业也比较多，个人职业选择的机会就比较多，因而就有利于个人职业发展；反之，在经济落后地区，个人职业发展也会受到限制。

（2）社会文化环境。具体包括教育条件和水平、社会文化设施等。一般来讲，在良好的社会文化环境中，个人能受到良好的教育和熏陶，从而为职业发展打下更好的基础。

（3）政治制度和氛围。政治和经济是相互影响的，政治不仅影响到一国的经济体制，而且影响着企业的组织体制，从而直接影响到个人的职业发展。此外，政治制度和氛围还会潜移默化地影响个人的追求，从而对职业生涯产生影响。

（4）价值观念。一个人生活在社会环境中，必然会受到社会价值观念的影响，大多数人的价值取向，甚至都是为社会主体价值取向所左右的。一个人的思想发展、成熟的过程，其实就是认可、接受社会主体价值观念的过程。社会价值观念正是通过影响个人价值观而影响个人的职业选择。

2. 企业环境因素

（1）企业文化。企业文化决定了一个企业如何看待它的员工，所以，员工的职业生涯是为其企业文化所左右的。一个主张员工参与管理的企业显然比一个独裁的企业能为员工提供更多的发展机会；渴望发展、追求挑战的员工也很难在论资排辈的企业中受到重用。

（2）管理制度。员工的职业发展，归根到底要靠管理制度来保障，包括合理的培训制度、晋升制度、考核制度、奖惩制度等。企业价值观、企业经营哲学也只有渗透到制度中，才能得到切实的贯彻执行。没有制度或者制度定得不合理、不到位，员工的职业发展就难以实现，甚至可能流于空谈。

（3）领导者的素质和价值观。一个企业的文化和管理风格与其领导者的素质和价值观有直接的关系，企业经营哲学往往就是企业家的经营哲学。企业的员工职业发展是否能够顺利实施，在很大程度上取决于领导者的重视程度，而其是否重视又取决于领导的素质和价值观。

二、个人职业生涯规划

对于员工个人职业发展的管理，企业组织和个人都承担着重要责任，但作为员工本人，对于职业成功负有最直接的责任，而当中最重要的是制定适当的个人职业计划。个人职业生涯管理是以实现个人发展的成就最大化为目标的，通过对个人爱好、能力和个人发展目标的有效治理实现个人的发展愿望，即在组织环境中，由员工自己主动实施的、用于提升个人竞争力的一系列方法和措施，主要包括自我分析、职业生涯机会评估、目标设定、路线选择、评估和调整等。

第六章 职业生涯管理

（一）自我分析

在规划职业生涯时，首先要明确志向，这是规划职业生涯的关键，也是设计职业生涯中最为重要的一步。在此基础上，员工应该认真进行自我分析。自我分析是对自己的各个方面进行分析评价，包括对人生观、价值观、受教育水平、职业锚、兴趣、特长、性格、技能、智商、情商、思维方式和方法等，达到全面认识自己、了解自己的目的。这样，才能选定适合自己的职业发展路线，增加事业成功的机会。

（二）职业生涯机会评估

职业生涯机会评估，主要是评估各种环境因素对自己职业发展的影响。如前所述，环境因素包括经济环境、政治环境和企业环境等。在设计个人职业生涯时，应分析环境发展的变化情况、环境条件的特点、自己与环境的关系（包括自己在此环境中的地位、环境对自己提出的要求以及环境对自己有利的条件与不利的条件）等。只有充分了解这些环境因素，才能做到在复杂的环境中趋利避害，使设计的职业生涯具有实际意义并切实可行。

（三）职业选择与目标设定

职业选择的正确与否直接关系到人生事业的成功与失败，这是职业生涯规划中很关键的一步。在选择职业时，要慎重考虑自己的职业性向、能力、职业锚、人生阶段等重要因素与职业的匹配程度。

在职业选择基础上确定职业发展目标。职业生涯目标的设定，是在继职业选择后对人生目标做出的又一次抉择。它是依据个人的最佳才能、最优性格、最大兴趣和最有利环境等信息所做出的。职业生涯目标通常分为短期目标、中期目标、长期目标和人生目标。短期目标一般为1~2年，中期目标为3~5年，长期目标为5~10年。员工可以与上级主管针对目标进行讨论，并确定短期与中长期职业目标，这些目标与员工的期望职位、应用技能水平、工作设定、技能获得等方面紧密联系。

（四）职业生涯路线选择

在确定职业和职业发展目标后，就面临着职业生涯路线的选择，以便为自己的学习、工作及各种行动措施指明方向，使职业沿着预定的路径即预先设计的职业生涯发展。

职业生涯路线的选择通常从以下三方面考虑：① 个人希望向哪一条路线发展。主要考虑自己的价值观、理想、成就动机，确定自己的目标取向。② 个人适合向哪一条路线发展。主要考虑自己的性格、特长、经历、学历等主观条件，确定自己的能力取向。③ 个人能够向哪一条路线发展。主要考虑自身所处的社会环境、政治与经济环境、组织环境等，确定自己的机会取向。对这三个问题要进行综合分析，才能确定自己的最佳职业生涯路线。

（五）评估和调整

如前所述，影响职业生涯规划的因素很多，其中环境变化是最为重要的因素。面对瞬息万变的社会大环境，要使职业生涯规划行之有效，就必须不断地对职业生涯规划进行评估与调整。其调整的内容侧重于职业的重新选择、职业生涯路线的选择、人生目标的修正以及实施措施与计划的变更等。

第三节　组织职业生涯管理

一、组织职业生涯计划设计

（一）识别和发展员工的个人才能

管理职业发展计划的一个重要部分就是管理岗位的目录。这个目录引导人们注意员工的发展需要，这既包括他们当前的工作，又包括其可能被提升到的管理岗位。这个过程的一个相当重要的部分，是识别潜力大的员工，他们可能作为那些空缺岗位的管理者的替代者而被推荐，这些岗位多是由于重新分配、退休或其他原因而出现空缺的。

识别和发展个人的才能是所有管理者应该认真扮演的一个角色。当他们进行正式的评估时，他们应该关心其下属在管理或先进技术上的潜能，并鼓励其朝那个方向发展。除直接管理者之外，在组织里还有其他成员有能力评价、推荐和承诺资助员工。强调发展人力资本并将其转化为利润的组织显然有它们所需的才能，而且它们中的一些可以共享。一些公司——如花旗银行、施乐公司、米勒公司和沃尔玛公司等——已经变成"学院"式公司，它们主动提供一批有才能的管

第六章 职业生涯管理

理者给那些自身缺乏良好的管理职业发展计划的组织。

（二）运用评估中心

早在20世纪50年代中期，由道格拉斯·布雷（Douglas Bray）和他在AT&T的同事所提出的管理评估中心就被认为是对人员进行评估的最有价值的方法之一。评估中心是一个让个人参与到模拟工作情形中，并对其表现做出评价的过程。这个评估中心的普及可归因于它的能力，因为它增强了一个组织挑选能在管理岗位上成功地完成任务的员工的能力，或帮助和促进员工发展技能的提高以适合当前的工作岗位的要求的能力。这些中心可能使用公文处理的练习、无领导小组讨论等方法。

参与这些活动可以提供提升所要求的具有代表性的行为模式。在评估中心的最后阶段，评估员的观察被融合和整合，以用来勾画出参加者的需要和优势的全面框架。通常，提交给上级管理部门一份报告，并且及时将反馈传达给参加者。

人们越来越重视评估中心程序的有效性。当进行工作测试时，提供的评估必须是有效的。在评估中心使用之前，就应该通过工作分析来决定需要研究的特征或能力。评估中心所使用的各种练习应该能够反映出正在被评估的那个人的工作情况，例如，练习应该具有内容的有效性。当评估中心的方法论易于内容的有效性时，同时在许多情况下也就看到了预测的有效性。研究发现，在工作的评估和未来业绩之间有很强的正相关性。

同9个组织心理学家的电话访谈（他们已经使用评估中心做过广泛的试验）显示出以下倾向：日益增长的关于评估中心的兴趣，从销售到开发有一个急剧的转变；在目前的模仿和业绩记录中增加了计算机的使用；评估中非管理人员的增加，更为注重细节地聚焦于行为的描述而不是成功执行者的特征；公共部门中评估中心的使用增多。

虽然评估中心已被证实能非常有效地识别管理才能，并有助于个人发展，但是应该指出，这种方法更适用于那些擅长于人际沟通且能够影响他人的人。有些人发现在他们将参加测试作为一种威胁时，很难表现出他们最好的一面。评估中心人员执行练习和提供反馈给参加者的方式将在个人如何对此训练做出反应过程中起着主要的作用。

管理岗位是评估中心常见的目标对象。然而，评估中心方法的适应性也使之可用于非管理岗位上，如销售。其中一种方法就是对申请者播放录制在一个录像带上的计划说明书，然后采用多项选择题的测试法来观测其如何对所描述的情况做出反应。

案例：惠普公司的自我测评体系[①]

惠普公司的科罗拉罗泉城分部开发出一种职业生涯发展自我管理的课程。这门课程主要包含两个环节：先是让参加者用各种科学的测试工具及其他手段进行个人特点的自我评估；然后将评估中的发现结合其工作环境，编制出每人自己的职业生涯路线图来。

该公司开发了6种工具，来取得每人的个人特点资料：

（1）一份书面的自我访谈记录。给每位参加者发一份提纲，其中有11个问及他们自己情况的问题，要他们提供有关自己生活的信息（有关的人、地、事件），他们经历过的转折以及未来的设想，并让他们在小组中互相讨论。这篇自传摘要体裁的文件将成为随后的自我分析所依据的主要材料。

（2）一套个人兴趣调查表。这份含有300多个问题的问卷填答后，就能据此确定他们对职业、专业领域、交往的人物类型等的喜恶倾向，为随后每人跟各种不同职业中成功人物的兴趣进行比较提供依据。

（3）一份价值观问卷。这份问卷中列有相互矛盾的多种价值观，每个人需对之做出45种选择，从而测定这些参加者对多种不同的关于理论、经济、美学、社会、政治及宗教价值观接受和同意的相对强度。

（4）一篇24小时活动的日记。参加者要把一个工作日及一个非工作日全天的活动如实而无遗漏地记下来，用来对照其他来源所获同类信息是否一致或相反。

（5）对另两位"重要人物"（指参加者跟他们的关系对参加者本人很重要的人）的访谈记录。每位参加者要对自己的配偶、朋友、亲戚、同事或其他重要人物中的两个人，就自己的情况提出一些问题，看看这些旁观者对自己的看法。

[①] 改编自《惠普：帮助员工制订职业发展计划》，http://www.chinahrd.net/career-manage/career-dictionary/2005/1018/32548.html。

第六章　职业生涯管理

这两次访谈过程需要录音。

（6）生活方式描述。每位参加者都要用文字、照片、图画或他们自己选择的任何其他手段，把自己的生活方式描绘一番。

这项活动的关键之处就在于一开始就让每位参加者获取有关自己的新资料，而不是先从某些一般规律去推导出每人的具体情况。参加者先把6种活动所获资料，一种一种地分批研究，分别得出初步结论，再把6种活动所得资料合为一体进行分析研究。

每人都做好了自我评估后，部门经理们逐一采访参加过此活动的下属，听他们汇报自己选定的职业生涯发展目标，并记录下来，还要写出目前在他们部门供职的这些人的情况与职位。这些信息便可供高层领导用来制定总体的人力资源规划，确定所要求的技能，并拟定一个时间进度表。部门经理可据此帮助他的部下绘制出自己在本公司内发展晋升的路线图，标明每一次晋升前应接受的培训或应增加的经历。每位员工的职业生涯发展目标还得将绩效目标与要求结合起来，供将来绩效评估时用。

思考：

（1）美国惠普在职业生涯管理中员工自我评估的方法和工具有什么特点？

（2）美国惠普的这套办法和工具对保留和激励员工会有什么效果？为什么？

（三）确定个人的发展需要

由于每个管理岗位的需要和每个人完成它所需的资格都不同，任何两个管理者都不可能有相同的发展需要。就某个人而言，自我发展可能包括提高其写报告的能力、沟通的能力和主持会议的能力；而对另外一个人而言，可能就需要发展人际关系技能以便沟通和更有效地与一个多样化的工作小组互相协助。阶段性的业绩评估可以提供一个基准，以决定每个管理者的晋升。而在此期间讨论评估方法的会议又是种种试图进行自我完善的一个必要部分。

（四）快速通道项目

这种项目鼓励年轻有为的经理留在公司里，促使他们比其他人晋升得更快。在帮助个人规划他们的职业时，对于组织而言，承认这一点是非常重要的，即今天年轻的管理者正在寻找有意义的培训任务，这些培训任务是有趣的且带有挑战、责任和授权的感觉。他们也更加关心其在组织中的工作将对社会做出的贡献。不幸的是，他们经常被给予他们认为是低级的、枯燥的和包括许多"毫无创造性的"工作责任。一些组织正在试图为潜力大的年轻管理者提供一个快速道项目来留住他们，这个项目能够使之晋升得比其他那些潜能较小的人员更快。一个快速通道项目可以提供一个相对快的晋升——横向的岗位轮换或晋升——通过一定数量的管理岗位的轮换，要求承担不同的组织职责；它也能够提供一些制定有意义的决策的机会。

（五）导师制

当一个人同周围的人谈论其工作经历时，通常会听到他们提到那些在工作中对之产生影响的人。他们提到的通常是直接管理者，这些人作为职业开发者让人受益匪浅。但是，他们也会提到组织中更高层的其他人员，这些人在其职业发展过程中给予指导及支持。这些对下级员工进行指导、提醒和鼓励的经理和管理者就被称为导师。

导师是指企业中富有经验的、生产效率高的资深员工，他们负有指导开发经验不足的员工（被指导者）的责任。大多数导师关系是基于导师和被指导者的共同兴趣或共同的价值观而形成的。有研究表明，具有某些个性特征的员工（有对权力和成功的强烈需求、情绪稳定、具有较强的环境适应能力等）更有可能去寻找导师并能得到导师的赏识。企业可将成功的高级员工和缺乏工作经验的员工安排在一起工作，形成导师关系。

首先，制定导师指导计划。尽管许多导师关系是通过非正式的方式建立的，但正式的导师计划具有显著优点：它能确保所有的员工都找到导师，并得到帮助；使指导与被指导关系的参与者知道企业的期望值。正式的导师关系也有局限性，即人为的导师关系使导师可能无法向被指导者提供有效的咨询或培训。

其次，保证指导关系的收益。导师和被指导者都能从辅导关系中获益。导师为被指导者提供职业支持和心理支持，以及更强的晋升能力、加薪和在组织中的影响力；也培养了导师的人际交往能力并增强其对自身价值的认可。

最后，明确导师计划的目的。通过导师计划可使新员工更好地适应社会，提高其适应工作环境的能力。正式导师关系是建立在高素质导师和导师报酬体系的基础上的，否则，它还不如非正式导师关系质量高。目前，有些公司实施团体指导计划，即一个资深的高层管理人员与4~6名经验不足的被指导对象组成的小组结合在一起。

二、职业生涯管理阶段

组织职业生涯管理需要各方面的有效配合，个人、人力资源部门、直线部门和上级的共同合作与努力是做好职业生涯规划与管理的基础。

企业在为员工开展职业生涯规划时，应当根据不同职员的特点来采取对应有效的职业生涯规划和方法的选择，一般可以针对新员工、中期员工和老年员工三类人员进行操作。

（一）新员工职业规划方法

提供一个富有挑战性的最初工作，能产生相当的吸引力。实践证明，企业能够做的最重要事情之一就是争取做到为新员工提供的第一份工作是具有符合这个人最初的意愿和带有挑战性特点的。比如，在一项以某公司年轻管理人员为对象的调研和评价中发现，这些人在公司的第一年中所承担的工作越富有挑战性，他们的工作也就显得越有效率、越容易达到要求完成的目标，即使是在成长阶段后期，这种情况依然存在[1]。因此，提供富有挑战性的起步性工作是帮助新员工取得职业发展的有效方法和途径之一。在一家成功的企业，上级总是期望年轻的专业人员能够比较快地做出成绩，并希望他们能够通过承担富有挑战性项目工作，而迅速找到自己的位置。正如该企业的一位管理者所说的：当某个小组与客户商谈时，即使小组负责人手下全是一帮刚刚新进公司的员工，往往第一个发言的人是最新进公司的员工为新雇员提供机会，勇于让他们尝试和担负起责任，正是许多年轻有为的人员被吸引到这家企业的原因之一，因为他们可以在工作初期就获得磨练自己的机会和吸引许多实际经验[2]。

（二）中期员工职业规划方法

提拔晋升，从职位晋升图中清晰地找到个人发展的路向，是最大的吸引力和动力。职业通道畅通，能够让有培养前途、有作为的员工努力去争取。有前途

---

[1]《如何进行职业生涯管理（下）》，［2014-5-28］，http：//blog.chinaceot.com/front/showarticle.php?id=582830.
[2]《如何进行职业生涯管理（下）》，［2014-5-28］，http：//blog.chinaceot.com/front/showarticle.php?id=582830.

和看到希望才是留住人才的最大吸引力。同时，安排富有挑战性的工作和通用轮换岗位方式让其保持新感觉，或者安排探索性的职业工作，对于处于职业中期的员工，是一种很实在而有效的方法。

（三）老年员工职业规划方法

到职业后期阶段，员工退休（当前以及未来社会保险体系逐步建全）问题必然提到议事日程上，让这些员工发挥最大的余热是不成问题的。

三、组织内部职业生涯发展通道

组织内部职业生涯发展通道是组织为内部员工设计的自我认知、成长和晋升的管理方案，是在帮助员工了解自我的同时使组织掌握员工职业需要，以便排除障碍，帮助员工满足需要。同时，通过帮助员工胜任工作，确立组织内晋升的不同条件和程序对员工职业发展施加影响，使员工的职业目标和计划有利于满足组织的需要。组织内部职业生涯发展通道的主要内容包括：职业梯、职业策划和工作进展辅助。

（一）职业梯

职业梯是决定组织内部人员晋升的不同条件、方式和程序的政策组合。职业梯可以显示出晋升机会的多少、如何去争取，从而为那些渴望获得内部晋升的员工指明努力方向，提供平等竞争的机制。

并非所有组织都有必要，或认为需要建立职业梯。在决定建立职业梯前，组织需要先考虑两个问题：一是组织是否需要一个从内部提拔人才的长久机制，二是组织是否有必要建立一套培训发展方案，以便提供更多的后备人才来提拔选用。当组织可以随时自由地从外部招聘到需要的各类人才，或者内部晋升只是偶然发生或内部晋升只是涉及极少数员工，那大可不必建立复杂的职业梯。只有对两个问题的回答都是"是"时，才有必要构建职业梯。

1. 职业梯的宽度

根据组织和工作需要不同，职业梯可宽可窄。要求员工在多个职能部分、多个工作环境轮换工作的职业梯是宽职业梯，它能适应对员工高度综合能力的要求；要求员工在有限的职能部门和工作环境中工作的职业梯是窄职业梯，它能适应只要求员工具备有限专业经验和能力的需要。

第六章 职业生涯管理

2. 职业梯的速度

根据员工能力和成绩的不同，职业梯的设置可以有快慢之分，即快速梯和慢速梯。正规晋升和破格提升都应做到有政策依据。设置快速梯的前提是公司不会长久地将具备较高素质和能力的员工安排在同其条件不相称的工作岗位上。事实上大量的大学毕业生的第一份工作都是基础性工作。显然组织有意日后安排更复杂困难的工作给他们，可是由于背离了前提，新毕业生的流动率比别的职业人群要高，因此，职业梯的建立可能导致招聘和晋升中的差别对待的障碍。

案例　来自某会计师事务所的职业发展规划实例[①]

AD公司是真正采用精英管理制度的公司。公司认为一个人的职业发展比金钱奖励更重要，因此除了颇具吸引力的薪水外，公司还为员工提供了一个充满竞争的晋升体制。员工的表现将是在AD公司晋升发展的重要依据。AD公司的前程发展途径大致分为四个阶段（见表6-1）：

表6-1　AD公司职业发展规划

所处阶段	阶段描述
普通员工（Staff Person） （1~3年）	第一线从事实地工作，完成调查研究任务。经过这一阶段，你将获得足够多的技术性技能，为职业生涯打下扎实的基础。
主管（Senior） （4~6年）	负责分配的任务，发展监督指导能力、协调能力，劝戒和培训年轻的员工，每天直接与顾客的管理层打交道。
经理／资深经理（Manager/experienced Manager） （7~9年）	通常将受委托作为客户高层管理的商业顾问。需要不断参与技术的、管理发展和行业相关的培训。
合伙人（Partner） （10年以上）	承担最终的责任并为公司新业务的发展作出贡献、参加决策层会议。不断发展自己的技能，力图使自己成为公司、商业界和整个专业组织内的领导者。

[①] 改编自《中南财经政法大学人力资源研究中心职业生涯规划管理文本资料》，［2014-05-23］，http://www.readfree.net/viewarticle.php?id=4447729。

思考：

请用职业梯的相关理论对AD公司的职业发展规划进行分析。

（二）职业策划

职业策划是在员工进行个人评估和自我评估中给予他们有效的援助，帮助员工确认自身的能力、价值、目标和优劣势。

职业策划同职业计划既有联系又有区别，职业计划中涉及的员工自我评估无须同特定组织相联系。另外，形式和准确性也各有差异，时间上也很难趋于一致。职业策划由组织中有专业知识的人力资源部门提供正规的帮助服务，可以确保员工评估在形式、时间、内容范围上的一致性和一定的准确度。职业策划后，组织可以利用搜集到的评估结果，因此，职业策划同时和组织的需要密切相关。

（三）工作进展辅助

工作进展辅助是组织为帮助员工胜任现时工作、顺利完成各项工作任务而提供的各种辅助行为。工作进展辅助的方式灵活多样，视组织内工作性质、条件不同而不同。总体来说，工作进展辅助是以协助员工在工作中成功累积工作经验为目的的。工作进展辅助的主要途径有三个：

（1）满足员工特定的价值或目标；

（2）激发员工的某些能力和优势；

（3）改善或弥补员工在职业策划中反映出来的弱点。

科学、清晰的职业路径可以满足高层次工作的清晰化、专业化的需要。组织的招聘政策可以借此吸引和留用更多高素质的人才，而且可以更好地得到法律的保护。

本章小结

职业，是指劳动者相对稳定地担当某一专项具体的社会劳动分工，或者较稳定地从事某类专门的社会工作，从而获得某种劳动角色，并从中获取劳动报酬。职业生涯，是指一个人从参加工作开始一生中所有的工作活动与工作经历按时间顺序组成的整个过程。职业规划，是指确立职业目标并采取行动实现职业目标的过程。

第六章　职业生涯管理

职业规划的客体是员工个人，包含确定和实施的整个过程。职业规划中的职业目标同工作目标有很大差异，同时又密切联系。组织应了解员工的职业规划，并通过相应的人力资源政策，使之有助于组织目标的达成。职业规划的内涵则包括自我定位、目标设定、目标实现、反馈与修正四个方面。

现有的著名职业生涯发展理论包括：金斯伯格的职业发展论分为幻想期、尝试期和现实期；萨柏将职业生涯分为探索阶段、立业与发展阶段，维持阶段和衰退阶段；格林豪斯将职业生涯发展划分为职业准备、进入组织、职业生涯初期、职业生涯中期、职业生涯后期；施恩教授总结出的五种类型的"职业锚"，即技术／职能能力型职业锚、管理能力型职业锚、安全／稳定型职业锚、创造型职业锚、自主／独立型职业锚。

影响职业生涯的个人因素包括：职业性向、能力水平、职业锚、职业发展阶段；影响职业生涯的环境因素包括：社会环境（经济发展水平、社会文化环境、政治制度和氛围、价值观念）和企业环境因素（企业文化、管理制度、领导者素质和价值观）。

个人职业生涯管理是以实现个人发展的成就最大化为目标的，通过对个人爱好、能力和个人发展目标的有效治理实现个人的发展愿望，即在组织环境中，由员工自己主动实施的、用于提升个人竞争力的一系列方法和措施，主要包括自我分析、职业生涯机会评估、目标设定、路线选择、评估和调整等。

组织的职业生涯计划设计的主要方法包括：识别和发展员工的个人才能、运用评估中心、确定个人的发展需要、快速通道项目和导师制。组织职业生涯管理需要各方面的有效配合，包括个人、人力资源部门、直线部门和上级的共同合作与努力是做好职业生涯规划与管理的基础，要针对新员工、中期员工和老年员工等不同阶段的员工制定相应管理方法。组织内部职业生涯发展通道是组织为内部员工设计的自我认知、成长和晋升的管理方案，是在帮助员工了解自我的同时使组织掌握员工职业需要，以便排除障碍，帮助员工满足需要，其内容包括：职业梯、职业策划和工作进展辅助。

本章思考题

1. 简述员工职业生涯和职业规划的含义。

2. 简述并比较金斯伯格、萨柏、格林豪斯的职业生涯理论。
3. 举例介绍职业生涯中各类规划的主要方法。
4. 针对你的自身情况，设计相应的职业生涯规划方案。

本章参考文献

1. 濱島朗，竹内郁郎，石川晃弘.社会学小辞典.东京都：有斐閣，1997.
2. 尾高邦雄.職業の倫理.东京都：中央公論社，1970.
3. Mann, M. The International Encyclopedia of Sociology. London: Continuum International Publishing Group Ltd, 1984.
4. Seligman, R. A., Johnson, A. S. (eds). Encyclopedia of the Social Sciences. London: Macmillan, 1935.
5. 保谷六郎.入門労働経済論.东京都：中央经济社，1979.
6. 姚裕群、朱启臻编著：《选择职业的艺术》，天津人民出版社1991年版。
7. 潘锦棠主编：《劳动与职业社会学》，红旗出版社1991年版。

第七章 绩效管理

本章学习目标

1. 了解：绩效与绩效管理、绩效计划以及正式沟通与非正式沟通的概念，关键事件法，平衡计分卡的概念及过程。

2. 熟悉：绩效管理与绩效考评的区别，绩效管理在人力资源管理中的地位，绩效目标、绩效考评的难点，绩效考评结果的应用，绩效反馈面谈以及360度绩效考核的概念与优点。

3. 掌握：绩效管理的功能，绩效实施的过程，考评者易犯的主观错误，绩效考评基本方法，KPI考核法的特点及程序。

本章核心概念

绩效管理　绩效考评　绩效实施　平衡计分卡　KPI考核法　360度绩效考核

第一节　绩效管理概述

对于每一个组织来说，如要实现其长远目标，就必须从日常的活动抓起，对绩效做精良的管理，才能在日益激烈的竞争环境中立于不败之地，实现生存和发展的目标。

一、绩效

对于绩效，从不同的角度有不同的理解。从管理学的角度看，绩效（Performance）是组织期望的结果，是组织为实现目标而展现在不同层面上的有效输出；从经济学角度看，绩效与薪酬是员工和组织之间的对等承诺关系，绩效是员工对组织的承诺；从社会学角度来看，绩效意味着每个社会成员按照社会分工所确定的角色承担他的那一部分职责。

目前对绩效的界定主要有三种观点：一种观点认为绩效是结果；一种观点认为绩效是行为；还有一种观点强调员工潜能与绩效的关系，关注员工素质，关注未来发展。

绩效可以从组织绩效、团队绩效、员工绩效三个层面来考虑，但无论是组织绩效还是团队绩效，都来源于员工绩效。本章侧重研究员工个体层面的绩效。

综合上述不同视角，我们认为理解绩效的内涵至少要把握以下三个方面：

首先，绩效不仅反映了员工当期或历史贡献，还包含了对未来收益的预期，因此绩效评价不是单纯地对历史结果的回顾和评估（Evaluation）过程，更多地包含对员工潜能的预测（Prediction）。

其次，绩效的实现包含了诸如成就动机、利他主义、人际知觉、社会抑制等社会心理过程，具有情境嵌入性（Contextual Embeddedness）。

最后，绩效是一个难以精确衡量的概念，正如只能运用现金流折现模型或期权定价模型来衡量企业价值一样.

以上三个方面决定了绩效评价是一个复杂的、动态的社会心理过程。

二、绩效管理

绩效管理（Performance Management）是一个特定组织的管理者对员工绩效进行持续的管理，以更好地开发员工绩效，从而实现组织的战略目标。具体来说，绩效管理就是企业的管理者运用科学的管理工具和方法，对员工个人和群体的行为表现、工作态度和业绩及其他相关的因素进行全面的观察、分析、评估，充分调动员工的主动性、积极性、创造性，不断改进员工和组织的行为模式，以提高员工和组织的整体素质，促进绩效的不断提高，并保证企业及各级子系统保

第七章 绩效管理

持战略方向上的高度一致，促进企业战略目标实现的管理过程。

绩效管理是这样的一个管理过程：管理者和员工在目标和目标实现方式上经过双向沟通后达成共识，并借此强化员工的承诺意识，促进员工实现个人绩效目标，促进员工实现优良的业绩表现。它贯穿于企业管理的整个过程，涉及各个层次、各个方面，是一个系统的、动态的过程。

方正的成功秘诀：合理运用绩效管理[①]

1999年，方正电脑公司的第一套全面考核体系正式实施，至今已经发展到第3版了。第一套体系的贡献在于建立起绩效考核的观念；2000年，第二套考核体系则提高了绩效指标与工作的相关性，进一步提高了考核的有效性；2001年，在公司规模扩大与业务细分的情况下，单一的绩效评估已不能满足公司的发展需要，绩效管理作为连接企业战略和成果的一个重要环节，随着公司的发展，第3套版本开始建立起来。

方正电脑公司的绩效管理目的明确：首先是客观评价员工工作绩效，帮助员工提升自身工作水平，从而提升公司整体绩效；其次是加强员工与管理人员就工作职责、工作期望、工作表现和未来发展方面持续的双向沟通；最后是给员工与其贡献相应的激励。

在这个体系中，公司全体成员都扮演着重要的角色：高层管理者是倡导者和核心；人力资源部是体系构架者、宣传者与维护者；部门经理是设计者和执行者；员工则是参与者与反馈者。

（1）在这个体系中，工作表现考核表列出了公司的核心价值观的五个指标，即严格认真、主动高效、客户意识、团队协作、学习总结。这张表是员工的行动纲要，它体现的主要是引导职能。公司希望每个员工将价值观融入到血液中，落实到行动中。

（2）绩效计划考核表列出了季度主要工作项目、考核标准、权重及资源支持承诺。每个季度之初，员工依据本岗的《岗位说明书》、部门的工作目标，按

---

① 《方正的成功秘诀：合理运用绩效管理》，http://yingyu.100xuexi.com/view/examdata/20100113/5DB18AFD-1AD3-4D06-A2A5-45CFBE231800.htm。

照SMART的原则制定本季度个人的绩效计划。

例如销售人员、产品经理主要通过销售收入、客户的评价、库存、毛利等因素来评价；研发人员主要通过项目的时效性及创造性来评价。绩效计划将作为本季度的工作指导和考核依据。考核由员工自评及员工上级评价分别进行，通过面谈交流并达成一致。这张表实际就是一张目标设定和评估表，它体现的是监督职能。

（3）季度末以部门为单位将员工的考核结果进行排序，按照一定的比例分布归入7个等级。绩效评估结果直接影响员工的绩效工资。为了加强激励作用，不同性质的岗位，绩效工资比例大小不同，而且加大了不同的等级的业绩表现奖惩间的力度。

绩效管理体系随着公司的发展也需要不断更新，他们要让管理者掌握绩效管理的理论并主动参与到绩效体系的设计中，能够从不同的业务角度和管理高度对绩效管理体系提出具有建设性的改进建议以保证企业目标的顺利达成。因此在积极推动现有绩效体系的同时，他们也积极寻求绩效体系的下一个完美版本。

思考：

（1）方正绩效管理对国内其他公司有何启示？

（2）你认为绩效管理对公司业绩是否存在激励作用？

（一）绩效管理与绩效考评的关系

传统的绩效管理实践几乎把所有的精力放在绩效考评上，这是有关绩效管理的一个误区，限制了绩效管理的视角，也限制了其功能的发挥。绩效管理与绩效考评的关系如图7-1所示。两者的区别在于：

（1）绩效考评（Performance Assessment）仅仅是绩效管理的一个关键环节，只在某一个特定时间段内进行；而绩效管理是一个系统的管理活动，包括绩效计划、绩效实施、绩效评估和绩效反馈等一系列相互联系的程序，是一个持续的过程，有更清晰的战略目的。

（2）绩效考评，简单地说，就是对过去工作成果进行打分，强调事后的评价；绩效管理则是在持续的信息沟通中更好地开发员工绩效，具有前瞻性，并有机地把事前对问题的有效预防、事中对问题及时控制、事后对问题的发现和解决有效结合起来。

（3）绩效考评是一种将注意力放在短期的行为，而绩效管理则更多地关注长期行为，具有战略导向。

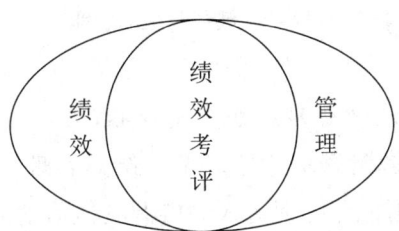

图7-1　绩效管理与绩效考评的关系

（二）绩效管理的功能

绩效管理的功能主要体现在以下几个方面（如图7-2所示）：

1. 促使战略落实

绩效管理将员工的工作活动紧密地同组织的战略目标联系在一起，通过开发改进员工的绩效表现来提高组织的整体绩效，从而积极促进组织战略目标的实现。

2. 强化企业文化

企业文化是企业得以发展的核心竞争力之一，而企业文化的构建则要依靠在企业活动的点点滴滴中去灌输、去强化。绩效管理在这方面起到了无可替代的作用，因为绩效管理注重沟通，形成了灌输管理层价值观和经营理念等的有效渠道，因为绩效管理是持续性的活动并侧重于全方位地改进和提高绩效，也就起到了强化企业文化的作用。

3. 完善管理决策

人力资源越来越受到企业的关注，成为企业生存发展的法宝，如何能更好地开发利用企业的人力资源也就成了管理者需要考虑的重点问题。绩效管理信息，尤其是通过绩效考评得到的信息是管理者进行薪酬、晋升、奖罚、解雇和招聘等一系列人力资源决策的重要依据。

图7-2 绩效管理的功能

（三）绩效管理在人力资源管理中的地位

绩效管理是人力资源管理的中心环节。绩效管理不仅本身对于良好的人力资源管理起着积极的作用，还能促进人力资源其他活动的有效进行，从而可以更好地实现人力资源目标。

1. 绩效管理与人力资源规划

绩效管理有利于管理者及时发现企业在人力资源方面的问题，如企业的人力配置是否妥善，是否需要引进人才以更好实现组织绩效目标，马上引进还是将来某一特定时间引进等，这些都有利于企业做出更切合实际的人力资源规划。

2. 绩效管理与职位分析

由于职位分析是确定绩效目标的重要基础，通过职位分析来确定某个职位的职责领域和目标产出，因此绩效管理的良好开展有利于促进职位分析活动的开展。

3. 绩效管理与员工培训

绩效管理的目的就是为了发现当前员工绩效的优势以及不足之处，从而更好地开发员工绩效表现的潜力，而正确合理的培训则是开发员工绩效的有效手段。怎样才能使培训发挥其应有的成效？只有对症下药才能治病，而绩效管理就好比是发现"病状"的良好契机，也就为培训提供了有力的依据。

4. 绩效管理与薪酬管理

通过绩效管理，管理者可以对员工的绩效表现有比较清晰和客观的了解，这对于被日益认可的薪酬管理制度是极为重要的。通常来说，绩效决定了薪酬中变化的部分，是做出公正的薪酬决策的根据。

此外，绩效管理还与人力资源管理的其他活动有着显而易见的关系。应该

第七章 绩效管理

看到的是,任何管理活动都是一项系统的工程,与之相关的各因素相互联系、相互影响。因此,有效地开展人力资源的其他管理活动也会有利于绩效管理的顺利开展,对于绩效管理的考查也应置于人力资源管理系统中去。

案例

绩效管理的"筐子"理论[①]

绩效管理就像一个筐子,容量是有限的,但需要做好的工作有很多,面对绩效管理的这个筐子,我们的管理者该如何使它被企业最充分地利用,更好地发挥它的作用,帮助企业提高管理效率和经营绩效?

一、绩效管理是怎样的一个"筐"?

在往这个"筐"里装东西之前,我们必须首先明确的一个问题是,绩效管理究竟是怎样的一个筐子?

(1) 筐子的高度——企业的战略目标。

(2) 筐子的广度——企业对绩效管理作用的描述。

(3) 筐子的底——基础管理。

(4) 筐子的材料——全体员工。

二、该往绩效管理这个"筐子"里装些什么东西?

在绩效管理这个筐子里,我们要装的东西大概有:绩效管理的系统、绩效管理的流程、绩效管理的人、相关的方法和工具以及绩效考核结果的使用。

三、按照什么顺序装?

(1) 装入绩效管理系统:绩效管理系统就像那些大石块一样,只有先把它放进去,其他的东西才会有更多的空间,才会契合得更好。

(2) 装入绩效管理流程:决定了绩效管理的系统构架之后,再来确定绩效管理的流程。

(3) 装入人:装入人就是把企业中各个层面的员工与相关的流程匹配起来,明确各级管理者的绩效管理责任,使流程被有效地执行,并在执行的过程中不断得到改善和提高的人。

[①] 赵日磊:《绩效管理的"筐子"理论》,[2014-5-24],http://blog.ceconlinebbs.com/BLOG_ARTICLE_205142.HTM.

（4）装入方法和工具：在绩效管理的过程中，采用了哪些方法？使用了哪些工具？这些方法和工具必须一一列出并放入筐中，以保证管理者在绩效管理的过程中有具体的方法可以依循，有操作性强的工具可以使用。

（5）绩效考核结果的使用：阶段性的绩效考核与员工激励、薪酬分配和培训发展等内容有效结合起来将更有利于绩效管理的开展，一方面检验前一阶段绩效管理实施的效果，另一方面管理者兑现当初对员工的承诺，激励他们不断为提高自己的绩效而努力工作。

总之，绩效管理就像一个筐，要装的东西很多，每个企业的选择不一样，但有一点是明确的，那就是你必须按照绩效管理系统的逻辑顺序依次放入，要事先做，使绩效管理这个"筐子"发挥最大的作用！

思考：
（1）绩效管理这个筐子装的东西是否越多越好？
（2）绩效管理考核中工具如何使用？

第二节　绩效管理过程

上一节谈到绩效管理是个系统的、动态的管理过程，包括紧密相联的几个阶段：绩效计划、绩效实施、绩效考评、绩效反馈。但是，这几个阶段的分割只是为了便于说明，在实际操作中并不是顺次进行并有着鲜明的时间分界点的，比如绩效反馈并不一定要放在最后才能进行，相反，如果在绩效实施阶段发现问题，要及时和各有关方面沟通，及时解决问题，以避免更大的损失。

一、绩效计划

绩效计划（Performance Plan）是绩效管理的第一个环节，这一环节的成功进行是实现高绩效管理水平的基础。绩效计划是确定组织对其员工的工作绩效期望并得到员工认可和承诺的过程。因此，经过这个阶段，组织和员工必须清楚了解每个岗位上的员工应该达到的绩效水平，以及对员工的知识、技能、能力的要

第七章 绩效管理

求,也必须清楚相关的工作安排。

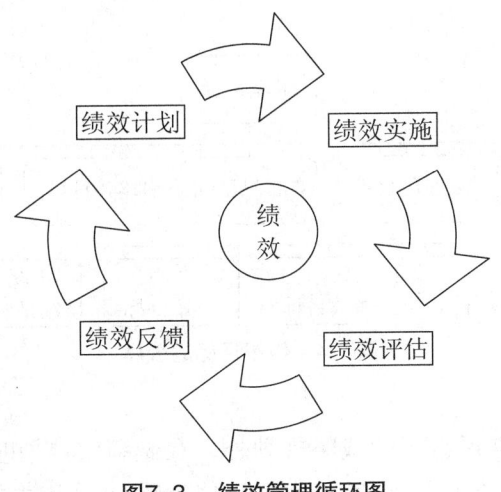

图7-3 绩效管理循环图

这个过程是自上而下的目标分解和确认过程,管理者和员工应该充分地进行双向沟通,将组织目标、部门目标、个人目标有机地结合起来,并寻求组织目标实现的最佳工作安排。同时,这个阶段也将确定绩效考评阶段的考核标准,明确为了实现组织目标,员工在绩效考核周期内应该做些什么、怎么做、做到何种程度,并据此形成对员工的绩效约束,即绩效考核标准。因此,绩效计划阶段的成果就是在管理者和员工就工作目标达成一致的基础上形成系统的绩效计划。

(一)绩效目标

在制定绩效目标(Performance Objective/Performance Goal)之前,首先要清楚地了解两点:一是组织的使命和战略目标;二是涉及岗位的岗位职责。这两项内容是开展绩效计划的前提条件。

组织使命和战略规划可以使组织清晰地界定其存在的目的和发展的依据:组织将走向何方,成为什么样的组织。缺乏组织使命和战略规划的组织很容易在复杂的经营环境中失去方向,变得迷茫,以至于在一些经营决策上做出错误的选择,没有正确的努力方向,员工付出的努力恐怕都只能是南辕北辙了。因此,首先要对组织的使命和战略规划进行审视,然后将组织的目标划分为部门目标，进而分解成每个员工的绩效目标，形成一个层层相扣、紧密相关的目标链（见图7-4）。

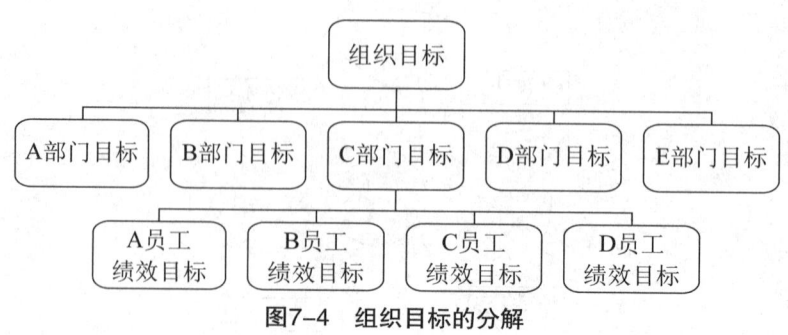

图7-4 组织目标的分解

除了要清楚地掌握组织的战略规划外，在做绩效计划时，参与者还应很好地了解当前的职位及各自的职责，这是可以通过职位分析来完成的。职位分析定义了组织中的职务以及履行职务的要求。在得到职务分析的有关信息后，还可以拟定或修改职务说明书。职务说明书是关于任职者需要做些什么、怎么做和为什么做的书面说明。依据职位分析，就可以知道每个职位所要承担的工作任务了。

只有综合考虑战略规划和职务分析后，才能正确设定对员工的绩效期望。

（二）绩效标准体系

绩效标准是对被考评者的要求，是绩效考评的尺度，为组织提供了绩效表现如何的衡量依据，是绩效管理中的重要一环。没有设计优良的绩效标准，就可能会误导员工的努力方向和行为方式，因为绩效标准就好像学生面对的考试试题，要想取得较好的考评结果，就必须按"试题"思路来应对"考试"。

就像每一场考试一样，考评者首先要清楚考核要素即考核指标是什么。对于一个销售人员来说，是考核他或她的销售成果，即在一定时间段内销售数量，还是考核其与客户沟通频率，比如说每天走访客户的数量，销售人员能及时反馈客户的新需求并提出有效的见解是否在考评范围，对每一问题的不同回答，反映了不同的企业文化观和发展的眼光。因此在设计考核标准时，首先要对考评要素进行慎重的考虑。

绩效标准有定性和定量的区分。定量的绩效标准通常是一个变动范围，下

第七章 绩效管理

限是最低要求，低于下限的绩效表现是被否定的；上限是最高要求，高于上限的绩效要求是高于期望水平的卓越表现，也正是组织寻求的目标，这两种情况都需要引起管理者的重视，以便扬长避短。而处于这个变动范围的被称为可接受范围，当然这个变动幅度还会被进一步划分，以便对员工的绩效表现做出更精确的测量。

定量的绩效考核标准是被推崇的，它方便做出准确的评估结果，比如绩效正在变得越来越糟还是相反，变化的幅度大不大，这种变化幅度对组织来说意味着什么，需要什么相关的回应活动。同时，定量的绩效考核标准也利于管理者对被考评者进行反馈并做出合理的薪酬决策和人事安排。

但并不是所有的考评要素都能或必须有定量的考核标准，有些考评要素是不能被定量考核的，如：创造力，与顾客的亲和力等一些特征要素，还有些考评要素的定量考核比较麻烦，甚至其收益远远低于设计成本，也就没有必要进行定量考评，而依据定性考评即可。

那么什么样的考评标准是合理的呢？图7-5列举的是常见的标准组合：

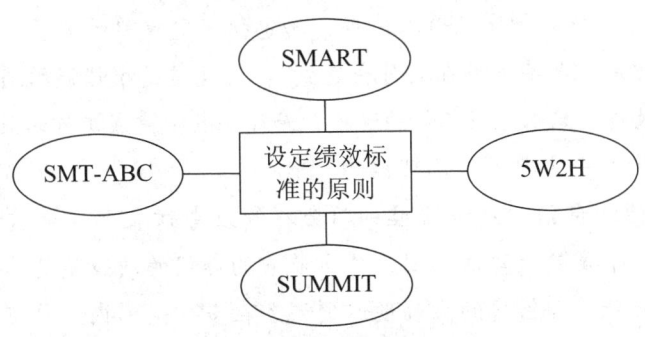

图7-5 设定绩效标准的原则

其中，SMART原则应用得更多一些，各个字母的含义分别是：
S——Specific：具体的，即目标是不是具体、清晰；
M——Measurable：可衡量的，即目标是不是可以进行衡量；
A——Attainable：可实现的，即目标是不是可以实现；
R——Relevant：相关的，即目标与工作是不是相关联；

T——Time-based：基于时间的，即目标是不是有明确的时间要求。

在某些情况下，还会考虑各绩效考评标准在指标体系中的权重。在任何组织中，每个成员都必须清楚自己首要的或者说重要的工作职责是什么，次要的、再次要的又是什么，才能对自己的时间和精力做出合理的安排，才能对组织的绩效表现起到协同作用。

总结来说，考评指标、考评指标权重、考评标准共同组成了考评标准体系。

绩效考核标准制定六大要点[①]

案例 蒙牛集团副总裁兼人力资源总监张文在为浙商讲授培华实战MINI-EMBA之《目标管理与绩效考核》课程时指出，绩效考核标准的制定要注意六大要点：

1. 数量和时间一般不作为单独的考核标准

在非量化的指标中，数量和时间一般不作为单独的考核标准。所谓非量化是指追求工作质量，而非数量。比如一个打字员，其工作标准为60个字每分钟、错误率在1%。在某种情况下，员工就很可能把打字速度提高到120个字每分钟，但是错误率到了5%，像这样的打字只追求速度，而忽视了更重要的质量。很多人在做绩效考核的时候常用"某某项目在某月底完成"，其实这是个错误的绩效考核表填写方法。这会导致员工只求完成工作的速度，而容易忽视完成工作的效果。

2. 考核的内容一定要是自己可控的

很多质量检测部门、质量监控部门会在绩效考核表中保证质量合格率在多少以上，其实这个是错误写法，因为你所监管的部门的质量不是你所能控制的，你只能做到检验产品合格率的准确度达到误差在多少范围内。要记住，质量不是控制出来的，而是生产出来的，检测知识为生产提供督导、参考。

3. 形容词不做量化考核的标准

在员工填写绩效考核表时，常有出现这样的字样"完善制度"、"及时传达"。带有这些字眼的考核标准都是很难量化的。什么程度下才是算完善？什么情况下算

[①]《绩效考核标准制定六大要点》，中国人力资源开发网，http://www.chinahrd.net/performance-management/drive-implement/2008/1211/135592.html。

第七章 绩效管理

是及时？作为一个办公室主任，考核应这样写：普通文档8小时内送到，加急文档3小时内送到。这样量化后才能很好地评判办公室主任工作到底是不是及时。

4. 考核标准要遵循三个定量原则

考核内容定下来了，但标准应该怎样确定呢？考核标准要遵循三个定量原则：上级期望、历史数据、同行数据。上级期望是指，上级期望你百分百完成，你就要百分百完成。历史数据是指，一般情况下，本月所做的标准不能低于上月，至少要和上月持平。同行数据就是根据同行的标准，来制定自己的标准。

5. 考核标准要应用逆推法

任何考核标准的制定都可以根据数量、质量、成本、时间期限、客户（上级）的评价五个部分组成。例如你要制定一份绩效考核实施方案。从数量上来说，可以是一份，也可以规定多少字，还可以规定有多少分册等。从质量上来说，可以是某某办公会议通过，或是上级签字，或是上级修改几次。从成本上来说，可以说控制在多少钱以内。从时间上来说，可以说是在年前、月底前。从客户（上级）的评价来说，可以是员工对方案的认同率达到多高，上级对方案的满意度是怎么样等。然后从中挑选一些重要的考核指标，像时间和成本相对来说较轻的指标就没必要写上去。

6. 上级一定要和员工达成一致

上级在与下级沟通填写绩效考核表时，一定要与员工达成一致。首先要概述完成的目的和期望。然后鼓励员工参与并提出建议，上级要试着倾听员工的意见，鼓励他们说出他们的顾虑，对于员工的抱怨进行正面引导，从员工的角度思考问题，了解对方的感受。

对每项工作目标进行讨论并达成一致。上级要鼓励员工参与，以争取他的承诺并对每一项目标设定考核的标准和期限，就行动计划和所需的支持和资源达成共识。上级要帮助员工克服主观上的障碍、讨论完成任务的计划、提供必要的支持和资源。总结这次讨论的结果和跟进日期。上级要确保员工充分理解要完成的任务，在完成任务中不断跟进和检查进度。

思考：

（1）绩效考核标准是否具有通用性？

（2）绩效考核实施中是否保持一成不变？

（三）绩效计划

绩效计划是绩效计划阶段的系统性成果，一般来说，绩效计划会包括如下内容：

（1）员工在绩效考核周期内应该达到什么工作目标，各目标应该得到什么样的权重。

（2）员工应在何时完成各目标。

（3）完成目标应该带来什么样的结果。

（4）这些结果应该用什么样的标准来衡量。

（5）员工在完成工作应该拥有什么样的权利，应该得到哪些方面的支持。

（6）员工完成工作时有可能会遇到什么样的难题？这些难题应该怎么解决。

（7）员工如何与管理者沟通？员工有哪些途径可以得到及时的反馈。

（8）在什么样的情况下可以对绩效计划进行更改。

在制定计划过程中，一定要进行充分的沟通，得到管理者和员工的一致认可，并把相关的信息及时传送给相关部门和人员，以便为绩效实施创造一个良好的环境。

二、绩效实施

绩效实施是绩效管理的中心环节，可以说绩效计划、绩效评估和绩效反馈都是围绕这一环节进行的，都是为了在绩效实施阶段有更好的表现。因此管理者应该在这一阶段用较多的精力，踏踏实实地做好每一天、每一步的工作。具体来说，这一阶段，管理者的主要工作是：进行持续有效的沟通、提供必需的支持、收集和记录绩效信息。

（一）持续有效的沟通

有效的沟通贯穿于绩效管理的每一个阶段，但在不同的阶段有着不同的目的，也各有侧重。在这一阶段，要强调持续。同时，也应注意到，作为管理者，他们不仅要强调内部沟通，还要尽可能广泛地收集外部信息，注意外部环境的变化，包括宏观环境对绩效表现有影响的因素，比如说一家经营出境旅游业务的公司就必须及时关注境外的猪流感疫情，与外部相关的部门沟通熟悉信息，及时对其正在进行的有关境外旅游的业务计划做出相应的改动。作为一名中层管理人员可能要更多地关注公司战略规划、近期目标和政策等的变化，及时传达给下属，并对原绩效计划或员工的行为表现进行调整。

第七章 绩效管理

如何才能做到持续有效呢？就要理解不同的沟通方式及各自的优势和劣势，从而针对具体的环境，采用不同的方式：

1. 正式沟通

正式沟通是根据组织内规定的渠道进行交流和信息传递的方式，是工作的一部分。其优点是沟通效果有较强的约束力，但是沟通速度慢，不利于信息的及时传递和问题的尽快解决。

具体来说，正式沟通有以下几种方式：书面报告、会议沟通和一对一面谈沟通（见表7-1）。

表7-1 正式沟通各方式比较

沟通方式	优点	缺点
书面报告	① 可以在较短的时间内获得大量信息； ② 可以使员工对当前的状况进行理性和系统的思考，对情况认知的逻辑性更好； ③ 节约管理者的时间。	① 属于上行沟通，缺乏双向交流； ② 容易使沟通仅流于形式，表面形式的工作也极易导致员工的厌烦； ③ 会占用员工比较多的时间，管理成本较高； ④ 会产生信息过滤，导致管理者不能正确地掌握当前情况。
会议面谈	① 缩短了信息传递的时间； ② 可以减少信息过滤的可能性； ③ 直接沟通，满足团队交流的需要； ④ 管理者可以将公司的决定等信息传递给员工； ⑤ 可以对一些重要问题开展讨论，得出比较一致的结论。	① 管理者要花费比较多的时间和精力； ② 有些个人问题不便进行讨论； ③ 会产生遵从压力。
一对一面谈	① 缩短了信息传递的时间； ② 可以进行深入的交流，增进交谈双方的感情； ③ 可以更清楚地了解情况，且会谈内容保密性好； ④ 会让员工有被尊重的感觉。	管理者需要花费很多的时间和精力。

注：上行沟通指下属人员向上级汇报情况，相对应的还有下行沟通和平行沟通。

书面报告是正式沟通中最常用的一种方式,即员工使用文字或图表等书面形式向管理者汇报相关的信息,可以是定期的,如工作日志、周报、月报、季报和年报等,也可以是不定期的。

会议沟通是由主管部门组合的绩效会议,每个参会人员就工作进展情况、障碍和所需资源等发言。

一对一面谈沟通主要为针对性地解决问题而开展,可以进行更深层次的交流。

2. 非正式沟通

非正式沟通是不受组织的结构和规定限制,在正式沟通渠道以外进行的信息传递方式。非正式沟通速度快,形式灵活,能得到更多、更丰富的信息。随着信息科技的发展,手机和网络等为非正式沟通提供了更多的选择,也日益受到管理者的重视,管理者要注意学习沟通技巧,认真听取员工的倾诉和意见,使非正式沟通发挥更大的作用。

非正式沟通的主流形式包括走动式沟通、开放式沟通、工作间隙沟通、非正式的会议沟通等。随着信息科技应用的普及,电子邮件、组织局域网、QQ群聊、微信等也成为了管理者和员工进行沟通的非正式渠道,由于这些交流方式可以匿名交流,可以让员工更加轻松、更加充分地表达意见,管理者可以及时了解比较真实的状况,管理者应该鼓励这些沟通方式的发展,并对员工提出的质疑和问题给予及时的回应,创造更好的绩效实施环境。

了解和充分利用各种形式,可以使沟通更加有效,但应该避免一个误区,因为有效的沟通≠达成一致意见。管理者应该求同存异,广泛听取不同的意见,以便发现问题,弥补自己的不足之处。

(二)提供必需的支持

管理者在绩效实施过程中要保持与员工持续有效的沟通,但沟通本身并不是目的,这样做只是为了能及时了解员工工作过程中存在着哪些问题和障碍,进而帮助他们去解决难题,为员工的绩效实施提供一个良好的外部环境。这里,管理者的角色是员工的辅导者和支持者。在这一方面,一般来说,管理者应发挥以下几个方面的作用:

管理者应积极联系外部,包括上层管理者、组织中的其他部门、供应商、客户和其他利益相关者,向他们报告本团队的工作进展状况,积极为员工争取必

第七章 绩效管理

要的资源。比如生产部门的管理人员一定要确保原材料供应部门持续不断地保持供应；为员工争取相关的咨询和培训资源，以提高员工本身的知识技能，改进绩效水平。

管理者是处理冲突的人。当出现冲突时，管理者不能简单地把这视作负面的信号，而应判断分析它的性质，做出妥善的处置，这一点显然是关键的。因为，任何一个团体必定包含着不同价值观、不同教育水平和不同利益的员工，冲突是难以避免的，如果任由冲突发展，势必会导致人员关系的恶化，工作的正常开展将受阻。

管理者一定要努力创造良好的工作氛围，积极倡导积极健康的文化，与员工建立良好的关系，促进员工间互相尊重、互相帮助，并用适当的方式激励员工，使他们保持高绩效的水平或充分发挥潜力。

（三）收集和记录绩效信息

在绩效实施阶段，管理者还有一项非常重要的工作，就是收集和记录信息。一个系统、有序的信息收集过程会为以后工作的开展打下坚实的基础。

1. 收集和记录及绩效信息的目的

收集和记录绩效信息主要是出于以下几个目的：① 为绩效考核做准备，提供事实依据；② 发现问题并及时给出解决方案；③ 掌握员工的知识和技能水平，找出不足，为有针对性地开展培训提供依据；④ 为发生争议时仲裁保护提供事实依据。

2. 收集信息的内容

在收集信息时，必须有重点地收集目标信息，尤其是在信息爆炸的时代，冗余的信息会浪费大量的时间和精力。因此，在收集信息前应该明确哪些方面的信息是相关的，是要关注并收集和记录的，依据是绩效计划阶段制定的绩效考核要素或其他关键业绩指标：① 绩效好坏或是否达到标准的事实依据；② 来自主管人员的对员工表现的观察记录；③ 来自他人对被评价人员的评价；④ 绩效表现出现问题的表现和原因；⑤ 绩效表现突出的行为表现信息；⑥ 同员工会谈的有关记录；⑦ 关键时间或其他数据的记录；⑧ 客户的反馈意见。

3. 绩效信息收集方式

绩效信息的收集途径是多种多样的，这些信息可能来自于上级、同事、下级,甚至于组织外部成员,为了确保信息的真实可靠以及客观公正,就要尽可能多地从不同的方面收集信息,并采用尽可能多样的方式。下面介绍几种常见的方式:

(1)直接观察法:即管理者直接观察员工的工作表现,收集相关信息;

(2)工作记录法:即通过工作记录的方式了解员工的工作表现;

(3)他人反馈法:通过听取他人的描述和评价了解员工表现情况;

(4)抽查法:定期或不定期抽查产品的数量和质量,用以了解员工的日常表现;

(5)调查法:将所要了解的情况设计成调查问卷,进行详细了解;

(6)关键事件记录法:将员工表现非常突出或异常的行为记录下来,以发现问题。

三、绩效考评

绩效考评阶段是绩效管理的一个重要阶段,以至于在某些场合把绩效考评等同于绩效管理。当然,对于两者的区别,本章的开始已经做了比较详细的阐述。绩效考评阶段之所以比较重要,不仅是因为它往往与员工的直接利益相关,而且因为它不容易做好,常常会给组织的良好运作带来负面影响。据有关资料显示,我国实行绩效考评的企业中,有80%以上宣告失败,超过10%的企业为此苦苦挣扎,只有5%左右的企业从中受益。① 下面来探讨一下为什么绩效考评如此棘手。

(一)绩效考评的难点

绩效考评,想说爱你不容易②

又到财政年的年末,A公司除了忙着做今年的会计决算和来年的财政预算外,经理和员工们又开始了一年一度的被他们称之为"表

---

① 《我国现代企业绩效考核现状及对策研究》,中国经济学教育科研网,[2014-5-24],http://www.cenet.org.cn/article.asp?articleid=14802.

② 节选自《2008人力资源案例探讨:绩效考评,想说爱你不容易》,人力资源师考试网,[2014-5-24],http://www.thea.cn/xrl_zl_104064-1.htm.

第七章 绩效管理

演"的绩效考评了。

王经理直接管着16名员工,因此他又将忙于填写16份内容相差不多的绩效考核表。由于人事部已经催了很多次了,所以他必须在周末的时候完成这些表格。否则,下周一又要接到人事经理的催"债"电话了。

他确实想到了一个好办法。他把表格发给每位员工,让员工自己在上面打分,然后派人收齐,在上面签上名,再交给人事部。问题解决了,纸面上的工作都按人事部要求完成了,人事部也很满意,于是每个人都又结束表演回到了"现实的工作"中去。

忙碌一时的绩效考评工作就这样"完成"了。

思考:

(1)王经理组织的绩效考评工作是否合理?

(2)如果你是王经理,你会如何进行绩效考评工作?

从上面的案例可以看出,虽然绩效考评被认为是管理活动中必要的一部分,也让组织对它关注有加,事实上做好它却非常之难。在绩效考评中通常存在着以下几个方面的问题。

1. 绩效考评与组织文化不相容

在第一个案例中就出现了这样的问题,原来的员工不适应引进绩效考评的企业文化,而引进的绩效专员又不适应组织的文化。其实,这种情况是因为选择了不适应组织文化的绩效考评方式。由此可见,绩效考评不能与组织的其他因素相脱离,它不过是这个大系统的一部分,因此一定要选择与组织文化相适应的考评方式。

当组织需要对绩效考评方式做调整时,先要审查组织文化是不是支持这种企业文化,只有考评方式是企业文化所兼容的,才有可能成功。相对于考评方式来说,企业文化是很难去改变的,而且一旦形成,会对组织的具体行动和决策产生深远的影响,大有"顺我者昌,逆我者亡"之势。当绩效考评是可选之举,企业文化应该被否定时,也应分步骤、渐进地实施。

2. 绩效考评不公平

这点是由多方面的因素造成的,大致可以概括为评估者主观因素和技术问题。

技术方面的问题主要指：① 绩效考评的标准体系设计不当。合理的考评标准体系一定要有针对性，因职位而异，要尽量采用多个指标。② 考评标准的界定不清。应尽量使用定量标准，并对等级的节点作明确的约定。③ 采用不合适的考评方法。考评的方式一定要根据不同的考评目的选择相应的考评方式。④ 采用不合适的考评程序。恰当的考评程序应该能考虑到各个方面的影响因素。

3. 绩效考评过程流于形式

绩效考评的过程流于形式主要是以下几个方面的原因引起的：上层管理者对考评结果不重视，像上述第二个案例中出现的情况就反映了这一点；因为文化因素的影响，在重视人际关系的文化里，绩效考评可能会对人际关系造成负面影响，因此考评者也会避免过于认真；管理者的心理，这点在上述第二个案例中也有体现，管理者不想得罪下属，墨守"得饶人处且饶人"，不愿对下属的表现做出苛刻的评价；对考评者缺少必要的培训。这些因素往往就会使绩效考评成为"填考评表"这样的机械工作。

4. 绩效考评的结果不能被正确地利用

如果不能充分并正确地利用考评的结果，绩效考评就没有实际的存在意义，也只能成为只有支出而无收益的工作。

管理者只有对绩效考评有正确的认知态度，把绩效评估的每一点做到位，才有可能把绩效评估作为一个改进绩效、提高管理水平的契机。

（二）绩效考评周期

绩效考评周期就是指多长时间对员工的绩效进行一次考核。绩效考核周期并没有统一的标准，但频繁的绩效考评势必占用大量的时间、精力和财力，也会对员工的正常工作带来影响；而很长时间才对绩效进行一次考评，又不利于发现员工的问题，也会影响最终的绩效表现。在决定绩效考评周期时，通常要对以下因素进行综合考虑。

1. 行业性质

不同的行业，经营周期一般不同，绩效考评周期也就因之不同，经营周期长的行业绩效考评周期相对来说较长。比如，一个船厂一年生产一两艘船，绩效考评周期就要长于小餐馆。

第七章 绩效管理

2. 职位性质

不同的职位，工作内容一般来说会有差异，对组织绩效也就会有不同的影响。工作内容简单，易于考评的工作职位考评周期相对较短，比如促销员的考评周期显然要比区域经理的短；对组织绩效有较大影响的职位需要较短的考评周期，以便及时发现问题，保持组织的绩效水平。比如说，销售类员工的考核周期要比行政职务者的短。

3. 指标性质

指标性质相对稳定的，绩效考评周期也就会较长。比如说对生产线工人，其生产量绩效考评周期就会长一些；而对于一个设计人员，其创新能力可能在每次设计中都要被考评。

4. 标准性质

标准性质其实也就是绩效目标的问题，目标容易实现的标准绩效考评周期较短。比如"在作文课上写一篇文章"与"编著一系列丛书"，其绩效考评周期就会存在较大的差异，前者肯定远远短于后者。

一般来说，我们在实际操作中应做到：考评是持续的工作，要保持记录绩效表现，然后结合定期的考评结果综合进行评价。

（三）绩效考评者

传统上，对员工绩效的考评是由被考评者的直接上属进行的，这样做的依据是直接上属最为清楚员工绩效如何、对组织绩效有多大贡献。但这样的做法，正逐渐被360度考核所代替，原因是传统的这种考评方法存在着一些弊端：

（1）分散了管理者的时间和精力。管理者可能要花费大量的时间去观察和记录员工的日常表现，有时，管理者对下属的小绩效考评是很难进行或实现的，比如，上属对派遣在外的员工的日常行为表现的考评是无法进行的。

（2）增加了管理者的工作压力。尤其是当考评结果会直接影响下属的切身利益或长远发展时，管理者的压力就会更大，有些时候还会导致管理者和下属的关系恶化，进而影响工作的顺利开展。

（3）导致考评结果不公平。由于考评者的主观因素或外界因素的干扰，只让员工的直接上属对其考评，极易导致员工绩效表现失真，产生不公平的结果，会挫伤员工的积极性。

360度考核是一种全方位的考评方式，考评结果来自于直接上属、本人、同事、下属和客户的综合考评，考评结果更加公平，因此被广泛运用。本章第三节将详细介绍。

（四）考评者易犯的主观错误

在考评过程中，考评者的主观因素会直接决定考评结果，所以只有认识了考评易犯的错误，才能有效避免。

1. 晕轮效应

晕轮效应是指考评者依据被考评者的一方面或某些方面的表现而对其做出评断，比如，一个学生只是在学习方面表现突出而别无所长，但人们经常做出"这个学生很优秀"的评断。

2. 从严/从松

这点是指某个考评者会给全部考评者较高（从松）或较低（从严）的评价，致使考评结果失真，比如说一个实际表现不合格的下属，可能会被从松的考评者评为合格。

3. 趋中倾向

趋中倾向是指考评者在对下属做出考评时，会尽量避免很好和很差两个极端，而给大致相同的评断。这不利于员工表现的好坏区分，在实践中，经常运用强制分布法来加以避免。

4. 首因效应

首因效应也就是常说的第一印象，如果考评者对被考评者的第一印象是好的，就极易总是做出对其有利的评价，反之亦然。

5. 近因效应

近因效应就是由于对最近发生的事情记忆深刻，就容易因最近发生的事情而对被考评者在一个考评周期的表现做出不合理的评价。经常说的"马上要考评了，一定要好好表现呀"，其实也是依据于此。

6. 相似性错误

相似性错误是指容易对和自己相似的人做出较好的评价，这些相似性可能指属于一个共同的群体，或者在性格、爱好、工作方式等方面差不多。"惺惺相惜"就是一个典型的反面例子。

第七章　绩效管理

7. 暗示效应

暗示效应是指考评者的评断极易受到一些周围"意见领袖"的影响。在日常生活中，偶像或领导的无意识或有意识的暗示，会直接影响的考评结果。

8. 从众心理

从众心理是指极易做出与周围人一致的评价，无论真实的情况如何。

9. 对比效应

对比效应是指常常会把某个被考评者与其他被考评者做出比较，然后对这个被考评者给出评价结论。比如一个员工在一个整体比较优秀的群体里可能会得到相对较差的评价结果，而在整体较差的群体里则是优秀者。

10. 感情因素

我们常说"对事不对人"，而事实上，我们则可能会"对人不对事"，把对被考评者的感情因素带入到对此人的绩效考评中去。如果对被考评者有成见，那就会经常"怎么看怎么觉得不顺眼"，无论被考评者在某方面多么优秀，都不能得到好的评价。

11. 马太效应

罗伯特·莫顿（Robert K. Merton）将"马太效应"归纳为：任何个体、群体或地区，一旦在某一个方面获得了成功或进步，就会产生一种积累优势，就会有更多的机会取得更大的成功和进步。在考评中，就是会对那些以往表现好的被考评者给出比较好的评价，使他们得到更多荣誉和奖励，以后他们也更可能得到有利于他们的评价。

12. 群体偏见

群体偏见是指容易根据某人所属群体来对其进行考评，比如会误认为来自于重点大学的学生都比来自于一般本科大学的学生好，而不具体考虑个体的实际情况。

为避免这些主观错误或技术错误，在考评前就要做好充分的准备，设计合理的考评表格和程序等，并对考评者进行培训，让他们掌握正确的考评方法。但只有这些还不够，还要进一步选择正确的考评方法，才能得到合理的考评结论。

四、绩效反馈

绩效反馈是绩效管理的最后一个阶段,起着承上启下的作用,绩效管理能不能发挥其最大的作用,关键在于能不能在做好前面三个阶段的工作后,解决发现的问题,并做好相关的后续工作,真正地把绩效管理落到实处。

这里将从更广泛的意义上讨论绩效反馈,它包括两个方面:绩效反馈面谈,绩效考评结果的应用。

(一)绩效反馈面谈

绩效反馈面谈对于管理者来说是件棘手的工作,比较难做,主要是因为:管理者和员工对绩效面谈的认知不正确,把绩效面谈看成表面工作或是批斗会,管理者认为和下属讨论他们的问题有些尴尬,会影响双方关系。

如果绩效面谈流于形式,会给双方造成时间和精力的浪费,而如果在交谈方式等方面出现问题,绩效面谈也必然会招致管理者和员工的厌烦。所以面谈前充分的准备和面谈时的一些技巧都是必需的。

1. 绩效面谈的准备工作

绩效面谈的准备工作,通常来说,会从以下几个方面来考虑:

一是时间。面谈一定要选在双方都方便的时候,都有充裕的时间专心地进行深入的交流,比如不能选在这样的时刻:双方刚坐定,管理者开场白是"噢,咱们尽量早点结束,我半个小时后还有重要的会"。这样,管理者可能脑子里一直在想会上的发言,即使可以专心致志,问题刚刚开始就要结束,下次又不知待到何时,丝毫不能解决问题,员工也会有不被尊重的想法。

二是地点和场所。一定要选在一个比较中立、气氛稍微缓和、相对封闭的地点。若选在管理者办公室,会给会谈造成压力。同时,面谈也要尽量选择能避免打扰和外人听不到的场所。一个合适的场所会促进绩效面谈的顺利进行。

三是准备必需的资料。在面谈前,要准备好工作记录、绩效考评表等可以向员工展示问题的资料,以便面谈时查阅。

四是准备会谈内容。员工存在怎样的问题、应该怎么解决、以什么样的方式和他们交流、员工可能的反应是什么、应该怎么回应等问题,管理者在会谈前要有所考虑和准备。绩效面谈对象在组织中的层次越高,就要想得越深入,准备

第七章 绩效管理

得越充分，这样的面谈对组织的发展带来的影响也越深远。

五是提前通知员工。在进行绩效面谈前一定要及时通知员工，让他们有比较充分的准备，对自己的绩效表现和以后的发展、改进思路等进行思考，这有助于绩效面谈深入、顺利地进行。

2. 绩效面谈的原则

在绩效面谈中，如果能把握以下原则，对绩效面谈的成功会有所帮助：

（1）真诚信任：不要故意夸大或忽视问题，真诚坦率地把问题用事实描述出来，在信任的基础上讨论问题的解决方法。

（2）肯定否定并存：不能单方面一味肯定或一味否定，只肯定不利于以后的提高，只否定则会使员工产生抵制情绪。

（3）平等交流：在交流中，不要因级别或地位的不同给员工造成心理压力。

（4）多听少说：绩效面谈主要是讨论怎么帮助员工解决问题，只有多听、认真听，才能对他们的问题有更清楚的了解，有助于问题的解决。

（5）具体深入：一定要把问题的症结所在具体地指出来，越具体越有助于为员工提供明确的改进方向和方式。

（6）展望未来：绩效面谈是为了以后的改进，因此不能把视角只停留在过去，而要积极地为以后的发展做准备。

（7）针对事情：不要把绩效问题归结为员工的性格问题，进而否定性格、否定员工，而应针对问题，指出解决办法。

（8）避免冲突：在面谈过程中，交谈双方难免在一些问题上存在分歧，管理者一定要控制情绪，尽量避免争论，必要时，给员工找个台阶下。

3. 绩效面谈的程序

在面谈前的准备过程中，要认真考虑怎么安排程序才能收到比较好的效果。

（1）开场白：怎么样开始面谈，要根据不同的情况来选择，一般来说尽量以轻松的方式开始，拉近双方的心理距离。必要时，还可以先谈些无关的话题，由无关的话题引入到必要的话题上，但也要注意时间和内容上的控制。如果员工比较理智和冷静，也可以直接切入正题。

（2）面谈：一般来说，在面谈中，会就以下问题展开讨论：对员工的绩效期望是什么水平，考评标准是什么，员工绩效表现和标准之间的差距在哪，问题在哪，以后怎么改进，员工对标准、期望、问题、以后的发展期望等有什么看法，应该提供什么帮助和支持等。但这些问题按什么样的顺序进行则没有统一答案，或许这些问题要分几次讨论才能解决。

（3）结束：在合适的时机，双方就问题基本达成一致后，应尽快结束，以免显得拖沓，影响面谈效果。尽量选择一种积极的方式结束，给员工留下美好的印象。

（4）总结：绩效面谈结束后，管理者一定要及时总结，看有无疏漏，并总结经验、吸取教训，为以后的面谈做准备。

绩效面谈是管理者和员工寻求双赢途径的机会，所以管理者一定要做好准备并不断提高自己的面谈技能，争取面谈的成功！

（二）绩效考评结果的应用

绩效考评的结果如果得不到合理的应用，则会让绩效管理的效果大打折扣。绩效考评的结果主要在以下几个方面得到应用：

1. 薪酬调整

越来越多的企业将职位与绩效挂钩，与奖金的分配挂钩，因职位不同，绩效和薪酬的关联度也会有所不同。将员工的绩效表现作为薪酬依据，会使组织的薪酬体系更加趋于公平合理，也会在一定程度上对员工起到激励作用。

2. 职位变动

通过员工的绩效表现，可以了解员工的优势和劣势，了解他们更容易把什么样的工作做好，据此，对员工的职位进行上调、下调或平调，使人力资源优势得到最大发挥，也有利于员工个人的职业发展。

3. 完善培训

通过绩效考评和绩效面谈，就能更清楚员工的知识、技能水平，在哪些方面亟待改进，而据此设计更有针对性的培训项目，也可以检测目前的培训方式存在哪些问题，需要怎么改进才能使员工受益更多、进步更快。

4. 员工招募和选拔

绩效考评可以了解什么样的员工更适合某一个岗位，他们应该具有什么样的特质，应该设立什么样的标准进行参考，这会更容易找到组织或某个岗位需要的人，改善组织的人力资源，降低招募和管理成本。

5. 人力资源规划

绩效考评可以帮助了解组织现在的人力资源水平、人员配置状况，与要实现的目标绩效之间的差距，以做出更切合实际的人力资源规划。

6. 员工个人职业规划

通过绩效考评，可以了解员工的能力水平和目前存在的问题，再通过绩效面谈，可以帮助员工做出更适合他们的职业规划。

7. 绩效改进

应该说绩效改进是绩效考评最直接的目的，要根据目前的绩效表现情况，制定绩效改进的计划和步骤，推动组织绩效的不断改进。

第三节　绩效考评方法

绩效考评方法是绩效考评的核心，对绩效考评效果起着至关重要的作用，因为它也决定了员工的绩效应该得到一个什么样的评价，所以会对员工对组织的态度以及以后的表现趋向等产生影响，也会对公司的发展走向产生一定的影响。鉴于此，组织一定要根据自己的情况，在各有优劣的绩效考评方法中选择适合自己的。

一、绩效考评基本方法

（一）比较法

比较法（Comparison Method）主要包括简单排序法、交替比较法和配对比较法。

简单排序法根据员工的绩效考评成绩或平时表现的总体印象直接从高到低排名，比较简单、直接，易于操作。

交替排序法（Alternative Ranking Method，ARM）的步骤是：先把即将进行考评的所有被考评者的姓名列出来；根据考评成绩或平时表现的总体印象找出最优者和最差者，分别排到第一名和最后一名；然后再在剩下的员工中找出最优者和最差者，分别排到第二名和倒数第二名；依此进行，直到将所有员工排到应在的排名位置，排序结束。

配对比较法（Paired Comparison Method，PCM）的操作步骤是将每位被考评者与其他的考评者一一进行比较；然后根据每位被考评者得到的"优"的次数进行统计；按次数多少对被考评者进行排序（见表7-2）。

表7-2 配对比较法示例

	A	B	C	D	E	被考评得优次数
A	——	优		优	优	3
B		——	优	优		2
C			——		优	1
D				——		0
E	优	优	优	优	——	4

根据上表，A、B、C、D、E的考评排序是：E、A、B、C、D。这种考评方法直观、明确，但只适用于人数较少的情况，因为假设有N个人，就要进行N×(N+1)/2次比较，当人多时，就会变得非常复杂。

（二）强制分布法

强制分步法（Forced Distribution Method，FDM）的操作步骤是：考评者将绩效表现分成几个等级，比如说优、良、中、差四等，为每一类设定一个百分比，然后将员工分到各个等级中，分配比率必须和事先确定的百分比一致（见表7-3）。

表7-3 强制分布法示例

等级	优	良	中	差
比例	10%	20%	50%	20%
被考评者	A	B、C	D、E、F、G、H	I、L

这种考评方法的优点在于可以避免考评者的从松、从严或趋中倾向等主观错误，而且简单、易行，但也存在着不容忽视的缺陷：当被考评者整体表现优秀或较差时，这种考评方法就失去了其公允性。

（三）图尺度评价法和要素评定法

1. 图尺度评价法

在考评前，事先对每个考评指标进行主观表述或划分数字等级，然后对每位被考评者，按每一个考评指标做出主观表述或等级评价，最后汇总其考评成绩，按成绩的高低进行排序（见表7-4）。

表7-4　图尺度评价法示例

被考评者姓名：A

考评指标	评价尺度				
	优	良	中	稍差	非常差
业绩贡献	5√	4	3	2	1
沟通能力	5	4	3√	2	1
创造性	5	4√	3	2	1

由上表可以计算出员工A的绩效考评得分为12分。

2. 要素评定法

要素评定法是在图尺度评价法的基础上进行改进得到的，这种考评方法考虑了不同指标的重要性，或者直接赋予不同指标在考评成绩的权重来得到每位被考评者的总成绩，或者为不同指标的相同等级设置不同的分数，对每位被考评者以及每一个考评指标做出主观表述或等级评价，然后汇总其考评成绩。

例如在上例中，假设业绩贡献的权重为50%，沟通能力的权重为30%，创造性的权重为20%，则A的成绩就变成了4.2分。

表7-5中的示例采用了为不同指标的相同等级设置不同分数的方法。

表7-5 要素评定法示例

被考评者姓名：A

考评指标	评价尺度				
	优	良	中	稍差	非常差
业绩贡献	15√	12	9	5	1
沟通能力	10	8	5√	3	1
创造性	5	4√	3	2	1

根据此种考评方法，A的考评成绩变为了24分。

（四）关键事件法

关键事件法是管理者直接观察或从其他途径收集到最能体现员工绩效的重要事件，把它作为对员工绩效评价的依据。关键事件包括关于员工的积极行为和消极行为。

这种考评方法设计成本低、便于操作，能够给员工提供有效的绩效表现信息和工作指导，以便员工进行有针对性的改进，但是这种评价方法的使用有局限性：对脑力和一些抽象的岗位类型不太适合；对关键事件的记录比较耗费时间和精力，且易受主观因素影响；得到的结果也不利于在各员工之间进行比较。

（五）行为锚定等级评价法

行为锚定等级评价法（Behaviorally Anchored Rating Scale，BARS）结合了图尺度评价法和关键事件法两者的特性，其具体实施步骤如下：

（1）获得有关员工绩效表现的一系列关键事件；
（2）将关键事件进行分类，并设立能表现员工绩效的考评指标；
（3）建立绩效考评等级；
（4）建立成熟的绩效考评体系。

海军招募人员的行为锚定等级评价法[①]

对于一个海军招募人员，其绩效表现指标主要体现在以下几个方面：说服候选人加入海军的能力；用海军所能提供的福利和各种机会

第七章 绩效管理

来有效地使候选人对海军产生兴趣的能力；办理手续的能力；将不同的推销技术有选择地运用到不同的候选人身上的能力；有效地推翻对参加海军所存在的异议的能力。

下面以关键事件的举例划分了绩效等级：

表7-6 行为锚定等级评价表

等级	评价指标关键事件举例
8	如果一个候选人说他只对核武器感兴趣，如果不是从事此类的工作，他是不会参加海军的，这个时候，招募人员并不放弃，而是与这位年轻人谈起电子领域的技术，并强调在海军中可能获得电子技术方面的培训。
7	海军招募人员会严肃地对待反对加入海军的意见；努力用相关的和反面的事实来驳倒这种观点，为海军职业进行辩护。
6	当与一名高年级高中生交谈时，招募人员会提起出自同一学校的已经加入海军的其他高年级学生的名字来。
5	如果一个候选人只适合海军中的一种工作，那么招募人员将极力向候选人传达这样一种信息：这种生活是极有意义的。
4	当一位候选人正在犹豫应当加入哪一军种的时候，招募人员应当尽力描绘海军在海上的生活以及在港口的意义。
3	在面谈中，招募人员对一位候选人说："我将尽力将你送入你想要去的学校，但是坦率地说，至少在今后的3个月中，它还不会开学，因此你为什么不做出第二次选择并且马上就走呢？"
2	尽管候选人一再强调他已经决定参加海军了，可招募人员还是坚持要向他再提供一些小册子和电影资料。
1	当一位候选人陈述了反对加入海军的意见时，招募人员就终了此谈话，因此认为此人肯定是对加入海军不感兴趣。

思考：

（1）海军招募人员的关键绩效指标是什么？

（2）如何你是招募工作负责人，你认为海军招募人员的绩效指标应如何设定？

---

① 〔美〕加里·德斯勒著，陈水华等译：《人力资源管理（亚洲版·第2版）》，机械工业出版社2013年版。

二、绩效考评常用方法

（一）平衡计分卡

平衡计分卡（Balanced Score Card，BSC），被哈佛商学院誉为"20世纪80年代以来最具影响力的战略管理工具"，也是一种重要的绩效考评理论，是由卡普兰（Robert S. Kaplan）和诺顿（David P. Norton）通过对绩效考评方面表现突出的12家公司进行了一年的研究之后提出的。

平衡计分卡的核心思想是通过顾客、财务、内部业务流程、学习与成长四个维度来考评绩效，实现组织的发展目标。顾客维度关注顾客对组织的评价，顾客是否满意组织为他们提供的产品和服务等；财务维度是一直备受关注的考评指标，实际上也是传统绩效考评的唯一指标，它是组织过去经营的成果，也是组织赖以生存和发展的基础；内部业务流程维度关注组织的核心竞争力，即组织擅长做什么；学习和成长维度关注企业未来发展的潜力。这几个维度经常以表7-7所列的指标进行考评。

表7-7 平衡计分卡的考评维度

考评维度	考评指标
顾客	市场占有率、客户保持率、客户满意度、新客户增长率等
财务	资产负债率、净资产收益率、总资产报酬率、总资产周转率、流动比率、应收账款周转率等
内部业务流程	技术水准、安全性、新产品推出率、设计能力等
学习与成长	新产品销售率、信息系统灵敏度、新产品开发周期等

1. 平衡计分卡的特点

平衡计分卡正在被越来越多的组织采用，因为它具备以下优点：

（1）改变了传统的只重视财务指标（代表过去绩效）的情况，寻求财务指标和非财务指标的平衡，也就是在寻求长期目标和短期目标、外部评价与内部发展的平衡。

（2）能反映企业的战略，发展和完善组织的战略管理。

（3）减少了次优化行为的发生，由于它从顾客、财务、内部业务流程、学习与成长四个维度来考评绩效水平，就会避免以牺牲一个方面来发展另一个方面的情况。

（4）实现了考评与控制的统一，在绩效的目标制定、实施和反馈过程中，实现了组织的管理控制。

尽管平衡计分卡存在着上述的优势，但它开发难度大、管理成本高，对组织的管理水平也有着较高的要求，所以也不是普适的方法，组织一定要结合自身的情况考虑是否选用以及是否在吸收其核心思想的基础上进行改进。

2. 平衡计分卡的实施步骤

（1）明确企业战略，建立组织的顾客、财务、内部业务流程、学习与成长四个维度的绩效目标；

（2）确立部门和各业务单元的绩效目标，并据此确定平衡计分卡的内容；

（3）建立与平衡计分卡的内容相适应的绩效标准；

（4）绩效考评。根据组织考评的有关制度和程序，各部门或业务单元独立或在人力资源部门的参与下，对员工绩效进行考评，并进行考评反馈。

（二）KPI考核法

KPI（Key Performance Indicator）考核法，又叫关键绩效指标考核法，其关键在于建立关键业绩指标。关键业绩指标的指导思想是"二八原理"，即一个组织80%的业绩来自于20%的绩效表现，而每个员工80%的绩效又是由其20%的关键行为产生的。所以对于组织来说，就是必须抓住能带动公司发展以实现战略目标的关键部分，并把它们提炼成最能代表绩效的、能衡量或可行为化的指标，以此作为对员工进行考核的基础。关键绩效指标在组织战略目标和员工绩效之间建立起了关联，组织如想取得成功就要依靠员工在特定方面做出特定程度的努力。

1. KPI考核法的特点

为了更好地说明KPI考核法的特点，要先分析该考核法的优势和劣势。

KPI考核法具有以下优点：

第一，发挥了组织战略在绩效管理中的导向作用。KPI考核法将组织战略目标层层分解，并划分到个人，这就保证了企业战略的实施和员工在行动方向上的一致性。

第二，不仅提供了一种对员工的激励约束机制，因为KPI考核法的假设前提是员工会采取一切必须的行动来实现已定目标，也就相当于还取得了员工的承诺来完成个人目标。

第三，将注意力集中在关键指标上，能够促使组织对有效的资源进行最优化配置。

第四，如果利用平衡计分卡的方式建立KPI体系，就能很好地将财务指标与非财务指标结合起来对员工绩效进行考察，不仅关注了短期效益，也兼顾了长期发展的目标，指标本身不仅向员工传达了应该实现怎样的目标，也指出了如何实现这些目标。

当然，KPI考核法在支持"二八原理"时，往往会忽略关键指标外的其他因素，而这些因素将可能影响关键指标的实现，或者由于现在的忽略，这些因素会在将来成为组织发展的瓶颈。

通过以上分析可以看出，KPI考核法的主要特点在于抓关键指标和目标分解，因此在使用时，一定要注意实施的前提条件，并结合组织自身的特点选择是否使用KPI考核法。

2. KPI考核法的程序

与传统方法相比，导入KPI的关键业绩考核法有其优越性，但也要通过一定的程序并遵守特定的原则来保证考评顺利实施。一般来说，使用KPI考核法会遵循如下几个步骤：

（1）确定分解组织目标：首先明确组织的战略目标；从组织到各部门再到各业务单元确定和分解目标。

（2）确定关键业绩指标：各业务单元首先确定关键业务项目，选择关键业绩指标，建立指标考评标准。

（3）审核关键业绩指标：由于关键业绩指标有很强的指导作用，因此要再次确认这些指标是否全面、综合地反映组织和业务单元的目标，是否能反映员工的绩效，是否具有可操作性等。

（4）实施考评：根据组织考评的有关制度和程序，各部门或业务单元独立或在人力资源部门的参与下，对员工绩效进行考评，并进行考评反馈。

（三）360度绩效考核法

360度绩效考核法（360° Feedback）又被称为全方位考核法，代表了前沿的管理思想，是指从被考评者有工作关系的多方主体获得员工绩效表现反馈信息，进而对被考评者进行全方位和多维度的考评。其信息来源包括：上级管理者自上而下的评价，下属自下而上的评价，本人的评价，同事的评价，客户和供应商的评价等。

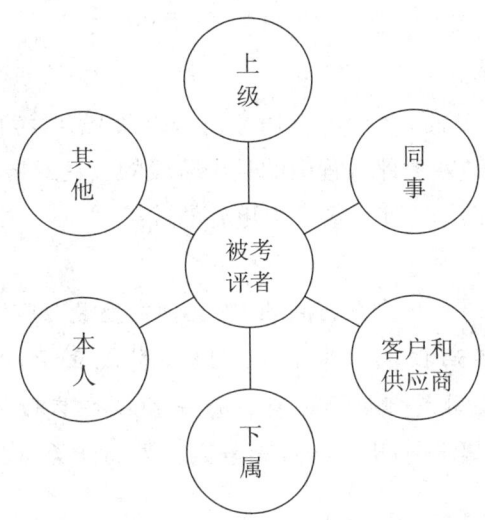

图7-6　360度考核体系

1. 360度考核法的优点

360度考核法的优点集中体现在以下几个方面：

（1）增加了绩效考评的公正性，避免了只有直接上级考评的主观臆断性和为满足私利而进行的不公正考评。

（2）加强了部门之间的沟通，因为360度考评不是在一个封闭的体系内进行的，部门管理者需要向外部有关人员报告本部门的工作表现情况，增进部门间的相互了解，改善部门间的关系。

（3）员工参与绩效考评过程，增强了员工的主人翁精神。

（4）增强了人力资源部门决策的透明性，360度考核提供了比较客观公正的考评结果，有助于人力资源部门做出公正的人事决策。

2. 360度考核法的缺点

随着360度考核法的深入使用，也引起了一些争议，有以下几点：

（1）增加了考评体系的复杂程度和管理成本，因为这种考评方法需要收集来自多方的信息，设置不同的考评表格，也需要更多的配套管理活动，这使其操作变得复杂，需要占用更多的人力、物力，提高了管理成本。

（2）员工有可能利用机会报复他人，尤其对于上级的评价会受感情因素影响，扭曲考评结果。

（3）容易流于形式。

需要指出的是，平衡计分卡、KPI考核法以及360度考核法都不是独立的考评方法，它们只是在绩效考评过程中的某个阶段的工具或技巧，并不相互排斥，在必要时，甚至把它们结合使用会产生更好的效果。

案例 安东石油的"360评估反馈"应用[①]

安东石油技术（集团）有限公司成立于1998年，总部设于北京，国际公司总部位于迪拜，是一家在香港联交所主板上市的专业油田技术服务公司，是一个具有核心竞争力、充满活力、持续快速发展的高新技术企业。

虽然2009年全球遭遇了金融危机，但安东石油仍然保持了良好的业绩增长，并通过快速扩张收购建立了比较丰富的人才库体系。但金融危机使安东石油的CEO罗林清楚的意识到：企业持续发展的前提是持续增加企业的创新能力，而创新能力的提升关键在于人才。因此，安东石油将人才战略视为公司的一项长期的发展战略。

安东石油分管人力资源工作的执行副总裁李冰南开始考虑建立一套领导力发展体系，将重心放在发展、保留和培养公司的核心人才上。经过反复论证，借助于"360度评估反馈系统"建立一套安东石油的"领导力发展体系"成为李冰南的最终选择。李冰南清楚意识到：必须基于整个组织建立一套人才管理业务流程，才能够使360度评估反馈体系发挥其价值。同时，李冰南希望服务商能够提供一套IT系统来保障这个体系的运行，而这套IT系统应该是一个灵活的互联网架

[①]《安东石油借力"360评估反馈"建设"人才战略"》，CSDN业界，[2014-6-21]，http://www.csdn.net/curticle/2009-11-09/273316.

构，能够服务于安东石油的实际情况。

思考：

（1）如何让360度评估法发挥更大的作用？

（2）如果你是本案例中的副总裁，会如何进行岗位考核？

本章小结

对于绩效，从不同的角度有不同的观点。绩效可以从组织绩效、团队绩效、员工绩效三个层面来考虑，但无论是组织绩效还是团队绩效，都来源于员工绩效。而且绩效管理作为人力资源管理的中心环节，不仅本身对于良好的人力资源管理起着积极的作用，还能促进人力资源其他活动的有效进行，从而可以更好地实现人力资源目标。

绩效实施阶段发现问题时，要及时和各有关方面沟通，及时解决问题，以避免更大的损失。明确为了实现组织目标，员工在绩效考核周期内应该做些什么，怎么做，做到何种程度，并据此形成对员工的绩效约束。在此基础上我们考察了绩效实施过程中解决这一矛盾的方法。

绩效考评方法是绩效考评的核心所在，鉴于此，组织一定要在了解自己组织的基础上，采取合适的方法进行绩效考评。本章讨论了不同的绩效考评方法，也对不同的方法做了详细的优缺点比较。不论使用什么样的绩效考评方法，目标都是为了得到公平、公正的结果。

本章思考题

1. 简述绩效管理的定义。
2. 试比较正式沟通与非正式沟通的特点。
3. 试比较绩效管理与绩效考评的区别。
4. 试使用绩效评估手段进行绩效评估。
5. 简述KPI考核法的特点。
6. 简述平衡积分卡的概念及过程。
7. 试运用360度考评法对企业进行绩效考评。
8. 简述绩效反馈的过程。

9. 如何避免考评者易犯的主观错误?

本章参考文献

1. 付亚和、许玉林主编:《绩效管理(第2版)》,复旦大学出版社2008年版。

2. 顾琴轩主编:《绩效管理》,上海交通大学出版社2009年版。

3. 〔美〕赫尔曼·阿吉斯著,刘昕等译:《绩效管理》,中国人民大学出版社2013年版。

4. 马君:《授权时代的控制:绩效评价系统内在设计机理研究》,经济科学出版社2010年版。

5. 刘秀英主编:《绩效管理》,浙江大学出版社2011年版。

6. 张建国、曹嘉晖主编:《绩效管理》,西南财经大学出版社2009年版。

7. 林筠主编:《绩效管理》,西安交通大学出版社2006年版。

8. 张昊民、马君编著:《管理沟通》,上海交通大学出版社2010年版。

9. 〔美〕加里·德斯勒著,陈水华等译:《人力资源管理(亚洲版·第2版)》,机械工业出版社2013年版。

第八章 薪酬管理

本章学习目标

1. 了解：薪酬及相关概念、战略性薪酬管理的内容、年薪制的概念与形式、股权激励薪酬的概念、弹性福利的概念及类型、社会保险的概念及特点。

2. 熟悉：薪酬的功能、薪酬模型、薪酬战略的两要素、薪酬体系设计的原则以及员工福利的特点。

3. 掌握：薪酬战略的特点、全面薪酬体系的构建、薪酬体系规划的过程、绩效薪酬的概念与构成、宽带薪酬的概念以及福利的组成部分。

本章核心概念

薪酬　战略性薪酬　薪酬设计　员工福利　全面薪酬　宽带薪酬

第一节　薪酬与薪酬管理概述

一、薪酬的相关概念及功能界定

（一）薪酬释义

薪酬的概念来自于西方的经济学和管理学，由"Compensation"一词翻译而来。美国著名管理学专家乔治·米尔科维奇（George T. Milkovich）和杰里·M. 纽曼（Jerry M. Newman）在他们共同编写的《薪酬管理》一书中这样解释：薪酬（Compensation），从字面理解，意思是平衡、弥补、补偿。它暗含交换的意思。乔治·米尔科维奇同时还指出，不同国家对薪酬概念的认识往往不同。社会、股东、员工和管理者等不同利益群体对薪酬概念的界定也往往存在较大差异。

薪酬有广义和狭义之分。广义的薪酬是指雇员在企业中所获得的全部报酬或奖酬，包括物质和非物质形式。狭义的薪酬是指雇员为企业做出贡献之后得到的物质报酬。

（二）薪酬的相关概念

1. 工资

工资（Wage）有狭义和广义之分。狭义的工资是指支付给从事体力劳动的员工的货币形式的报酬。该定义有两个方面的含义：一是获得报酬的主体是体力劳动者；二是报酬的客观表现形式是货币。如果接受报酬的主体是脑力劳动者，人们则常把报酬称之为薪水；如果客观表现形式是实物而非货币，人们则常称之为福利。广义的工资从内涵上讲包括货币形式和非货币形式的报酬，从外延上讲包括支付给体力劳动者和脑力劳动者的报酬。

目前在企业中被广泛运用的主要工资形式包括计时工资、计件工资、浮动工资和提成工资，其中计时工资和计件工资是最基本的工资形式。

计时工资是根据员工的及时工资标准和工作时间来计算并支付给员工劳动报酬的形式。

$$计时工资=工资标准 \times 实际工作时间$$

计件工资是根据劳动者生产的合格产品的数量或完成的作业量，按预先规定的计件单价支付给劳动者劳动报酬的一种工资形式。

$$计件工资=计件单价 \times 合格产品数量$$

2. 奖金

奖金（Bonus）是单位对员工超额劳动部分或劳动绩效突出部分所支付的奖励性报酬，是单位为鼓励员工提高劳动效率和工作质量而付给员工的货币奖励。奖金是对员工超额劳动部分的一种补偿，它是贯彻按劳分配原则的一种劳动报酬形式，是基本工资制度的一种辅助形式。奖金的支付客体是正常劳动以外的超额劳动，它随劳动绩效而变动，支付给那些符合奖励条件的单位员工。

奖金的表现形式包括红利、利润分享以及通常所说的奖金等。

3. 津贴

津贴（Allowance）是为了补偿员工特殊或额外的劳动消耗和因其他特殊原因支付给员工劳动报酬的一种工资形式，包括补偿员工特殊或额外劳动消耗的津贴、保健性津贴、技术性津贴、年功性津贴及其他津贴。习惯上，人们一般把属于生产性质的津贴称作津贴，属于生活性质的津贴称作补贴。津贴在统计上又可以分为工资性津贴和非工资性津贴。工资性津贴是指列入工资总额的津贴项目。非工资性津贴是指不计入工资总额支付的津贴项目。工资性津贴的划分不是看来源如何，而是看它是不是属于工资总额的统计范围。

4. 福利

在企业薪酬体系中，工资、奖金和福利（Welfare）是三个不可或缺的组成部分，它们分别发挥着不同的作用。工资具有基本的保障功能，奖金具有明显而直接的激励作用，福利的作用则是间接而深远的。在本章第三节中会对福利进行详细的阐述。

5. 社会保险

社会保险（Social Insurance）是由法律规定的专门机构负责实施、面向劳动者建立、通过向劳动者及其雇主筹措资金建立专项基金，以保证劳动者失去劳动收入后获得一定程度的收入补偿的制度。中国的社会保险包括养老保险、医疗保险、失业保险、工伤保险、生育保险五种。

薪酬有基本工资、奖金、津贴、福利、社会保险等形式，它们在分配的刚性及差异性方面表现出明显的差别（如图8-3所示）。如果以薪酬的刚性（即不可变性）为横坐标，以薪酬的差异性（即薪酬在不同员工之间的差异程度）为纵坐标，可以将薪酬的构成分为四类（四个象限）。从激励的角度来看，第二象限的激励作用最强，第四象限的激励作用最弱甚至为零（最僵硬）。如果一个组织中员工的工作热情不高、员工比较懒散、想加大激励力度，可以采用高弹性的薪酬模式，即加大第二象限（浮动工资/奖金/佣金）的构成比例，缩小刚性成分。相反，如果是一个因品牌弱小导致招聘困难的新兴公司，可以采用高稳定的薪酬模式，增加薪酬中的固定成分，让员工有安全感。其中，工资属于高差异性、高刚性成分，企业内员工工资差异是明显的，但基本工资一般能升不能降，刚性较大。奖金属于高度差异、低刚性成分，可随时根据企业效益及员工绩效调整，津贴成分比较复杂，根据性别、年龄、地区、工龄等不同标准来分配。福利是人人都能享受的利益，是高刚性因素。保险成分也比较复杂，医疗保险是低差异高刚性因素，养老金则是差异较大刚性也较大的因素。

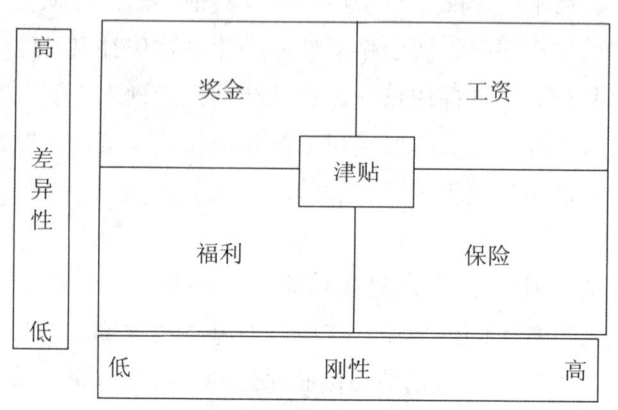

图8-1　薪酬四分图

（三）薪酬的功能

从总体上看，薪酬的功能是使一个组织能够吸引、激励和保留组织所需的人力资源，其中最主要的是薪酬的激励功能，从而保证组织的正常运行，实现组织的预定目标。具体来说，薪酬具有以下功能：

1. 激励功能

从人力资源管理的角度看，薪酬应主要体现和发挥它的激励功能。在现实生活中，员工一方面要追求自身的价值、主人翁感和认同感，另一方面也重视追求实在的利益，而劳动则是员工获取收入以提高自己生活水平的基本手段。薪酬正是对劳动者和经营者工作绩效的一种评价，反映着其工作的数量和质量状况。在这种情况下，企业把收入与员工对企业提供的劳动贡献联系起来，劳动收入就能发挥激励功能。

2. 调节功能

调节功能主要是从宏观角度解释薪酬在调节社会人力资源方面发挥的作用。薪酬虽然是企业成本的重要组成部分，但它也会对区域经济发展、产品市场及国际贸易等产生重要的影响，因此，需要宏观政策的调节。从微观角度看，薪酬一方面通过其水平的变动，将组织和管理者意图传递给员工，促使个人行为与组织行为融合，协调员工与组织之间的关系；另一方面，通过合理的薪酬差别和结构，化解员工之间的矛盾，协调人际关系。

3. 基本保障功能

薪酬是维持自身及其家庭生活的主要来源，换言之，薪酬具有保障员工基本生活需要的功能。薪酬对于员工的保障不仅体现在它要满足员工的吃、穿、住、行、用等方面的基本生存需要，同时还体现在它要满足员工的娱乐、教育、培训等方面的发展需要。

4. 价值实现功能

高薪酬是员工工作业绩的显示器，是对员工工作能力和水平的承认，也是对个人价值实现的回报，是晋升和成功的信号，它反映了员工在组织中的相对地位和作用，能使员工产生满足感和成就感，进而激发出更大的工作热情。此外，合理的薪酬还增强了员工对组织的信任感和归属感，增强了对预期风险的心理保障意识和安全感。

5. 凝聚力功能

企业通过制定公平合理的薪酬可以调动员工的积极性，激发员工的创造力，使员工体会到自身的被关心和自我价值的被认可，增加对企业的情感依恋，自觉地与企业同甘苦，为自身的发展与企业目标的实现而努力工作。

（四）薪酬模型

薪酬模型在形成和实现企业战略方面起着中心作用，它确定了四项基本薪酬策略，是薪酬战略的核心。图8-2所示薪酬模型由三大部分组成：

（1）构成薪酬体系的基础战略观念；

（2）薪酬方法；

（3）薪酬体系的战略目标。

二、战略性薪酬管理

知识经济时代的竞争主要是人才的竞争，而薪酬作为吸引、激励和留住人才的重要手段在企业人力资源管理中发挥着巨大的作用。薪酬关系到组织目标和个体目标的实现及其统一性，加之企业将大量的资金用于薪酬及其有关的事项，因此，企业也应该首先从战略的角度来看待它。一方面，对最高管理层和人力资源主管而言，当他们在进行薪酬决策，确立指导性原则进而制定薪酬计划时，必须使这一计划从"战略"上适应企业的目标，使之方向准确且明确，这一点对企业来说是至关重要的；另一方面，在进行薪酬体系具体设计之前，也有必要从战略的层面展开分析和思考，这样才能保证战略指导下设计出来的薪酬体系适合本企业。

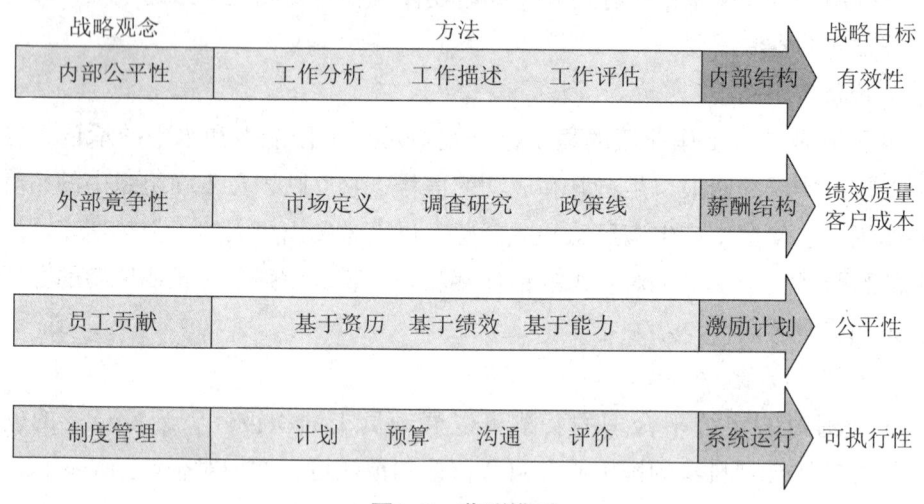

图8-2　薪酬模型

（一）战略性薪酬管理的科学内涵

战略薪酬管理，是乔治·米尔科维奇在1988年提出的，是指以企业发展战略为依据，根据企业某一阶段的内部、外部总体情况，正确选择薪酬策略、系统设计薪酬体系并实施动态管理，使之促进企业战略目标实现的活动。从企业战略层面研究并实施薪酬管理，有利于正确把握建立健全人力资源开发管理体系的方向，充实体系的内容，提升体系的效能。

战略性薪酬管理的核心是薪酬战略。马尔托奇奥（Joseph J. Martocchio）认为，薪酬战略是指提高劳动竞争力，从而提高企业竞争优势的薪酬政策与实践。米尔科维奇认为，薪酬战略是由企业战略和竞争战略所决定的，是为了获取竞争优势而进行的一系列战略性薪酬决策。薪酬战略包括两部分内容：

第八章 薪酬管理

（1）薪酬战略要素。只有对组织绩效有重大影响的薪酬要素才具有战略性，包括薪酬基础、水平、结构以及管理制度等。

（2）薪酬政策。它是薪酬战略要素所遵循的纲领和原则，为组织的薪酬管理指明方向，包括企业内部工资率应高于、低于还是等于现行市场的工资率；新员工的初始工资水平以及与老员工的差距；确定加薪间隔期，明确业绩和资历对加薪决策的影响程度；工资支付水平与企业财务状况、市场状况的关系；企业非经济性薪酬与经济性薪酬的比例关系及使用安排等。

战略薪酬管理的核心是薪酬战略。薪酬战略的特点包含三个方面：

1. 薪酬战略与企业总体战略相一致

薪酬战略作为组织总体战略的一个子战略，必须充分体现和反映企业总体发展模式与趋势，贯穿并凝聚企业文化和经营理念，反映和体现企业不同发展阶段的特征，依据企业总体发展战略来制定和规划薪酬战略，并根据组织总体战略来确定薪酬的水平与结构、薪酬的文化理念、薪酬的管理与政策。企业总体发展战略是一种多元化的经营战略，相应地在薪酬方面也应采取富有弹性、动态的薪酬战略。

2. 总体性和长期性

总体性指薪酬战略从总体上对整个企业的薪酬构建一个系统性的决策与管理模式，而不仅仅是对某部门或部分人员的薪酬决策与管理。长期性指这种薪酬决策与管理模式的构建不能仅考虑企业的现状，还必须考虑组织长远的发展趋势，满足组织长期发展的需要。因此，薪酬战略要特别重视两个原则：

一是动态发展原则，企业薪酬战略不是静止的，而是一个不断改革和完善的动态过程。

二是系统性原则，薪酬战略应把企业的薪酬基础、薪酬结构、薪酬水平、薪酬管理及组织内各部门人员的薪酬关系，作为一个系统综合考虑。

3. 薪酬战略对企业绩效与变革起着关键性作用

薪酬战略是组织根据外部环境存在的机会与威胁，再结合自身条件所作出的具有总体性、长期性、关键性的薪酬决策。但只有那些对企业绩效与变革有重大影响的薪酬决策才是薪酬战略的内容，并非任何薪酬决策都属于薪酬战略。薪酬战略对企业绩效与变革的核心作用主要体现为强化对员工的激励，激发员工的热情与创造力，增强企业的外部竞争力，强化企业的团队精神与凝聚力，提高薪酬成本的有效性。

（二）战略薪酬结构体系的构建

在现代薪酬管理中，战略薪酬结构体系的构建和实施主要是为了实现三个目标：

第一，促进薪酬管理与企业整体经营的高效结合。

第二，促进薪酬管理与企业人力资源需求的有效配置。

第三，提高员工绩效。

战略薪酬结构体系的构建是一个复杂的过程，如图8-3所示。

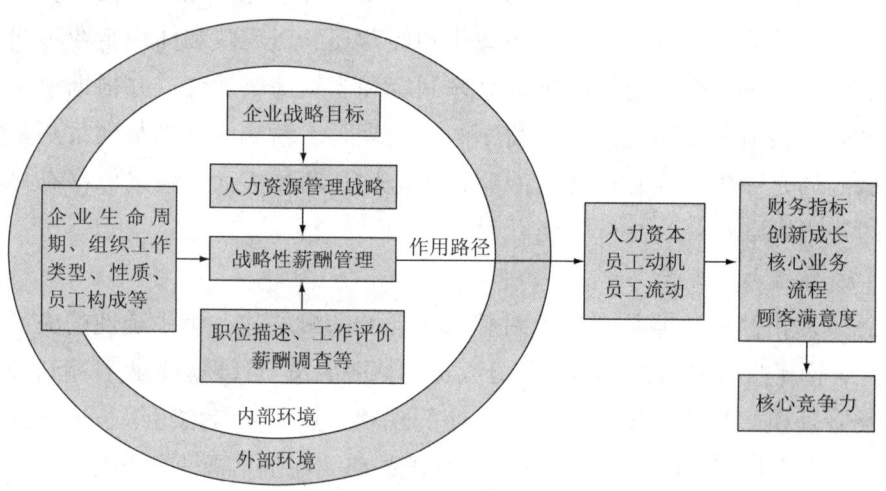

图8-3 战略薪酬结构体系

从图8-3可以看出，设计战略性薪酬管理体系的基本前提是分析企业的内外环境所存在的机会与威胁，在充分考虑薪酬战略所面临的优势与劣势的基础上，根据企业的战略目标，结合企业所处的生命周期阶段，以及组织的类型、性质和员工构成等实际情况，同时在各种基础工作诸如职位描述、工作评价、薪酬调查等的配合下，使之具有长期动态适应性、竞争性、公平性、激励性。薪酬目标、薪酬战略、薪酬政策和薪酬实施设计方案环环相扣，每一步都是按照上一个环节制定的，因此能够保证各环节之间的支持与配合。

第八章 薪酬管理

（三）战略性薪酬与传统薪酬管理的区别

1. 战略性薪酬管理拓展了传统的薪酬管理中薪酬的内涵

战略性薪酬管理把人视作是企业获取竞争优势的核心战略资源，取代了传统薪酬管理把人看作成本的观念。因此，战略性薪酬管理中薪酬的内涵除了包括现金薪酬形式、非现金薪酬形式和外在薪酬物质收益外，还包括由非物质形态的企业文化氛围、对工作的满意度和成就感等心理收入、个人晋升和培训发展机会等员工精神收益所组成的内在薪酬。

2. 薪酬政策不同

传统薪酬管理的薪酬政策主要是强调薪酬的内部公平性和外部竞争力，而战略性薪酬管理视员工为企业最重要的战略资产，并考虑到薪酬战略要与企业战略、人力资源战略相匹配，这就意味着战略性薪酬管理下的薪酬政策不仅要考虑薪酬的内部一致性和外部竞争力，还要考虑员工的贡献、战略一致性、战略弹性等问题。

3. 薪酬设计依据的转变

战略性薪酬管理强调战略匹配，因而在进行薪酬设计时，就会依据企业战略、企业的核心能力和人力资源战略来设计企业的薪酬，而不是仅仅依据工作等级。以资源为基础的战略管理理论是从企业的资源特性和战略要素的角度解释企业持久竞争优势的来源。企业有人力、物力和组织资源这三类资源，能力是一系列资源整合的结果。一个企业并不是所有的资源和能力都有潜力成为持久竞争优势的基础，只有当资源和能力是有价值的、稀缺的、难以模仿时，这种潜力才可能变成现实。战略性薪酬体系设计就是整合了各种资源，从而有助于形成企业的核心能力，而其本身也就成为企业的一种独特能力，能够帮助企业获取竞争优势。

总括起来，战略性薪酬管理和传统薪酬管理的区别如表8-1所示。

表8-1 战略性薪酬管理和传统薪酬管理的区别[1]

	传统薪酬管理	战略性薪酬管理
目标	为员工管理提供支持，促进企业发展	吸引、激励和维系优秀员工，实现组织目标与个人目标协调发展
薪酬观念	成本	投资

[1] 解进强、史春祥编著：《薪酬管理实务（第2版）》，机械工业出版社2011年版。

（续表）

绩效	中短期绩效	长期绩效
设计依据	传统的工作等级	企业的整体战略目标
对员工的态度	员工是一种工具性资源	员工是获取竞争优势的核心战略资源
关注重点	关注基本制度设计和相关技术方法，强调分配过程	关注激励和奖励，强调贡献、公共交流的价值观绩效期望和成功，强调分配效果
动态性	缺乏动态调整，缺乏弹性	强调动态调整，具有弹性

第二节　薪酬体系设计

一、薪酬体系设计原则

薪酬模式设计的目的是建立科学合理的薪酬制度，因此，企业的薪酬模式选择和设计应始终遵循以下原则：

（一）战略导向原则

战略导向原则要求企业的薪酬体系设计与企业的发展战略有机结合起来，使企业的薪酬体系成为实现企业发展战略的重要杠杆之一。首先把实现企业战略分解为对员工的期望和要求，然后把对员工的期望和要求转化为员工的薪酬激励，并体现在薪酬模式的设计中。同时，对企业在该阶段的关键人力资源采取有重点、有差异的薪酬政策，以更好地实现企业的发展目标。这里所指的"关键人力资源"是指掌握企业核心资源如企业重要客户、关键技术或核心管理秘密等，对企业后续发展有重大影响的员工。依据该原则，企业可以为这些关键人力资源提供较高的薪酬水平或增加特殊的薪酬组成部分如特殊津贴、长期激励等。

（二）公平原则——内部公平性

美国心理学家亚当斯认为，员工的工作积极性不仅受到绝对报酬的影响，

第八章 薪酬管理

还受到相对报酬的影响。只有公平的薪酬才是有激励作用的薪酬。内部公平就是员工的薪酬与其在企业中的贡献率及工作绩效之间的公平，是企业内部员工的一种心理感受。企业的薪酬制度确立以后，首先要让企业内部员工认可，让他们觉得与企业内部其他员工相比，薪酬是公平的。为了做到这一点，薪酬管理者要加强与员工的交流，了解员工对公司薪酬体系的意见，并采用一种透明、竞争、公平的薪酬体系，这样才能激发员工的积极性。

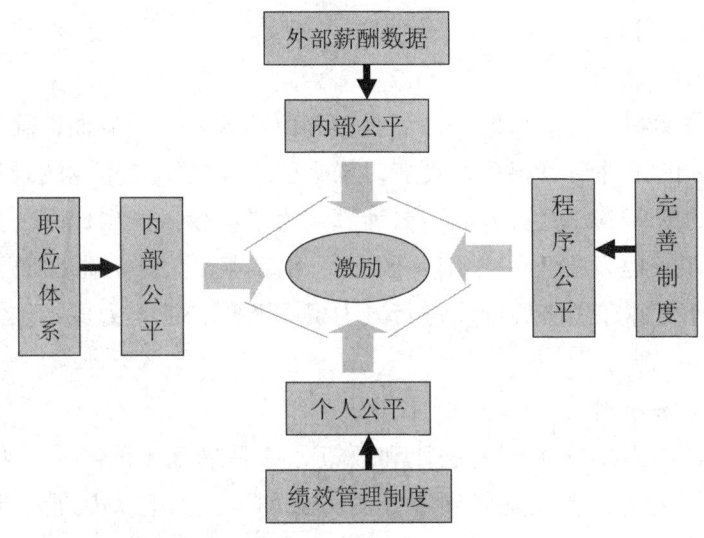

图 8-4 激励的公平性

（三）竞争原则——外部竞争性

竞争性原则要求企业支付的薪酬在同行业处于较优的水平，以吸引、维系企业需要的人才。当然，一个企业的薪酬水平在市场中的位置，要视企业的财力、企业的战略定位、所需人才的供需状况，以及企业拥有的其他资源如企业的诚信度、社会声誉等具体情况而定。此外，竞争性原则包含的另外一层意思是如果人力成本在公司的总成本中所占比例较大，就会直接影响该公司的产品价格——公司会将成本转嫁到商品或服务上。人力成本必须保持在公司所能容许的、提高生产产品和劳务效率的最大限度上。因此，实现富有特色和吸引力且成本可控的高效的薪酬管理才是真正把握了竞争性原则。

（四）激励原则——员工的贡献度

外在公平是和薪酬的竞争原则相对的，内在公平和激励原则相对应。人的能力是有差别的，因而贡献也是不一样的。而一个科学合理的薪酬系统对员工的激励是最根本也是最持久的，因为薪酬系统解决了人力资源管理中最核心的问题——分配问题。不同企业文化和不同发展背景的企业在薪酬系统的采用上千差万别，什么样的薪酬系统才是最具有吸引力的呢？薪酬制度发展至今可以证明一点，单一的静态的工资制度激励已缺乏活力，多元化且富有弹性的薪酬系统则越来越受到人们的青睐。

（五）经济原则

企业的薪酬制度主要目的是为了吸引和留住人才。一方面，除了高薪外，吸引优秀人才的条件还有很多，更多时候吸引人才的不是企业的硬环境，而是更有生命力的软环境。另一方面，要计算人力成本投入产出比率。如果高薪吸引了优秀人才，但发挥不了作用。创造不出高绩效。对企业也毫无意义。因此，薪酬设计要遵守经济原则，进行人力资本预算，把人力成本控制在合理的范围内。

（六）合法原则

薪酬设计应当遵守国家的法律和政策，这是最基本的要求，特别是国家有关的强制性规定，企业是必须遵守的。比如，国家有关最低工资的规定、有关职工加班加点的工资支付问题等，企业必须遵照执行。也就是说，企业在制订自己的薪酬政策时必须要以不违背国家的法律法规为前提，薪酬激励体系的运作必须规范化、制度化，杜绝收入分配中的非透明激励成分和灰色收入成分。

（七）灵活原则

薪酬管理体系应当能够体现企业自身的业务特点以及企业性质、所处区域、行业的特点，并能够满足这些因素的要求。企业在不同的发展阶段和外界环境发生变化的情况下，应当及时对薪酬管理体系进行调整，以适应环境的变化和企业发展的要求，这就要求薪酬管理体系具有一定的灵活性。

（八）激励原则

薪酬体系应通过区分劳动差别、绩效差别等来确定薪酬差别，体现薪酬分配的导向作用以及多劳多得的宗旨。

二、薪酬体系规划

薪酬体系规划工作是在不确定条件下进行的一项非常复杂的活动,它必须通过系统的方法,鉴别和分析企业内外的多种因素,并使各种因素与企业薪酬体系规划的总体目标相结合,才能保证规划的科学有效。科学合理的薪酬体系规划能使企业适应外部环境的变化,增强企业的凝聚力,保证内部公平及分配的计划性,还能加强企业人力资源成本控制,是薪酬管理的核心内容。

（一）薪酬体系设计流程

1.薪酬体系设计步骤

设计一个科学合理的薪酬系统,一般要进行以下几个关键步骤：岗位分析、岗位价值评估、员工能力评估及定位、薪酬调查与薪酬定位、薪酬结构设计、薪酬系统的实施,如图8-5所示：

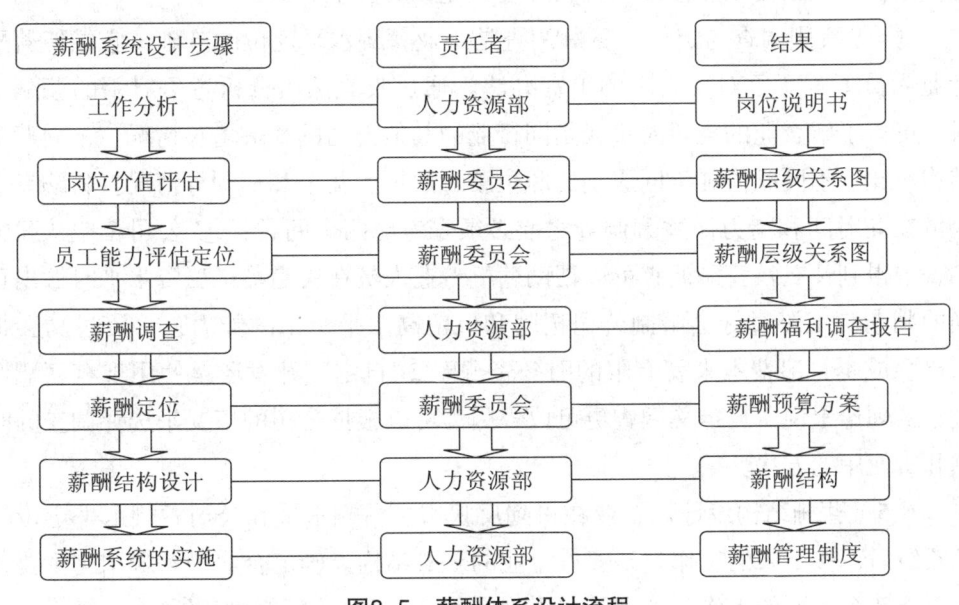

图8-5　薪酬体系设计流程

（1）工作分析。工作分析是为了对工作进行描述而进行的一系列收集、证明和分析信息的过程。它是通过运用问卷法、观察法、访谈法、日志法等方法，对企业所设置的各类岗位的工作内容和职责、员工资格要求，有时候还包括工作的相关因素或工作环境等进行详细的描述的过程。工作分析是企业的一项基础工作，需要人力资源部门、员工及其主管共同努力完成。工作分析程序包括五项主要活动：决定工作分析方案，筛选和培训分析人员，工作分析定位，进行分析以及撰写工作描述。

（2）岗位价值评估。岗位价值评估又称职位价值评估或工作评价，是指在工作分析的基础上，采取一定的方法，对岗位在组织中的影响范围、职责大小、工作强度、工作难度、任职条件、岗位工作条件等特性进行评价，以确定岗位在组织中的相对价值，并据此建立岗位价值序列的过程。岗位价值评估有两个目的：一是比较企业内部各个职位的相对重要性，得出职位等级序列；二是为外部薪酬调查建立统一的职位评估标准。

（3）员工能力评估与定位。对员工进行能力素质评估可以判断员工是否胜任该岗位，判断员工胜任该岗位的程度，完成对员工的薪酬定位。

（4）薪酬调查与定位。薪酬调查是企业薪酬水平定位的基础，它能使薪酬专业人员了解竞争对手实际的工资办法。通过收集然后分析竞争对手的薪酬资料，可以了解企业的竞争对手或是同行业的其他公司的薪酬增长情况、不同薪酬结构对比、不同职位和不同级别的职位薪酬数据、奖金和福利等情况。薪酬专业人员在花时间和精力做薪酬调查之前必须先考虑两个问题：① 公司希望从薪酬调查中得到什么？薪酬调查可以帮助薪酬专业人员在决定员工工资水平时做出正确的判断。工资过低会限制公司招聘和保留高水平员工的能力；工资过高会带来机会成本，浪费本来就有限的财务资源。② 自定义开发还是使用现有薪酬调查？从理论上说，自定义调查更可取，因为可以根据公司的情况来选择调查的问题和所使用的方法。

（5）薪酬结构设计。企业在得到反映市场薪酬水平和公司薪酬水平定位的工资线后，接下来的工作就是安排企业的薪酬结构。确定企业的薪酬结构主要包括以下四个方面的工作：① 划分工资结构；② 划分工资级别；③ 确定每级对应的工资范围；④ 结果评估。

（6）薪酬系统实施。通过以上五个步骤，可以得到企业薪酬体系设计的结

第八章 薪酬管理

果,在支持企业经营战略的同时,使每个员工都得到了合理的薪酬回报。企业须建立相应的《薪酬管理制度》,将企业的薪酬理念和薪酬价值观传递给员工,加强双向沟通,使企业价值和员工价值得到最佳融合。

2. 结合企业生命周期的薪酬政策

基于战略的薪酬设计必须考虑市场生命周期,企业应根据自身所处的发展阶段以及当期的经营战略,设计符合企业本阶段发展并能够有效支撑其竞争战略的薪酬体系,并与不同发展阶段相对应,薪酬策略也应做相应的动态调整。

(1)企业创业初期的薪酬策略。企业在初创期如同新生的婴儿一样,各方面都很脆弱,通常需要投入大量的资金进行产品和服务的生产和销售。这时企业的资源配置主要是以物质资源的配置为核心,配置方式单一、结构不合理、生产能力小,各种契约关系简单,产品和服务的质量一般不稳定,生产成本高,产品的知名度低,市场占有率低,市场竞争对手多,管理水平低,管理不规范。任何不确定的风险因素都会直接或间接地转化为对投资增加的需求。这时期薪酬战略的核心内容是:

第一,强化外部竞争性。处在初创期的企业,需要引进大量的优秀人才,但受外部条件的限制,企业知名度不高,往往只能通过人才市场招募所需人才。由于企业各方面都不成熟,市场竞争力不强,使得对人才的吸引力也很弱,因而只能靠较高的薪酬水平来吸引优秀人才。

第二,弱化内部公平性。在初创时期,主要业务流程及组织结构尚不稳定,员工职位职责尚不明确,常常存在一人多职或职责交叉的现象,主导员工的往往是热情,而不是名誉和地位。因此,企业薪酬设计的重点应放在薪酬的外部竞争上,而应淡化薪酬的内部公平。

第三,薪酬策略。创业初期,资金往往呈现净流出状态,流动资金较为紧张,为了减轻企业的财务负担,本阶段总体薪酬的刚性相对小一些,短期内提供相对较低水平的基本薪酬和福利,但是同时实行奖金或股票选择权等计划,从而使员工能够通过长期为企业工作来得到比较慷慨的回报。

近几年新成立的一些网络公司,为了节省现金和控制人工成本,通常采用较低水平的基本工资和福利等形式,在其薪酬系统中更强调部门或个人的业绩,常设立较高的绩效奖金,有些企业还采用期权等长期激励方式以便将企业成长与员工收益、短期激励和长期激励有机联系起来，这既降低了企业风险，又具有较强的激励作用。

（2）企业成长期的薪酬策略。进入成长期，企业的有形资产已具有一定规模，同时，企业人力资源、技术、工艺、品牌、商誉等无形资源也急剧增加，其增加的速度远远大于有形资源增加的速度。企业的产品、服务已打入市场，受到客户的认可，企业生产能力迅速扩大，企业以及企业的产品和服务具有一定的品牌和知名度。这时期，企业的薪酬战略的核心内容是：

第一，强化内部公平性。企业在成长期已经形成一定的规模，组织框架开始定型，业务流程日趋稳定，企业开始重视规章制度的建设和巩固，企业进入规范化管理阶段。因此在构建薪酬体系时，应注重内部公平的客观性，建立以岗位为基础的硬性薪酬体系。

第二，强调外部竞争性。在此阶段，随着企业规模的扩大和知名度的提升，新的职位不断出现，同时，企业对高素质人才的依赖更加突出。对于科研、高级管理、市场营销、高级财务人才的需求量都大大增加。为了获取优秀人才，特别是高级优秀人才，企业应更加关注薪酬的外部竞争性。

第三，薪酬策略。由于产品或服务的市场占有率不断提高，资金流速加快，企业的现金存量较为宽裕，企业的基本薪酬通常会以劳动力市场上的通行水平为基准并且会高于市场水平，同时，企业更加注重对产品创新、生产方法和技术创新给予足够的报酬或奖励，以使企业获得勇于创新、敢于承担风险的人才。

成长型企业对于灵活性的需要是很强的，因此它们在薪酬管理方面往往会比较注意分权，赋予直线管理人员较大的薪酬决定权；同时，这种企业会在工作描述方面也保持相当的灵活性，而且由于企业的扩张导致员工所从事的工作岗位本身在不断变化，所以，企业要求员工能够适应不同环境的工作需要，薪酬系统使企业对员工的技能比对他们所在的具体职位更为关注。现在IT行业中的许多企业都采取这种薪酬策略。

（3）企业成熟期的薪酬策略。成熟期是一个企业发展过程中最辉煌的时期，规模、销量、利润、职工、市场占有率、竞争能力、社会认可度等都达到了最佳状态，企业的主要业务已经稳定下来，市场份额相对稳定，企业的营销能力、生产能力以及研发能力也处于鼎盛时期，人力资源以及各种无形资源在企业

第八章 薪酬管理

的总资源中占有相当的份额，企业积累了比较丰富的管理经验，企业管理比较正规。该时期，企业的薪酬战略的核心内容是：

第一，突出强调内部公平性。该阶段，企业在各方面都相当成熟、规范，在内部管理方面更是如此。建立以岗位为基础的薪酬体系更加容易，此时，企业以留住人才为出发点制定相应的薪酬策略，因此应更加重视员工所关注的薪酬内部公平性。

第二，不再特别强调外部竞争性。处于成熟期的企业，不再特别强调外部竞争性，因为该阶段的企业可以说已经处于行业中的领先地位，薪酬本身已经具有较强的外部竞争性，能有效地吸引和维系优秀员工。此外，企业对优秀人才的获取从外部引进逐步转移到从内部选调和提拔，因为在该时期企业已经聚集了大量人力资源，企业的主要任务是发现和培养人才。

第三，薪酬策略。成熟阶段的企业，现金存量最多，支付给员工的基本工资很高，福利也最可观，而绩效奖金则相对较少。此时，团队协作的作用和地位越来越突出，个人的力量已不能满足企业的进一步发展，因此，要特别重视体现团队贡献的团队薪酬。

这时期企业主要是以留住人才为主要任务，因而，企业对于薪酬的内部一致性、薪酬管理的连续性以及标准化有比较高的要求。此时，薪酬决策的集中程度较高，确定薪酬的基础主要是员工所从事的工作本身。薪酬的构成往往不再强调企业与员工之间的风险分担，因而基本薪酬和福利的成分比较大而且较为稳定。就薪酬水平来说，企业一般追求与市场持平或者略高于市场水平的薪酬。

（4）企业衰退期的薪酬策略。衰退并不意味着企业走向灭亡，更多时候是企业发展阶段中的一个低谷。企业在衰退时期，往往管理不善，销售额和利润大幅度下降，设备和工艺落后，产品更新速度慢，市场占有率下降，负债增加，财务状况恶化，职工队伍不稳定，员工士气不高，不公平感增强，员工对自己职业生涯发展期望值降低，敬业精神弱化，人才浪费严重，企业缺乏激励上进的组织气氛，经营业务由于面临严重的经济困难将出现收缩。而薪酬体系管理的好坏对处于衰退的企业来说，可以是强心剂，使企业的处境好转，也可以是一剂毒药，加速企业的衰退。

第一,重新强调外部竞争性。处于衰退期的企业,裁员往往是迫不得已的选择,与此同时,企业往往也需要全新的人才为企业注入新的活力,因此,薪酬必须具有较强的市场竞争力。此外,企业现有员工的去留意愿表现得异常强烈,企业应尽力保留原有优秀员工,加强薪酬的外部竞争性。

第二,淡化内部公平性。此时的企业把大部分精力都投入到外部竞争性的加强上,对内部公平性的关注度比起成熟期有了大幅度的下降。

第三,薪酬策略。此时的企业往往采取收缩战略,企业没有充分的实力提供绩效奖金或是长期薪酬,企业更多的是选择提供较高的基本工资和福利。

这时的薪酬战略往往是与裁员、剥离以及清算等联系在一起的,从衰退期企业本身的特征中不难发现,这种企业对于将员工的收入与企业的经营业绩挂起钩来的愿望是非常强烈的。除了在薪酬中降低固定薪酬部分所占的比重之外,许多企业往往还力图实行员工股份所有权计划,以鼓励员工与企业共担风险。

综上所述,处于不同发展阶段的企业有着不同的经营管理方式和理念,这就要求有相应的薪酬体系与之匹配,如表8-2所示:

表 8-2 与企业发展阶段相匹配的薪酬策略[①]

企业发展阶段		初创期	成长期	成熟期	衰退期
薪酬竞争性		强	较强	一般	较强
薪酬刚性		小	较大	大	小
薪酬构成	基本工资	低	较高	高	较低
	绩效奖金	较高	高	较高	较高
	福利	低	较高	高	低
	长期薪酬	高	较高	高	较高

三、薪酬设计的几种典型方法

(一)绩效薪酬

1. 绩效薪酬的含义

绩效薪酬(Pay for Performance)是指将员工的财务回报与其成功的工作绩效联

---

① 解进强、史春祥编著:《薪酬管理实务(第2版)》,机械工业出版社2011年版。

系，以工作绩效作为员工报酬的基础。有关将工作绩效与财务回报直接挂钩，即以绩效定薪酬这一点，可以从期望理论中获得解释。期望理论可以表达为如下公式：

$$工作动力=效价 \times 期望值$$

它认为一种行为倾向的强度取决于个体对某种行为带来的结果的期望强度以及该结果对行为者的吸引。当员工认为努力工作能获得好的绩效评价结果，而好的绩效评价结果又能带来满足需要的回报时，他就会倾向于多付出努力。绩效薪酬的实质是缩小薪酬结构中的固定成分、加大可变比例，对于员工来说，好处是可以增加自己的现金净收入。由于员工自身的业绩和行为在较大程度能受到自己控制，因此，员工可以控制他们自己薪酬总量水平的高低，从而达到薪酬对员工业绩调控的目的。

2.绩效薪酬的构成

一般来说，绩效薪酬包括个人业绩薪酬和团队业绩薪酬两大类（见图8-6）。

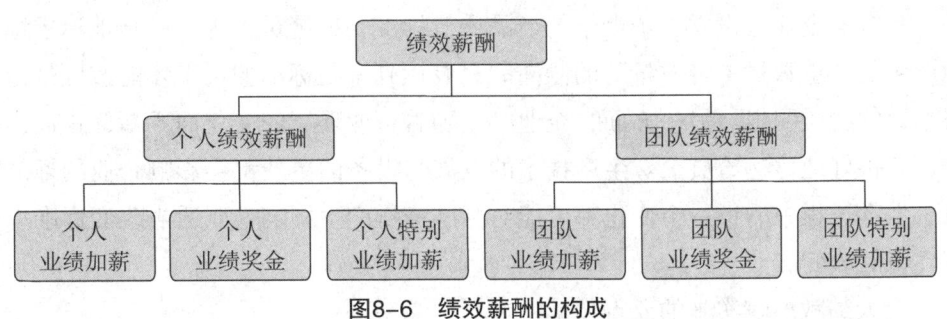

图8-6 绩效薪酬的构成

（1）个人绩效薪酬。个人绩效薪酬即根据个体绩效水平给予劳动回报，它强调奖励个人的工作绩效，给予差别化的薪酬。个人绩效薪酬主要用来奖励优秀的工作表现或业绩，创造未来工作动力和帮助组织留住有价值的员工。其典型形式主要有计划奖励、业绩提薪和奖金计划等。在实际中，这种基于个人绩效基础的薪酬制度能有效地促进员工的积极性、创造性和主动性。个人绩效薪酬制度是最古老的一种绩效奖励计划，同时，相对于团队绩效薪酬制度，个人绩效薪酬模式也更为常见。国内的许多大中型企业，尤其是所有制比较灵活的中外合资企业、民营企业纷纷加入实施个人绩效薪酬制度的大军。通过这种绩效薪酬制度的实施，的确对员工的创新和工作积极性起到了一定的激励作用，企业显得比以前有活力，管理体制表面上显得比较顺畅。

个人业绩薪酬的特征表现为：① 对员工个人客观的、可直接衡量的业绩进行的薪酬激励，员工通过提高个人工作成果得到相应的物质报酬。② 具有事前的激励功能。个人绩效薪酬一般通过将绩效与事前制定的绩效标准比较，以此来确定员工的奖励额度，使员工更具有个人目标的导向功能。

个人业绩薪酬的设计有三个步骤：

一是建立产出标准：在计件工资中，产出标准是标准单位产量；在计时工资中，产出标准是标准工时，两者之间可以实现互相转换。

二是建立薪酬标准：在产出标准建立之后，应建立相应的薪酬标准。处于产出标准之下的薪酬支付为保底工资，标准产出的薪酬支付应为平均工资额，产出标准之上的薪酬支付应设有相应的激励等级。

三是计划执行与监控：这个步骤主要是针对个人绩效薪酬计划的缺陷而设的。一方面企业应设立一个严格的产品质量标准，杜绝员工为了一味地追求绩效而产生的"重数量、轻质量"的倾向。只有达到一定标准的员工才能按照规定获得相应的物质回报。另一方面，企业必须随着行业环境的变化而不断修正产出标准，并很好地传达给员工。生产技术的发展与设备的更新都会影响企业的标准产量，生产过程中的每一个变化都可能对标准产量产生影响，应适当改变标准以适应环境的改变。

个人绩效薪酬实施的要点包括：

第一，加强与员工的沟通。个人绩效薪酬实施的对象就是员工个人，直接关系到员工的切身利益，如果员工与企业间缺乏必要的沟通及信任，会使该薪酬计划难以实施，激发劳资纠纷。管理人员必须清楚、准确地传达计划的意图、内容和运作方式，与员工进行坦诚的沟通，注意接收员工的反馈意见。

第二，重视员工参与。员工的高投入及高承诺是个人绩效薪酬计划实施的重要推动力。企业应重视员工针对改进生产效率、提高产量、减少生产时间等方面所提出的建议，并建立相应的奖励制度给予适当的奖励。

但在个人绩效薪酬制度神奇光环的背后，这种制度的"双面刃"效应也日渐显现，不少企业开始发现实行这种制度也许得不偿失。主要原因有：

第八章 薪酬管理

第一，有损团队精神，员工间合作水平低，易引发不良竞争。个人绩效薪酬制度的致命弱点是，它没有关注合作的极端重要性，不利于企业一直倡导的团队精神。同时，企业也会变成一个松散的系统，每个人只寻求达到自己的最佳业绩，而忽视了作为整体的企业利益。

第二，奖励指标的片面性可能会歪曲激励。员工可能只关心上级所考核的那项指标，只关心符合奖赏条件、有利于自己报酬提高的工作，而忽视其他有价值的但又与奖励性回报没有直接关系的工作。这样，从他们各自的角度看，似乎绩效都很好，但却可能忽略整个企业绩效和组织战略目标的实现。

第三，员工只注重短期效益，损害企业长期利益。在衡量绩效时，企业往往侧重的是可量化的绩效，如销售量、销售收入、产量等，与员工薪酬挂钩，而忽视了其他能影响企业长期效益的因素。比如，按销售量获取分红的推销员会推销质量欠佳的产品，忽视售后服务质量，从而损害长期客户关系，他们还可能会不顾企业能力接受超出生产能力的订货和做出承诺。事实上，个人绩效薪酬制度从短期来看，的确能改进部分绩效；但从长期来看，它会极大地破坏组织方面的绩效。

第四，员工的努力与取得的绩效两者间的关联度往往不高，从而影响了个人绩效付酬制的客观性、公正性，难以达到满意效果。首先，企业很难准确可靠地衡量单个员工所贡献的绩效，尤其对于业务过程化、需要相互协作完成工作任务的企业。其次，员工绩效的取得不可避免地要受到个人不可控因素的影响，如经济周期、市场环境、工作环境、企业竞争力、工作机会、上级的管理水平等，如果因外部因素导致员工业绩低下，这时员工会觉得绩效薪酬不合情理。

第五，设计、变动绩效衡量标准时，会破坏企业和员工之间的心理契约。尤其是因管理或技术改造而使生产效率增加时，企业有必要提高劳动定额或业绩衡量标准，但容易引起员工的不满和反对，企业应当做好员工的思想说服工作。而且，一些员工由于担心新技术会带来业绩衡量标准的变化，可能会抵制引进新技术的尝试。一些技术熟练的员工为保持自己的相对生产率优势，也会在对新员工的培训中有所保留。这些显然都不利于企业生产率的进一步提高。

实际上，个人绩效薪酬制度对于传统制造业中的生产类员工来说是比较适用的，尽可能减少薪金制度中的消极影响远比用薪金来激励员工要有益得多。企业要消除个人绩效薪酬制度所引发的问题，尽可能做到客观公正，平衡劳资双方的利益，实现双赢。

（2）团队绩效薪酬。团队绩效薪酬作为支持团队合作方式的激励模式，严格地讲，它是指不以员工个人绩效为基础而实施旨在影响员工报酬的绩效薪酬方式，在实施中，企业一般根据团队层次或者整个企业层次来实施集体团队薪酬模式。

团队绩效薪酬根据团队的不同特点大致可以分为三种形式：

一是工作团队的薪酬战略。工作团队是一种全职的、持久的团队，它的成员共同执行一项工作或程序，能独立生产产品或提供服务。团队成员受过相当程度的培训，有着共同的教育背景、作业技能和工作意愿，与其他的团队类型相比，工作团队有着更为一致的目标。比如篮球队，队员们拥有同样的目标，各司其职，谁都离不开谁，总是以团队的形象出现。工作团队的薪酬结构既简易又复杂。工作团队中，团队报酬是建立在对既定绩效结果的实现度进行衡量和评价的基础之上的，通常采取收益分享、利益分享以及股票选择权等形式。

二是合作团队的薪酬战略。合作团队被认为是最普通的团队类型，在任何类型的组织中都有可能发生，是为了解决特别的问题或项目而设立的。如果能在一周或是一个月之内把问题解决，那它们就是临时性的团队；如果问题需要持续地解决，那它们就是长久性的团队。比如乒乓球队，在个人单项竞赛中，队员们以个人实力来角逐个人项目的金牌，但在团体比赛中，他们又以合作伙伴的形式出现在团队中，为团队荣誉而努力。合作团队要求更为复杂的薪酬解决方案，通常是几种报酬方案的混合。

三是项目团队的薪酬战略。项目团队具有明确的目标与任务以及完成任务的时限。往往任务一结束，团队也随之解散。团队成员来自各个不同的职能部门，每个团队成员具有独特的技能和知识背景，彼此之间具有技能与知识的互补性。每个项目团队都是基于完成某项专门任务而组建的，如开发新型产品、编制程序软件等。根据项目团队的特点，可以看出该团队中各种角色的异质性比较大，即各自所具有的知识技能差异大，因而团队的沟通协作性对团队绩效来说就是一个非常重要的影响因素，所以团队的薪酬激励要在此方面加大比重或有所侧重，才能产生强有力的激励效用。另外，由于项目团队存在的时间较短，决定了

第八章 薪酬管理

团队薪酬激励必须在短期内发挥效用，薪酬激励的及时性成为重点考虑的因素，如沟通及时性、协作性、团队角色之间的关系、信息共享意识等。

团队作为基本工作的单元正趋流行，用薪酬来强化团队努力一般而言是成功的，但没有哪一种薪酬制度是全能的，团队绩效薪酬也有其优缺点：

优点是：① 和个人绩效薪酬相比，团队绩效薪酬更易于进行绩效评估；② 团队工作容易获得大多数员工的支持；③ 鼓励员工参与决策过程，产生高的团队忠诚度。

缺点是：① 员工在团队中更难发现自身的绩效对他们薪酬的影响程度；② 容易增加贡献率较高的员工的流动，因为他们必须与低贡献率的员工分享收益而挫伤了工作积极性；③ 由于收入的稳定性较低，增加了员工的薪酬风险，将会使得员工寻找新的工作机会，到固定工资占薪酬比例高的企业效劳。

（二）宽带薪酬

1. 宽带薪酬的定义

宽带薪酬（Broad Band Salary）制度是一种新兴的薪酬模式，是伴随企业组织扁平化以及企业的内外部竞争环境的快速变化而产生的一种新的薪酬模式，也称海氏薪酬制度，其在本质上和等级工资是相同的，都是包含各种级别、允许一定波动幅度的薪酬制度。但是，这两者在依据和具体操作上又有很大的不同。相对于等级工资制而言，宽带薪酬制度包含的薪酬等级较少，一般为一个等级，但每一薪酬等级内部的宽度比较大，各个薪酬等级之间的重叠度也比较大。根据美国薪酬管理学会的定义，宽带薪酬是指对多个薪酬等级以及薪酬变动范围进行重新组合，从而变成只有相对较少的薪酬等级，以及相应的较宽薪酬变动范围。一般来说，每个薪酬等级的最高值与最低值之间的区间变动比率要达到100%或100%以上。一种典型的宽带型薪酬结构可能只有不超过4个等级的薪酬级别，每个薪酬等级的最高值与最低值之间的区间变动比率则可能达到200%~300%。

宽带薪酬体现了由以岗位为核心的薪酬体系向以胜任力为核心的绩效薪酬体系的转化。在该体系中，员工的个人薪酬水平建立在相应的胜任素质评价的基础上，并直接表现为在薪酬带内或带间的不同移动状态。日常较小的薪酬增长可以在同一薪酬级别内薪等的变动实现，大的晋升则通过薪酬进入一个新的薪级来实现。同时各相邻薪等间存在一定程度的重叠，以至于较低等级的员工如果表现好，其薪资可以高于表现一般的上级（如图8-7所示）。

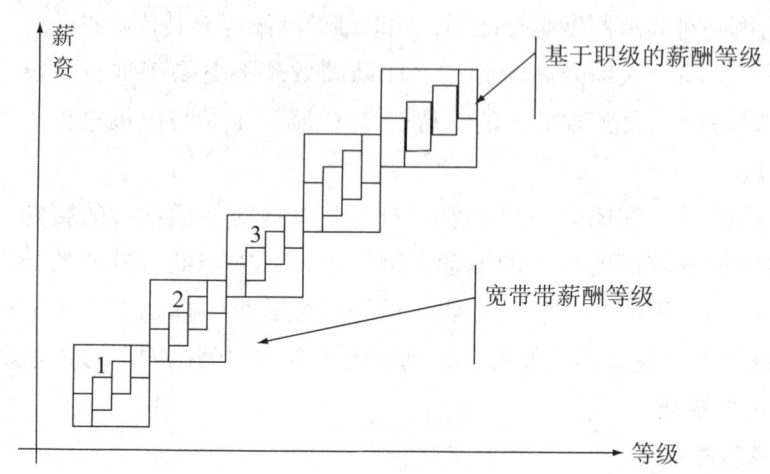

图8-7　宽带薪酬架构模型

2. 宽带薪酬的优势

宽带薪酬和传统薪酬相比，主要有以下几个方面的优势：

（1）支持扁平型组织结构。20世纪90年代以后，企业界兴起了一场组织扁平化的运动，而宽带薪酬的出现可以说正是为了配合这场运动而出现的，宽带薪酬的主要特点是打破了传统薪酬结构的严格等级制，有利于提高运营效率以及创造学习型的企业文化，同时有助于企业保持自身组织的灵活性并有效适应外部环境竞争。

（2）引导员工重视个人技能增长和能力提高。在传统等级薪酬结构下，员工的薪酬只取决于职务提升而不在自身能力。能力即使再高而职位得不到提升的话，也无法获得高薪。但在宽带薪酬制下，即使是在同一薪酬宽带内，企业为员工所提供的薪酬范围是传统的五个甚至更多的薪酬等级，此时员工就不需要为薪酬的增长而去斤斤计较职位晋升等方面的问题，只要注意按照企业的发展要求，不断地提升技术和能力，做好企业着重强调的有价值的工作，就能在自己的薪酬等级内得到更高的薪资。同时，对于新进员工，他们也将会有极大的热情投入到

第八章 薪酬管理

工作中，因为他们敢于和中层员工竞争，而高层管理人员和资深员工也将感到很大的压力，他们必须投入更大的热情才能避免输给低职位的员工，从而达到全体员工的激励作用。

（3）有利于职位轮换。在传统的薪酬结构中，员工的薪酬水平与其所担任的职位严格挂钩。由于在同一职位等级的变动并不能带来薪酬水平上的变化，但这种变化使得员工不得不学习新的东西，从而使工作的难度增加，辛苦程度更高，这样，员工不愿意接受职位的同级轮换。宽带薪酬减少了薪酬等级数量，过去许多不同薪酬等级的不同职位现在处于同一薪酬等级中，这样对员工的横向甚至是向下调动相对容易了许多。员工也乐意通过相关职位领域的职务轮换来提升自己的能力，以此来获得更大回报。另外，企业可因此减少过去因员工职位变动而必须做的大量行政工作。

（4）有利于管理人员以及人力资源管理人员的角色转变。实施宽带薪酬结构设计，即使是在同一薪酬宽带当中，由于薪酬区间的最高值和最低值之间的变动比率至少有100%，因此对于员工薪酬水平的界定留有很大空间。在这种情况下，部门经理对薪酬的决策方面拥有更多的权利和责任，可以对下属的薪酬提出更多的意见和建议。同时也有利于人力资源管理人员从一些附加值不高的事务性工作中脱身，转向其他一些高级管理活动。

（5）有利于提升企业的核心竞争优势和企业的整体绩效。在宽带薪酬体系中，上级对下级员工的薪酬有更大的决策权，从而增强了组织的灵活性并促进了创新性思想的出现，有利于提高企业适应外部环境的能力。同时，宽带薪酬模式不仅通过将薪酬变化与员工的能力和绩效表现挂钩，向员工传递一种以绩效和能力为导向的企业文化，来引导员工们之间的合作和知识共享，以此来培育积极的团队绩效文化，而且大大地提升了企业的凝聚力和竞争力。

3. 宽带薪酬的局限性

任何事物都有着两面性，宽带薪酬制度打破了原有的工资结构，也必然会给员工造成观念上的冲击，带来行为和心理上的异变。宽带薪酬的局限性主要有以下几点：

（1）企业绩效管理水平不高。员工对企业的贡献大小决定了宽带薪酬的评估结果，因此绩效管理和薪酬紧密相关，在宽带薪酬制度下，绩效管理方面的细微问题与变化,都必然直接影响到员工的薪酬的更大程度的变化,如果绩效管理工作不到位,更可能会引起员工的不满,甚至可能激化管理层与员工,以及员工与员工之间的矛盾。此外,薪酬级别的减少,变动幅度的增大,都大大提高了薪酬的灵活性,而这种灵活性是否被员工接受,很大程度上也取决于绩效标准的准确性。因此,宽带薪酬要想达到应有的效果,首先必须是绩效管理工作到位。

(2)容易造成员工在认识上的误区。宽带薪酬中,每一薪酬级别中的工资浮动范围较大,甚至同一岗位或是同一级别上不同员工之间的工资也差别很大。尽管这是由各自的工作能力所致,但在我国企业中,"不患寡而患不均"的传统文化影响依然强劲。那些自认为能力不比别人差的员工会对管理的公正性、公平性、合理性产生猜忌、怀疑等不健康情绪,极容易造成企业内部上下级之间、同事之间人际关系的紧张。同时,仅依据个人绩效易造成员工工资浮动大,也会给员工的心理造成不稳定感,从而减少对企业的归属感。

(3)员工晋升难度加大。宽带薪酬制度下的职位级别少,员工很可能始终在一个职位级别里移动,只有很小的机会晋升到另外一个职级。长时间内员工只有薪酬的变化而没有职位的晋升。值得关注的是,在我国,职位晋升对员工来说是一种相当重要的激励手段,甚至超过金钱等物质激励带给员工的激励效果。因为这是上级对晋升员工整体素质肯定的一种信号,薪酬的增加只代表某一员工在一段时期内在某一岗位上有业绩上的突出表现,而职位的晋升则是在对员工整体素质鉴别的基础上做出的重要决定。薪酬的激励作用存在边际递减现象,尤其对于知识型员工或薪酬达到一定水平的员工来说更是如此,最终可能导致员工沮丧而失去进取热情。

(4)引起管理成本的上升。宽带薪酬设计要在对市场薪酬水平充分调研的基础上进行,需要有大量人力、物力、财力的支持,在对市场薪酬水平进行科学分析的基础上结合本企业的特点制定合适的薪酬结构,这无疑是一项浩大的工程。此外,员工职位的轮换、岗前培训机会增多,而企业用于这方面的支出也会增大。

(5)适用的组织范围不宽。宽带薪酬的上述特点决定了其适用于那些结构扁平、垂直晋升层次不多,工作岗位技术要求比较高、员工的灵活性和创造性以及工作积极性对企业业绩影响较大的岗位，如技术型、创新型企业或企业中的技术、管理岗位以及专业化程度比较低的"无边界"职位。生产操作类、事务类和非技术生产类岗位以及传统的劳动密集型企业不建议采用宽带薪酬体系。

4.宽带薪酬的实施条件

宽带薪酬的实施是一个系统的工程，涉及企业的战略规划、组织结构、岗位评价、绩效管理等方方面面，涉及整个企业的调整，不是人力资源部门一个部门就可以完成的，其实施有以下四个必要的条件：

（1）企业发展战略清晰明确。企业战略目标为人力资源战略的制定指引方向，人力资源战略的制定和实施就是要保证企业战略成功实现。

（2）管理体系健全。宽带薪酬体系中员工最终薪酬的重要决定因素——绩效管理工作，需要其他职能部门以及直线部门的参与，才能有效运行。企业绩效评价指标体系的建立、绩效目标的制定、绩效监督以及绩效评价与反馈机制的建立需要职能部门及直线部门的大力配合。因此，企业建立宽带薪酬体系，首先需要建立更为健全的管理体系，也只有在这些基础工作的保障下，薪酬管理才可以有效实施。

（3）企业沟通渠道畅通。一方面，员工可以通过沟通了解管理层采用宽带薪酬的意图，了解该薪酬体系的运行机制和决定因素，从而可以更好地规划自己将来的发展方向，避免由于不理解而导致的抵触情绪。另一方面，管理层也可以通过多方沟通了解员工的想法，集思广益，听取各方意见，完善实施方案，以确保计划顺利实施。此外，企业内部各部门间的沟通及时，可以消除误解，明确责任，做好部门间的衔接配合。

（4）制定配套的员工培训计划。宽带薪酬为员工的职业生涯发展提供了更大的弹性，员工对提高自身技能水平和能力有更高的积极性。同时，企业也应该从长远出发，帮助员工制定配套的培训计划，进而帮助员工进行职业生涯管理，使员工能随着企业的发展不断成长，在宽带薪酬结构所提供的薪酬增长空间范围内不断满足薪酬增长的需要，同时增强企业的竞争力和适应能力，以实现个人与企业的双赢。

某公司宽带薪酬设计实践[①]

案例

J公司是一家以制造港口起重自动化设备为主的研发、生产、销售一体化的民营企业，现有员工500余人。随着产品产量的加大与销售业务的扩展，该公司在员工薪酬管理方面遇到不少困难和问题。比如，生产部门原有的固定工资制不能反映车间员工劳动强度的差别，员工怨声四起；技术部门和销售部门高薪聘请的高学历新员工与老员工的工资不平衡，导致其间冲突日益严重。整个薪酬体系的内部公平受到破坏，内部不和谐的因素逐渐增加。该公司的一次员工薪酬调查结果显示：大多数员工对自己的薪酬感到不满意（82.4%）；超过三分之二的员工认为工资没能体现其所在岗位的责任轻重和难易程度（67.8%）；四成员工认为工资无法体现个人的能力强弱和努力程度（42.1%）；绝大部分员工认为工资不能反映个人及公司的业绩好坏（94.1%）……这些数据给J公司HR敲响了警钟——员工对现行工资制度意见很大，薪酬所应有的激励作用根本没有体现出来，这就严重制约了公司的发展。

思考：

（1）J公司的薪酬体系存在怎样的问题？

（2）假设你是J公司HR总监，你认为应该怎样设计薪酬体系？

（三）年薪制

年薪制（Annual Salary System）是顺应资本主义国家分配制度的变革而产生的。在国外，企业经历了业主制、合伙制和公司制三种形式。随着公司规模的不断扩大，所有权和控制权逐渐分离，在社会上形成了一支强大的经理人队伍，企业的控制权逐渐被经理人掌握。为了把经理人的利益与企业所有者的利益联系起来，使经理人的目标与所有者的目标一致，形成对经理人的有效激励和约束，产生了年薪制。因此年薪制的主要对象是企业的经营管理人员。经营管理人员可分为以下三种：一是仅限于企业的法人代表；二是按《公司法》组建的企业中的董事长和总经理；三是整个经营者集团。

[①]《员工"宽薪" 企业开心——J公司宽带薪酬设计实践》，企业管理云平台，[2014-5-24]，http://www.caecp.cn/News/News-1961.html.

第八章 薪酬管理

1. 年薪的支付形式

年薪制是一种以年为计算周期的薪酬计算方案，是市场经济国家适用于管理人员和技术人员的一种广泛采用的薪酬制度。高管人员年薪制是对薪酬要素进行组合的典型代表，大体说来，年薪制中的年薪主要由固定薪金、奖金、股票、股票买卖选择权等组成。在我国，还没有统一的年薪制规定，有的地方制定了具体的实施方法。

年薪的支付形式有三种：① 基本年薪加效益年薪。这是年薪的基本形式。② 基本年薪加效益年薪，其中效益年薪的部分用于购买本企业股份。③ 基本年薪加认股权。

（1）基础年薪。基础年薪是以本企业当年度职工平均工资为基数，依据经营者经营管理的企业规模确定经营者的年度基本收入。基本年薪的设计形式多样，比较简单的方式是按照本企业员工的基本薪酬比例来设计高管人员的基本薪酬，计算方法为：

基本年薪=本企业员工基本薪酬×调整系数

其中，调整系数包括企业规模、行业平均薪酬、地区平均薪酬以及高管人员个人因素等。

（2）效益年薪。效益年薪是指依据经营者实际完成生产经营管理业绩，按一定办法计核的经营者年度效益收入。企业主管部门要根据企业综合经济指标完成情况，采取综合增长指数办法核定其效益年薪。按照国际惯例，其计算方法主要有：

方法一：效益年薪=基本年薪×倍数×考核指标完成系数

方法二：效益年薪=超额利润×比例系数×考核指标完成系数

其中，方法二侧重于依据绩效评价指标的完成结果来确定高管人员的效益年薪，这使得效益年薪更具备绩效薪酬的性质。效益年薪若采取购买本企业股份或认股权的形式，实际上是把效益年薪转化为延期支付形式，与用先进支付效益年薪相比，既增加了长期激励的作用，也增加了长期约束的作用，弥补了基本年薪加效益年薪这一基本形式侧重短期激励的不足，把短期激励与长期激励结合起来，是对年薪制基本形式的丰富和发展。

2. 年薪制的功能特点

与其他薪酬形式相比，经营管理者的年薪制在功能上具有以下特点：

（1）激励性。年薪制使高管人员的才能、绩效和收入联系起来，具有较强的激励作用。

（2）约束性。年薪制体现了责任、风险和利益的统一，使高管人员有压力感、紧迫感和风险感。

（3）共存性。年薪制把高管人员追求的自身利益最大化目标与所有者追求的企业利润最大化目标统一起来，实现了个人利益与企业利益共存。

（4）公平性与效率性统一。高管人员作为生产要素的供给者和复杂劳动的工作者，应获得高于普通员工薪酬的薪金，这体现了效率与公平的统一。

（5）制度性与规范性。年薪制是国际通行的一种高管人员报酬分配的制度安排，具有特定的规范要求和分享标准及原则，设计良好的年薪制可以起到有效激励和规范高管人员行为的作用。

3. 年薪制的五种模式

根据我国的具体国情，可将年薪制划分为五种模式（如表8-3所示）。

表8-3　年薪制五大模式

模式类型	模式一 准公务员型	模式二 一揽子型	模式三 非持股多元化型	模式四 持股多元化型	模式五 分配权型
报酬结构	基薪+津贴+养老金计	单一固定数量年薪	基薪+津贴+效益收入+奖金+养老金	基薪+津贴+含股权、股票期权等效益收入+养老金	基薪+津贴+"分配权"或"分配权"期权效益收入+养老金
报酬数量	基薪为职工平均的2~4倍；养老金为平均养老金的4倍以上	相对较高，实现经营目标后可得到事先约定的固定数量年薪	基薪同模式一；效益收入需考虑各项会计参数及行业平均效益水平	基薪同模式一；效益收入取决于经营业绩和企业市场价值	基薪同模式一；效益收入取决于企业利润率之类的经营业绩
考核指标	政策目标和当年任务的实现程度	明确具体，如减亏额、实现利润等	基薪由企业的资产规模、销售收入等确定；效益收入考虑净资产增长率、实现利润增长率、行业平均效益水平等会计指标确定		

第八章 薪酬管理

（续表）

适用对象	所有达到一定级别的高层管理人员	具体针对经营者一人，总经理	一般国有企业的经营者	一般国有企业的经营者	一般国有企业的经营者
适用企业	承担政策目标的大型国有企业	面临特殊问题亟待解决的企业	追求效益最大化的非股份制企业	股份制企业，尤其是上市公司	各类企业
激励作用	升迁机会多，社会地位高，生活稳定体面	具有招标承包式的激励作用	存在效益收入封顶的限制，更具激励作用	具有不同激励约束作用的报酬组合，保证规范化	具有股权、股票期权的激励机理

在市场经济中，市场经济效益和竞争力无疑是衡量一个企业成功与否的标尺。同样，在企业中谁的贡献大、谁应得到多少报酬也应以市场经济收益和竞争力为标准。实践证明，年薪制必须建立在对经营者经营业绩的科学核定和严格考核的基础上，坚持先考核后兑现的原则，经营者应切实承担起维护企业和所有者权益的责任。但从发达国家的经验看，这种分配方式的改革是需要一定前提条件的，包括要形成比较完备的经营者和经理人市场，要有科学的业绩评价体系，出资人一定要到位，经营者的薪酬必须由出资人或出资人代表决定而不能由经营者自行决定等。

（四）股权激励薪酬

股权型报酬包括企业中与股权相关的多种报酬形式，主要有员工持股计划（ESOP）、股票期权、股票奖励、员工直接购股、红股和其他法定退休计划、员工股票购买计划（ESPP）、模拟股票（影子股票）等形式。股票期权计划作为一种长期激励机制萌芽于20世纪70年代的美国，在90年代得到长足的发展。根据美国国内税务法则的法律解释，股票期权计划可分为激励股票期权（ISO）与非法定股票期权（NSO）两种类型。美国既是多种股权型报酬的产生地，其股权激励的做法也具有典型性。下面主要对股票期权和员工持股计划的相关内容做介绍。

1. 股票期权激励薪酬

股票期权是现代企业对企业领导人和科技骨干实施有效激励的一种重要方式，也是市场经济中按生产要素分配的表现形式之一。股票期权又称为购股权计划、购股选择权，即购进公司一定股份的权利，是指买卖双方按事先约定的价格，在特定的时间内买进或卖出一定数量的某种股票的权利。股票期权规定经营者在与企业所有者约定的期限内，享有以某一预先确定的价格购买一定数量本企业股票的权利，具有较强的长期激励与约束作用。通过对美国150家大公司总裁薪酬构成的分析表明，在总裁的总薪酬中，48％为股票期权，其他股票薪酬形式占11％，业绩奖金占23％，基本工资占18％。①可见，股票期权作为一种长期的激励与约束机制在美国是较普遍、较重要的。20多年的中国企业改革，尽管企业经营者激励制度的设计也不少，如承包、租赁、奖金等，但这些制度都是着眼于短期激励。短期激励虽然能在一定程度上调动经营者增加当年利润的积极性，但由于经营者为追求眼前利益而牺牲企业长期发展的短期行为，使许多企业或者出现严重的潜亏，或者缺乏长期发展的后劲。在我国经营者的收入构成中，长期报酬的比例很低，所以，设计我国企业经营者的薪酬计划，应当把长期激励与约束作为重点。正因为如此，股票期权制度近几年在我国成为讨论的热点。

一般来说，股票期权的行使一般有三种方法：① 现金行权。个人向公司制定的证券商支付行权费用以及相应的税金和费用，证券商收到付款凭证后，以行权价格执行股票期权。② 无现金行权。个人不需以现金或支票支付行权费用，证券商以出售部分股票获得的收益来支付行权费用，并将余下股票存入经营者的个人账户。③ 无现金行权并出售。个人决定对部分或全部可行权的股票期权行权前，需以书面形式通知企业表示期权行使及行使的股份数量，每次通知单必须附有按行使价计算的相应股份认购汇款单，企业在接到附有审计员确认书的通知单及汇款单28日内，将把相应股份全部划拨到获授人账户上。

股票期权的激励意义有以下几点：

（1）能够在较大程度上规避传统薪酬分配形式的不足。传统的薪酬分配形式，如承包、租赁等，虽在一定程度上起到了刺激和调动经营管理者积极性的作

---

① 徐会琦：《股票期权激励的意义与问题》，《经济论坛》2000年第14期。

用,但随着社会主义市场经济的发展和企业改制为独立法人经济实体,原有经营管理者的收入分配形式的弊端越来越显露出来。其弊端是经营行为的短期化和消费行为的铺张浪费。股票期权则能够在一定程度上消除上述弊端,因为购买股票期权就是购买企业的未来,企业在较长时期内业绩的好坏直接影响到经营者收入,促使经营者更关心企业的长期发展。

(2)将管理者的利益与投资者的利益捆绑在一起。投资者注重的是企业的长期利益,管理者受雇于所有者或投资者,他更关心的是在职期间的短期经营业绩。因此,如何将两者的利益挂钩,使管理者关注企业长期价值的创造,这是企业制度创新中非常重要的问题。实施股票期权,将管理者相当多的薪酬以期权的形式体现,就能实现上述的结合,就能促使其注重企业长期价值的创造。

(3)对公司业绩有巨大推动作用。对美国38个大型公司期权实行的情况分析表明,所有公司业绩都能大幅提高,资本回报率3年平均增长率由2%上升到6%,每股收益3年平均增长率由9%上升至14%,人均创造利润3年平均增长率由6%上升到10%。[①]

(4)有利于更好地吸引核心雇员并发挥其创造力。核心员工对公司未来的发展至关重要。一般来说,期权计划仅限于那些对公司未来成功非常重要的成员。每个部门都有相应的核心成员。授予核心员工期权,能够提供较好的内部竞争氛围,激励员工努力工作。同时,由于期权强调未来,公司能够留住绩效高、能力强的核心员工,是争夺和保留优秀人才并预防竞争对手挖走核心员工的有效手段。

(5)有利于解决国有企业由于体制原因而存在的固有矛盾。首先可以解决国有企业投资主体缺位所带来的监督弱化。国企经营者与作为股东的国有资产管理部门之间的委托——代理关系存在固有的利益冲突,当个人利益与股东利益发生矛盾时,经营者很可能放弃股东利益而谋取私利。实施期权激励,建立以产权联系为纽带的激励和约束机制,能够使经营者和股东利益保持一致,促使经营者更重视国有资产的保值与增值。其次,股票期权的实施可以有效地解决长期以来国企经营者激励严重不足的难题。

---

① 张灿:《股票期权的利弊分析及其启示》,《管理现代化》2003年第1期。

股票期权制当然不仅仅意味着巨大的收入，更为重要的是，它解决了公司的所有者对经理人员一直耿耿于怀的心病——怎样让经理人员对公司的未来负责？对于国内企业而言，除了法律规范不明的因素之外，目前中国的劳动力市场，除了少数热门专业之外，基本上还处在买方市场。而且人们选择工作时，还受地域、户口等诸多因素的限制。所以国内大部分企业，尚不像美国公司那样，有迫切的需要来"拉拢"员工。况且，中国的股票市场本身发展尚未成熟，股票价格受企业经营业绩之外的因素影响还很大，因而通过发行股票期权来激励员工，促使企业经营业绩上升的功效难以得到保证。另外，股票期权的收益周期相对较长。员工要想从中获利，至少需要几年的时间，而不像年度奖金那般触手可及。这样就要求企业和员工都要有长远的打算，期望公司有中长期的成功。追求短期利益的员工和公司，都不太会对股票期权有浓厚的兴趣。

2. 员工持股计划

员工持股计划概念是20世纪50年代，由经济学家、公司法律师兼投资银行家的路易斯·凯尔索（Louis Kelso）提出的。他认为，资本主义虽然能够创造出经济的效率奇迹，但它却不能创造出经济公平。他还提出：如果所有的工人，而不仅仅是少数股东共同分享对具有生产能力的资产的所有权，那么资本主义体系将会更加牢固。这就是员工持股的最初思想。

员工的持股计划是指由企业内部员工出资认购本公司部分股份，并委托员工持股委员会管理运作，员工持股会代表持股员工进入董事会参与表决和企业利润分配的一种新型产权组织形式。这样，公司员工具有了双重身份，一方面作为劳动工人，他取得工资报酬，用于日常生活；另一方面，作为资本工人，他以内部持股的形式，积累个人财富。而对于企业来讲，雇员持股计划通过内部的设计，为企业的发展注入经济与民主两种力量，使得员工不想也不能轻易地离开企业。前者被后人称为"金色的握手"，后者演化为所谓的"金手铐"。员工持股计划可形容成"四金"：金手铐、金色的梦想、金色的握手、金饭碗。

我国的企业员工持股是与国有企业股份制改造同时诞生的，但是却没有走上规范发展的道路，而且发展也很不平衡。目前国有股份制企业中的内部员工持股主要表现出以下几个特点。

(1)员工持股的平均化和强制性。有的企业以平均摊派的手段要求企业所有员工出资入股,主要表现为:持股上岗;降低劳动报酬,取消其他合法报酬,取消其他合法权益,扣、停发工资和奖金等等,这显然违背自愿入股的原则。而实际上,在人人持股又没有建立起相应的制衡机制的情况下,员工持股根本起不到作用。

(2)员工持股的福利化。企业股权结构改善的最终目的是促进企业绩效的提高,这符合企业所有者的利益。但是,目前我国一些国有企业实行的职工持股有福利化的倾向,企业将一部分股份无偿地送给职工持有。特别是一些上市公司,由于公司法规定内部职工股在公司股票上市一段时间之后,可以通过上市进行变现,而职工购买的内部职工股与上市后的股票市场价格有较大的差价,职工往往在公司上市之后很快将手中的职工股抛出变现,无形中助长了上市公司视职工股为一种福利手段。

(3)员工持股的形式化。有的国有企业为了应付上级单位或政府有关部门的检查,匆匆忙忙在形式上搞个持股会。有的企业为了赶潮流,不管条件成熟与否,盲目推行职工持股制度。这样做的结果是问题没有解决,反而添加了不少麻烦。

(4)员工持股者的行为短期化。这种情况在上市公司中最为突出。公司上市后的职工股抛售行为较为普遍,反映员工持股者行为的短期化,这就很难达到增强公司内部职工凝聚力,调动其生产经营积极性的初衷。

(5)员工持股的外部化。很多企业在实行职工持股的过程中,大量的职工股被非本企业职工所持有,造成职工股的外部化。而这个外部化的过程既达不到有效激励员工的作用,也很容易产生不法现象。

(6)员工持股的非制度化。由于没有一个全国统一的员工持股计划的法规,各地和各企业出于自身需要,制定了适合自己需要的规章制度。而这些制度往往是互相矛盾的,不具备广泛普及的意义。而且已经建立起来的这些制度为今后的统一造成了诸多障碍,加大了规范运作的成本。

这些表现出来的不规范的特点有违制度设计者的初衷,也不利于我国企业的发展。因此必须在思考、总结以前经验教训的同时,积极探索,寻找真正适合我国国情的员工持股计划,并以制度化和规范化作为管理工作的重点。

第三节 福利管理

当代人力资源管理理论把员工福利称为福利性报酬或柔性津贴、隐含收入等，因此，员工福利管理是薪酬管理的一个不可或缺的部分。在企业福利管理中，设计一个灵活实用的员工福利计划，更能发挥非货币薪酬的激励效能。过去的50年，在跨国大公司中，工资增加了40倍，而福利增加了500倍，[①]可见，福利已成为员工薪酬中相当重要的一项内容。

一、员工福利概述

对于企业员工而言，广义的福利包括三个层次：首先，作为一个合法的公民，有权享受政府提供的文化、教育、卫生等公共福利和公共服务；其次，作为企业员工，可以享受由企业兴办的各种集体福利；最后，还可以享受到工资收入以外的企业为员工个人及家庭所提供的实物和服务等福利形式。狭义的福利又称劳动福利，它是企业对劳动者所提供劳动的一种物质补偿，享受员工福利必须以履行劳动义务为前提。企业薪酬的性质和管理模式决定了员工福利的性质与构成。

员工福利具有六个主要特点：

（1）补偿性。员工福利是对劳动者为企业提供劳动的一种物质补偿，也是员工薪酬收入的补充分配形式。一些劳动报酬，不宜以货币形式支付，可以非货币形式支付；不宜以个体形式支付，可以集体形式支付。

（2）集体性。员工福利的主体形式是兴办集体福利事业、员工集体消费或共同使用公共物品等，因此集体性是员工福利的另一个主要特征，如集体旅游、娱乐和健康项目的实施等。

---

① 李鹏程：《以科学发展观抓好工程项目管理的几点思考》，项目管理资源网，http://www.leadge.com/djnews/article/2008/12/2008121085947-3.htm。

第八章 薪酬管理

（3）均等性。对于那些履行了劳动义务的企业员工均有享有各种企业福利的平等权利。均等性在一定程度上能平衡劳动者收入差距，但是对于一些高层次的福利，许多企业采取了差别对待的方式。例如，对于高层管理人员或是有突出贡献的员工，企业提供住房、专车等高层次的福利待遇。

（4）多样性。员工福利的给付形式多种多样，包括现金、实物、带薪休假以及各种服务，而且可以采用多种组合方式。

（5）动态性。员工福利不是一成不变的，应根据市场环境和行业环境的变化而有所调整，针对员工不同阶段的需求提供不同的福利形式。

（6）透明性。员工福利具有普遍性的特点，它同薪酬奖金一样虽同属薪酬系统，但又有所区别。区别之一就是它们的机密程度不同，许多组织将薪酬奖金列为商业机密范畴，而对员工福利一致采取透明化原则。

二、员工福利的构成

员工福利是组织薪酬体系的一个重要组成部分，是组织以福利的形式提供给员工的报酬。员工福利是一个复杂的系统工程，不同的认知标准，可以将其分为不同的类别。从宏观角度看，以福利项目是否具有法律强制性为依据，可以分为国家立法强制实施的法定福利项目和组织自主实施的福利项目；从微观角度看，以福利的实施范围为依据，可以分为全员性福利、特种福利以及特困补助；从员工是否有选择权来看，可以将福利分为固定福利、弹性福利；按福利的具体项目来看，可分为现金补助、保险和服务等。

（一）法定福利和企业补充福利

法定福利亦称为基本福利，是指按照国家法律、法规和政策规定必须发生的福利项目，法定福利具有强制性，任何企业都必须执行，不受企业所有制性质、经济效益和支付能力的影响。法定福利包括：

（1）社会保险和津贴，前者包括生育保险、养老保险、医疗保险、工伤保险、失业保险，后者包括疾病、伤残、遗属。

（2）法定带薪休假。《中华人民共和国劳动法》第四十五条明确规定："国家实行带薪年休假制度。劳动者连续工作一年以上的，享受带薪年休假。具体办法由国务院规定。"

（3）特殊情况下的工资支付。指除属于社会保险之外的特殊情况下的工资支付，如婚假工资、丧假工资、探亲假工资等。

（4）工资性津贴，包括上下班交通费补贴、书报费等。

（5）工资总额外补贴项目。

企业补充福利是指在国家法定的基本福利之外，由企业自定的福利项目、企业补充福利项目的多少和标准的高低在很大程度上要受到企业经济效益和支付能力的影响以及企业出于自身某种目的的考虑。补充福利的形式五花八门，常见的有：交通补贴、房租补贴、免费住房、工作午餐、通讯补助、财产保险、人寿保险、法律顾问、心理咨询等。

（二）经济性福利与非经济性福利

经济性福利包括住房性福利、交通性福利、饮食福利、教育培训福利、医疗保健福利、有薪节假、文化旅游性福利、金融性福利、其他生活性福利、企业补充保险与商业保险等。

企业提供的非经济性福利的基本目的在于全面改善员工的工作生活质量，包括：

（1）咨询性服务，如免费提供法律咨询和员工心理健康咨询等。

（2）保护性服务，如平等就业权利保护、隐私保护等。

（3）工作环境保护，如实行弹性工作时间，缩短工作时间，员工参与民主化管理等。

（三）集体福利和个人福利

集体福利作为员工福利的主要形式，是指企业举办或者通过社会服务机构举办的，供员工集体享用的福利性设施和服务，如住宅、集体生活设施和服务、免费旅游等。

个人福利是指员工福利基金开支的，主要以货币形式直接支付给员工个人的福利补贴，内容包括交通费补贴、冬季取暖补贴、生活消费品价格补贴等。

三、社会保险管理

员工的社会保障体系和社会保险项目是政府通过立法形式，要求企业必须提供给员工的福利和待遇，是员工的法定福利。社会保障体系包括社会救济、社会保险、社会福利和社会优抚四个方面，其中，社会保险是社会保障体系的核心内容。

（一）社会保险的特点

社会保险有六大特点，分别是：

（1）强制性。社会保险通过国家立法强制实施，在法律规定的范围内，企业必须依法参加社会保险，按规定缴纳保险费。在各险种中，工伤保险的强制性最为明显。

（2）保障性。社会保险的主要目的是为失去生活来源的劳动者提供基本的生活保证，符合国家法律规定的劳动者均可享受国家所提供的各种社会保险待遇。

（3）互济性。社会保险是政府运用统筹调剂的方式之一，集中筹集和使用资金，以防范或解决不同层次、行业、职业劳动者由于各种劳动风险造成的生活困难。

（4）差别性。社会保险具有一定的福利性，但在享受保险待遇上也体现一定的差别性。当劳动者同样出现年老、患病、死亡、失业、生育等风险时，由于个人工龄、工资和缴纳的保险费不同，其享受的保险待遇也会有所差别。

（5）防范性。社会保险基金是为了防范风险，为了在劳动者遇到劳动风险时，有足够的物质基础来提供资助，因此防范性是社会保险的一个基本特征。

（6）特定性。社会保险的主体是特定的，包括劳动者（含其亲属）与用人单位，保险的内容也是特定的，仅限于劳动风险中的各种风险，不包括此外的财产、经济等风险。

（二）社会保险的内容

鉴于各国的发展水平和社会保险制度的完善程度不同，所提供的承保项目不完全一致，我国目前已经提供或者正在建立的企业员工社会保险项目包括：

（1）养老保险。养老保险是我国目前覆盖面最宽、社会化程度最高的一种社会保险形式。

（2）失业保险。由于社会、企业或者个人的问题，员工会面临着失业或短期失去工作的风险，企业必须为员工支付失业保险费，以备失业后的生活必需和接受再就业培训之用。

（3）工伤保险。员工因工受伤和死亡是企业难以避免的事情，员工享受工伤保险待遇是基本的权利。

（4）医疗和死亡保险。医疗保险制度是解决员工非因工生病之后治疗和生活保障问题；死亡保险是解决企业员工死亡之后，遗属的生活保障问题。

（5）生育保险。为企业女员工设置的专门保险项目，以解决妇女生育期的生活保障问题。

上海市"四金"缴纳比[①]

俗称的"三金"（养老、医疗、失业）不包括住房公积金，"四"金＝五险一金。如上海住房公积金：单位和个人各缴纳工资基数的7%。

	单位承担	个人承担	政府收取合计
社会保险金	37%	11%	48%
住房公积金	7%	7%	14%
"四"金合计	44%	18%	62%

思考：
你认为"五险一金"是不是企业必须为员工支付的？

（三）社会保险基金

社会保险基金是指为了保障保险对象的社会保险待遇，按照国家法律、法规，由缴费单位和缴费个人分别按缴费基数的一定比例缴纳以及通过其他合法方式筹集的专项资金。社会保险基金是国家为举办社会保险事业而筹集的，用于支付劳动者因暂时或永久丧失劳动能力或劳动机会时所享受的保险金和津贴的资金。社会保险基金按照保险类型确定资金来源，逐步实行社会统筹。用人单位和劳动者必须依法参加社会保险，缴纳社会保险费。社会保险基金是国家通过强制

[①]《2013年上海市社会保险费缴费标准》，上海市人力资源和社会保障局官网，http://www.12333sh.gov.cn/200912333/2009xxgk/ztxx/shbxxx/201304/t20130403_1146239.shtml.

征收、用于抵御劳动风险的一项基金。筹集对象包括政府、集体和个人，基金来源包括：企业和投保人依法缴纳的社会保险费和社会滞纳金，社会保险基金的增值性收入，政府投入资金以及各种捐赠收入等。

1. 统筹范围

社会保险基金采取统筹方式。所谓统筹，就是在社会范围内对社会保险基金的来源和用途做出统一的规定、计划和安排，以发挥社会保险的功能，促进保险基金的保值和增值的一种基金管理制度或基金管理方式。统筹范围表明社会保险的社会化程度和保障水平，可以从四个角度衡量：

（1）企业或用人单位——是全部企业，还是部分企业纳入统筹范围。我国传统的社会保险主要是国有和城镇集体企业，目前逐步扩大到所有企业。

（2）劳动者范围——是全部劳动者，还是部分劳动者纳入统筹范围。与投保企业相对应，我国纳入社会统筹范围的劳动者也在逐步扩大，由原来的国有和城镇集体企业劳动和扩大到所有工资收入者。

（3）保险种类和保险项目。一般而言，养老、失业、工伤、医疗和生育保险是社会保险的基本险种，也是现代企业雇员基本的福利待遇。特别是养老和医疗保险，各国都强制性地实行社会统筹。保险项目视国家经济发展水平和企业缴费能力而有所不同。经济实力强的国家和企业，保险种类和保险项目相对宽泛，保障水平相对高；反之，则只能保障雇员的基本需要。

（4）地域范围——在哪一级的行政区域内统筹。例如，养老保险和医疗保险，目前在我国已经开始实行省一级的社会统筹。

按照统筹的原则，社会保险费用由不同的主体承担。例如：目前在我国，由财政拨款的单位，养老、失业、医疗保险费用由国家负担大部分，个人承担小部分，工伤和生育保险由国家承担；非财政拨款的企业，养老、失业和医疗保险费用由企业和劳动者共同承担，一般企业承担大部分，工伤和生育保险费用的具体比例由地方政府规定。

2. 统筹方式

有三种社会保险的统筹方式：

（1）现收现付式，又称统筹分摊式或年度评估式。先对近期（1年或几年）社会保险基金需求量进行预测，按照以收定支的原则，将基金按比例分摊给企业和劳动者。按照这种方式，所筹集的基金与同期的保险金支出基本平衡。

（2）半积累式，又称部分基金式或混合式。是指在现收现付式的基础上，按收大于支、略有节余的原则，按比例征收企业的投保费用。其收大于支的部分基金用于转投经营，用于保值和增值。这是目前采用较多的一种筹资方式。

（3）完全积累式，又称全基金式。是指对被保险群体的生命过程和劳动风险及其影响因素进行远期预测，在此基础上计算出被保险人在保险期内所需保险金开支总和，然后按一定比率分摊到就业期的每一个年度，投保人按比率逐月缴纳保险费，同时将积累的保险基金有计划的转投经营，使其保值增值。

3. 社会保险基金现存问题

我国社会保险制度进行改革以来，为保证社会保险制度的正常运行，国家制定了一系列有关社会保险基金的法规和规章，使我国社会保险基金得以在法制的轨道上运行。但从整体上看，我国社会保险基金制度仍存在不少问题，主要表现在以下方面：

第一，法律规范不统一。社会保险制度在某一部门或地区是统一的，但稍微跨越部门或地区即不统一。社会保险制度的运行与劳动力资源的广泛流动性、与生产经营的跨地区分布不相适应，不能使社会保险关系成为一种有序的状态，不能形成和谐一致的严密体系，也阻碍了劳动力的流动和配置。

第二，自由选择裁量权的设定需检讨。社会保险的不同项目，特别是养老、医疗保险的权利义务标准在地方一级政府的自由选择裁量权过大。由于国民经济发展的不平衡，在全国规定统一的标准难以符合实际，缴费基数、费率由地方政府根据地方实际情况确定，但确定的标准随意性大，如何保证科学合理是值得检讨的。

第三，社会保险基金法律责任规范不足。社会保险基金是社会保险制度运行的基础，拒缴、欠缴社会保险费，挤占、挪用保险基金等需承担何种法律责任及其制裁措施缺乏详细的法律规定。从惩罚违法者的法律制裁措施看，违反法律不仅应承担民事责任、行政责任，还应视情节严重情况，承担刑事责任。目前的规定只承担民事责任（缴纳罚金）和行政责任，而承担刑事责任的构成要件与罚则是模糊的。

第四，社会保险信息披露制度缺失。社会保险基金是社会保险权利人的财产，社会保险基金的安全与运营状况权利人具有完全的知情权，保险基金的支付、积累、运营情况应由何种机关、通过何种形式并以何种周期、用何种标准规则向权利人公布的信息披露制度缺失，导致现实中存在大量暗箱操作，权利人对自己的权利不知情等弊病。

4. 建立社会保险基金管理机制

加强社会保险基金管理，提高管理效能，可以节约社会保险的运行成本，减轻企业负担。社会保险基金数额巨大而且影响面广，其运转成败，关系到广大劳动者的切身利益，关系到社会保险事业的前途和社会的安定。建立必要的社会保险基金管理机制，应从以下几方面考虑：

第一，统一管理。中央社会保险基金由中央政府专门机构统一管理，不允许私营化；省级社会保险基金由省级政府专门机构统一管理，也不允许私营化。中央和省级社会保险基金管理机构负责社会保险基金管理事务，并负有使社会保险基金保值增值的责任，必须设立单独的社会保险基金财政专户，专用于社会保险的各项开支，任何单位和个人不得挤占挪用社会保险基金，也不得用于平衡财政预算。

第二，征收和管理分离。社会保险基金实行征收和管理分离，明确规定由国家各级税务部门履行征收职责，与社会保险基金管理机构的职能分离。

第三，管理和运营分离。社会保险基金管理机构不能直接进行投资运营，应当通过依法委托专门的投资运营机构实施投资运营。

第四，管理和监督分离。社会保险基金管理和监督实行分离，社会保险基金专门监督机构依法对社会保险基金的收支、管理和运营实施监督。专门监督机构应注重劳动者的参与，实行社会化的监督机制。

第五，分账核算。在社会保险基金管理中，要求按险种分别建立账户，即要求对基本养老保险基金、失业保险基金、工伤保险基金、城镇职工基本医疗保险基金等基金分别建立账户，分账核算，专款专用，自求平衡，不得相互挤占和调剂。

人力资源管理

案例

小家电如何撼动大地球？
——揭秘广东新宝电器股份有限公司的薪酬战略[①]

早在2003年，广东新宝电器股份有限公司（以下简称"新宝电器"）就已经成为全球最大的西式厨房小家电制造基地之一。当时的新宝电器通过承接来自欧洲的OEM订单，抢占了欧美大份额的市场。到2006年，新宝电器的国内外产销额已经超过30亿元人民币，取得了令业界啧啧称赞的骄人业绩。

从贴牌生产到创立自有品牌，短短几年间，新宝电器从之前的名不见经传到后来成为一个世界级的西式小家电的主流供应商，其发展速度之快、规模之大、效益之好令人称奇，不禁让人产生一个疑问：小家电是如何走出一条"撼动大地球"的不寻常之路的？

用"薪"创造奇迹在小家电行业，恐怕没有几家公司能有新宝电器这样大的魄力，愿意投入如此巨大的人力、物力和财力在产品的研发、设计和品质提升上。

2007年，新宝电器的员工已经达到近18 000人。其中，专业技术人员就有近2 000人。而研发投入占销售收入的比例逐年大幅提高，仅2005年的研发投入就已超过1亿元人民币。和很多OEM工厂一样，在最初阶段，新宝电器在薪酬管理上还只是粗放式的管理，甚至连薪酬都是由公司的财务部进行直接管理。随着企业的规模越做越大，对管理的精细化要求越来越高，这种薪酬管理方式显然已经不能适应形势发展的需要。为了积极探索薪酬管理的新模式，充分发挥薪酬的激励约束作用，吸引和保留一大批优秀的人才为公司服务，新宝电器在薪酬上提出了一个响亮的口号：打造与品牌战略相同的薪酬战略。

事实上，新宝电器的整个人力资源管理由资源支持中心和东菱学院两大平台进行运作和管理，资源支持中心负责统筹管理公司的人力资源、行政后勤、信息技术、安全等多个领域的工作；东菱学院负责统筹管理公司的培训工作。作为公司核心的职能中心之一，资源支持中心之一，资源支持中心根据公司发展所处阶段的特点和要求，特意把除培训之外的人力资源管理划分成由人力资源部与薪酬绩效部两个独立的部门来分别进行运作。

[①] 改编自《小家电如何撼动大地球？——揭秘广东新宝电器股份有限公司的薪酬战略》，烟台人才网，http://www.yantai-job.com/centerjianli/news.asp?news_id=7639.

第八章 薪酬管理

通过成立专门的薪酬绩效部来负责整个公司的薪酬、绩效和干部管理等工作，新宝电器在研发创新、品质提升和流程管理上焕发出新的活力与激情。

薪酬与业绩直接挂钩是为了保证薪酬水平与公司的战略定位相吻合，从2007年起，新宝电器与太和顾问等知名的专业机构合作，对同行业的薪酬水平进行调研分析，特别是对周边同类企业的薪酬水平进行调查、分析和比较，并在此基础上制定和形成公司具有一定竞争力并在合理范围内的薪酬水平。

为做好公司的薪酬体系改革和设计工作，新宝成立了由副董事长亲自挂帅、总裁们组成的薪酬委员会。薪酬绩效部按照薪酬委员会的部署和要求开展工作，从工作分析入手，到人员和机构的整合，再根据每个岗位的工作职责、知识要求等几方面开展岗位评价，制定出每个岗位的薪级和工资标准，以此作为薪酬支付和调整的依据。最后，薪酬绩效部通过进行薪酬调查和薪酬测算等工作，逐渐搭建起整个公司的薪酬体系。

以OEM起家的新宝电器早就意识到：只有在产品设计、品牌等其他环节上才能获取更大的利润空间。2007年公司开始逐步实现从单纯地取样加工生产向产品外观设计过渡的发展模式转变，大力实施精品战略，走高端发展路线。而研发系统作为公司实施精品战略的"火车头"，其薪酬体系和结构的有效性自然受到公司极大的重视。

为保持研发队伍的稳定，新宝电器在制定相关的长期激励政策方面，也用足了心思。公司每年会选出一批优秀的高级工程师，免费送他们出国学习。而各种大大小小的管理类培训、专业技能培训则在东菱学院长期进行。同时，研发部门营造的工作氛围也是非常开放、放松的，"他们有专门的咖啡厅，甚至可以一边喝咖啡一边听音乐一边工作"。这些激励措施在新宝电器取得了很好的效果，据新宝电器资源支持中心总监李亚平介绍，新宝电器的研发系统人才流动率非常低，"很多工程师来到了新宝电器，就不想离开了"。

据了解，由于研发和创新设计能力的大幅提升，使得新宝电器获得了有别于传统OEM企业的竞争优势，得到了诸如飞利浦、Kenwood等国际一流客户的青睐和赞誉。

思考：

（1）新宝电器公司的薪酬战略是如何运作的？有哪些地方需要改进？

（2）中国企业要想在国际竞争中取得优势，成本是必须考虑的因素之一，而优质的薪酬体系设计和薪酬管理是取得成本优势的渠道之一。结合案例中的新宝电器，从本土化和国际化角度分析薪酬管理的优缺点。

本章小结

　　本章完成了对薪酬管理的讨论。可以看到，不同的企业对薪酬的认识不同，甚至不同利益相关群体之间也存在较大差异。而如何有效实现薪酬的功能也成为对新时代管理者们的重大考验。

　　本章系统梳理了薪酬的不同方式，如何有效的构建薪酬结构体系已经刻不容缓。而薪酬设计必须依靠有效且准确的指导原则，在此基础上设计出符合企业自身发展和战略目标的薪酬制度。

　　公司如何做好福利的配置与发放也成为近几年的主要议题，如何选择和设计合适、合理的福利体系才能够吸引并留住员工？其中不同的福利形式之间的搭配和选择需要管理者仔细甄别。

　　随着组织所处的环境的不断变化，薪酬经理也必须使用多种不同的薪酬支付方式和福利计划对员工进行奖励，必须以公平、诚实的对待员工的方式去跟员工沟通。

本章思考题

1. 简述薪酬的定义。
2. 简述薪酬的功能。
3. 如何构建战略薪酬结构体系？
4. 战略性薪酬与传统薪酬管理的区别有哪些？
5. 如何构建全面的薪酬体系？
6. 设计薪酬体系应该遵循哪些原则？
7. 薪酬设计有哪些步骤？
8. 举例说明薪酬设计的典型方法。
9. 简述员工福利的几大特点。
10. 简述弹性福利的概念及类型。

第八章 薪酬管理

本章参考文献

1. 〔美〕乔治·米尔科维奇、杰里·M. 纽曼著，成得礼译：《薪酬管理（第9版）》，中国人民大学出版社2008年版。

2. 刘昕编著：《薪酬管理（第3版）》，中国人民大学出版社2011年版。

3. 曾湘泉主编：《薪酬管理（第2版）》，中国人民大学出版社2010年版。

4. 〔美〕理查德·I. 亨德森著，刘洪、韦慧民编译：《薪酬管理（第10版）》，北京师范大学出版社2013年版。

5. 康士勇主编：《薪酬设计与薪酬管理》，中国劳动社会保障出版社2005年版。

6. 刘爱军主编：《薪酬管理：理论与实务》，机械工业出版社2013年版。

7. 赵曙明主编：《薪酬管理——理论、方法、工具、实务》，人民邮电出版社2014年版。

8. 张昊民、孙继伟编著：《人力资源管理》，高等教育出版社2007年版。

第九章 劳动关系管理

本章学习目标

1. 了解：劳动关系与劳务关系的区别，劳动合同的履行与变更，劳动合同的解除与终止。

2. 熟悉：劳动关系的法律特征、劳动关系的分类、劳动合同的订立原则、劳动争议的相关方。

3. 掌握：劳动关系概念和主客体、劳动合同的基本内容、劳动争议的解决方式。

本章核心概念

劳动关系　劳动合同　劳务关系　劳资纠纷

第一节　劳动关系管理概述

当我们接受一项工作并签订工作合同，就意味着我们与雇主正式开始一段劳动关系。在这段关系中，存在雇主和雇员各自的权利和义务。某些权利和义务是法律的基本规定，某些则是雇员与雇主协商达成的。与劳动关系类似的，还有雇佣关系或称劳务关系，比如家庭帮工、家庭装修用功等临时用工，具有一定劳动关系的特点，但又有很大差别。本章内容关注的是劳动关系，但会阐述它与劳务关系的区别和联系。

作为员工，如何了解、建立和保障劳动关系中自身权益；作为企业人力资

第九章 劳动关系管理

源管理者，如何对企业各部门员工的劳动关系进行管理，保障组织的正常运营，降低劳动关系纠纷，是重要问题。

一、劳动关系的概念与主客体

劳动关系（Labor Relationship）是指劳动者与劳动力使用者以及相关组织为实现劳动过程所构成的社会经济关系[1]。从法律上看，于2007年6月29日通过并公布，自2008年1月1日起实施的《中华人民共和国劳动法》（以下简称《劳动法》）规定，用人单位自用工之日起即与劳动者建立劳动关系。同时规定，建立劳动关系，应订立书面劳动合同，已建立劳动关系，未同时订立书面劳动合同的，应当自用工之日起一个月内订立书面劳动合同。该法律包括劳动合同的定义、履行和变更、解除和终止等重要内容和规定。同时，还包括集体合同、劳务派遣、非全日制用工等特别内容。

从狭义上看，劳动关系的主体是劳动者和用人单位。其中，劳动者是指根据劳动法律和劳动合同，在用人单位从事脑力或体力劳动从而获得报酬的自然人。用人单位则是依法招聘、任用劳动者的单位，包括各类所有制的企业、个体工商户、国家机关和事业单位、社会团体等。广义上看，劳动关系的主体包括雇员和以工会为主要形式的雇员组织，以及雇主及其代理人和雇主组织。此外，当劳动关系出现问题时，其影响往往超出劳动者（雇员）和用人单位（雇主）及其组织，对社会生活产生诸多影响。因此，政府和相关组织，如国际劳工组织、国际雇主组织也会被列入当代劳动关系管理的研究范围[2]。

劳动关系的客体是劳动行为。根据法律规定，建立劳动关系需要订立书面合同。之后，双方应按照劳动合同的规定履行各自的权利和义务。具体来看，劳动者需要参与用人单位的工作，完成岗位职责。用人单位则需要为劳动者提供所需的场所、器械等工作条件。双方分别提供劳动力和工作条件以保证劳动行为的顺利发生，及其产生的企业生产经营成果和劳动者获得的报酬。

---

[1] 常凯主编：《劳动关系学》，中国劳动社会保障出版社2005年版，第9页。
[2] 于桂兰、于楠主编：《劳动关系管理》，清华大学出版社、北京交通大学出版社2011年版，第1页。

东方航空公司的飞行员集体返航事件[1]

2008年3月31日，中国东方航空的飞行员私自"导演了"一场"空中秀"，提前过了"愚人节"，从昆明飞往大理、丽江、西双版纳、芒市、思茅和临沧六地的18个航班在到达目的地上空后，均"因天气原因"而集体返航，致使1500多名旅客滞留昆明巫家坝机场。4月1日，该公司又有3个航班"因天气缘故返航"。

尽管公司宣称返航是由于"天气原因"，但4月7日，其不得不承认，部分航班的返航存在"明显的人为因素"。实际上，这起集体返航事件是飞行员对公司表达不满的一种方式。

事发后，中国民航管理局介入调查。在调查过程中，有关飞行员说：集体返航是飞行员之间长期在一起工作、生活养成的一种默契，事先没有人组织，也不存在"带头大哥"，事发过程中也不知道会有多少人参与。"只要有一架飞机返航，后面就会有一群飞机跟着，呼啦呼啦地飞回来。"他们在"返航过程中，想得很简单，就是要向公司表达不满，但没料到事情发展到这个地步"。飞行员长期反映的问题得不到解决，飞行员也不知道怎么办，就用这种方式表达不满。

有飞行员说，事件发生前，云南分公司飞行员中就流传着一封反映飞行员待遇不公的公开信，这是返航事件的导火索，但是谁公布了这封公开信，都不知道。也有专家分析称，飞行员之所以敢这么做，是因为"飞行员短缺危机到来了"。

由于"罢飞"事件的恶劣社会影响，不少乘客开始自发集体抵制东航航班。中国消费者协会发言人也在同一天对媒体表示，消费者协会将一直密切关注东方航空公司云南部分航班的集体返航事件，中国消费者协会律师团将会根据消费者的要求，依法提供支持。

4月16日，中国民用航空局就东方航空公司云南分公司的集体返航事件做出调查结论，同时对东方航空公司作出处罚决定：

（1）停止东航云南地区部分航线、航班的经营权，交由其他航空公司经营；具体执行事宜由民航西南管理局安排。

---

[1] 摘编自于桂兰、于楠主编：《劳动关系管理》第1页，原载于《21世纪经济报道》2007年12月24日第5版，原作者陈欢。

第九章 劳动关系管理

（2）对东航处以人民币150万元罚款，上缴国库；责令东航在3个月内完成相关设备的改装升级，恢复QAR（Quick access recorder，快速存取记录器）译码设备的正常工作。

思考：

（1）东方航空公司云南分公司的集体返航事件的原因出在哪方面？

（2）对如何防范类似事件的发生，你有何建议？

二、劳动关系与劳务关系的区别

需要注意的是，劳动关系中需要劳动者参与用人单位的生产经营，遵从其管理，且有一定的隶属关系。而当今社会有很多自由职业者，他们并不一定与用人单位签订劳动合同，虽然按劳取酬，但并无隶属关系，关系相对松散。这类关系，有别于劳动关系，属于劳务关系（Service Relationship）。劳动关系中的雇员不包括自由职业者。劳动关系与劳务关系都是基于雇主和被雇佣者之间劳动和报酬交换的关系，但两者有重要区别。

首先，从概念上看，劳务关系是根据书面或口头约定，由提供劳务的一方向需要劳务的一方提供劳动服务并依约获得报酬的法律关系。这不同于劳动关系要求必须签订劳动合同的规定。

其次，两者的法律性质不同。劳动关系遵循《劳动法》，劳务关系则遵循《中华人民共和国合同法》。

最后，劳动关系的双方在法律上平等，在实际上则具有一定隶属关系，劳务关系双方则是完全平等的主体。同时，劳动关系的劳动者属于自然人，劳务合同的劳动者则既可以是自然人，也可以是法人、组织甚至国家等主体。

在以下情况下，建立劳务关系往往更加适合。

（1）业务外包。用人单位可以将某个项目外包给其他单位或人员，或者只是将临时性、一次性工作交给某人、某几人或某单位来做，双方根据口头约定或劳务合同，形成劳务关系。对组织而言，越来越多的企业将生产、人力资源管理、营销策划、财务审计等业务外包。对个人而言，典型的是很多自由职业者同时与多家单位形成劳务关系。

（2）劳务派遣。某些企业可能面临生产经营业务的不稳定性，比如旺季的时候订单很多，淡季的时候很少。显然，淡旺季雇佣同样数量的员工并不合适。此时，企业会采取保有一定数量的雇员，旺季时则使用劳务输出公司派遣的劳务人员，弥补正式雇员的不足。此时，用人单位与劳务输出公司签订劳务派遣合同，形成劳务关系，派遣的劳务人员则与劳务输出公司形成劳动关系。

（3）非常态形式的劳动关系中，劳动者从事劳务活动并获得报酬的情况。如前所述，劳动关系还存在待岗、下岗、内退、停薪留职的状态。虽然，这一类员工的劳动关系仍属于原单位，但如果与劳务使用方发生纠纷和问题，则其与新的单位的关系将被视为事实性的劳动关系。根据《最高人民法院关于审理劳动争议案件适用法律若干问题的解释》相关规定，"企业停薪留职人员、未达到法定退休年龄的内退人员、下岗待岗人员以及企业经营性停产放长假人员，因与新的用人单位发生用工争议，依法向人民法院提起诉讼的，人民法院应当按劳动关系处理。"

三、劳动关系的法律特征

（一）劳动关系的主体具有法律上的平等性，但也有一定的隶属性

平等性指劳动关系的订立以及发生纠纷时双方的地位平等。法律面前人人平等，劳动合同的签订通常也应该是建立在双方平等自愿的基础上的。一旦发生纠纷，双方在法律上解决问题时也是地位平等的。但是，在劳动关系的存续期间，劳动者又隶属于用人单位。这是指劳动行为的发生。我们知道，劳动者需要遵守用人单位的规章制度、岗位规定，并完成用人单位规定的工作任务，要接受用人单位相关人员的管理和领导。因此，劳动者在一定程度上须服从于用人单位。

（二）劳动关系具有排他性

劳动关系具有排他性是指，法律规定劳动者不能同时与两个或两个以上用人单位签订合同。某一企业的员工不能同时作为另一企业的员工进行劳动。相应地，任何两个用人单位在知情的情况下不得与同一个劳动者签订劳动合同，建立劳动关系。

四、劳动关系的分类

根据不同划分标准，劳动关系有不同分类。

第九章 劳动关系管理

（一）直接劳动关系和间接劳动关系

直接劳动关系指用人单位与劳动者建立劳动关系后，由用人单位直接组织劳动者进行生产劳动的形式。间接劳动关系，即劳动关系建立后通过劳务输出或借调等方式由劳动者为其他单位服务实现劳动过程的形式。目前，直接劳动关系占大多数，但间接劳动关系的数量也在逐渐增加。

（二）劳动关系的不同形态

劳动关系有不同形态，包括正常形态，也就是多数情况下劳动者在用人单位劳动并获得报酬的劳动关系；还包括非常态形式，比如某些员工进修学习时办理的停薪留职形式。通常而言，非常态形式往往意味着劳动关系可能或即将终止，如提前退休、应征入伍、待岗或下岗等。

（三）不同规范程度的劳动关系

尽管《劳动法》规定，建立劳动关系需要订立书面劳动合同，在现实中仍存在尚未订立合同但实际已存在劳动关系的情况，这反应了劳动关系的规范程度。

第一，如果依法订立或补订立劳动合同而建立劳动关系，则属于规范的劳动关系。

第二，如果双方并未订立劳动合同，但劳动者实际上已经作为企业或者其他单位的成员，为其提供劳动并从中获取报酬，则可视为事实劳动关系。

第三，不管双方是否订立劳动合同，如果不符合法律规定，比如招聘和使用童工以及无合法证件人员，或者用人单位无合法营业执照，则属于非法劳动关系。这一点类似于双方在自愿基础上协商签订的合同，如果其签订主体缺乏民事行为能力或者合同内容违法，则该合同无效。

第二节　劳动合同管理

在企业中，劳动关系管理包含遵循劳动法律法规、工会关系管理、劳动合同管理、劳动争议管理等。其中，劳动合同管理是基本内容，涉及劳动者和用人单位双方的基本权利和义务，是其他管理活动的基础和依据。

建立劳动关系必须签订书面劳动合同，以确定用人单位同劳动者之间的劳动关系。劳动关系的任何变动也会反映在劳动合同上。《中华人民共和国劳动合同法》（以下简称《合同法》）对劳动合同的订立、履行、变更、解除或终止做出相应规定，并列明了监督检查和法律责任。无论是作为企业管理者还是劳动者本身，了解劳动合同的相关事宜都至关重要。

一、劳动合同的订立

（一）订立原则

《合同法》规定，建立劳动关系，应当订立书面劳动合同。并且订立劳动合同，应当遵循合法、公平、平等自愿、协商一致、诚实信用的原则。如果用人单位未在用工的同时订立书面劳动合同，与劳动者约定的劳动报酬不明确的，新招用的劳动者的劳动报酬按照集体合同规定的标准执行，没有集体合同或者集体合同未规定的，实行同工同酬。

任何违反劳动合同订立原则的劳动合同，可能无效或部分无效，比如《合同法》规定的以下情形：以欺诈、胁迫的手段或者乘人之危，使对方在违背真实意思的情况下订立或者变更劳动合同的；用人单位免除自己的法律责任、排除劳动者权利的、违反法律、行政法规强制性规定的。如果劳动合同被确认无效，劳动者已经付出劳动的，用人单位应向其支付报酬。

案例

劳动者的"碰瓷"[①]

刘某于2012年7月1日入职一家数码公司，担任人力资源经理一职。2013年6月30日，在劳动合同到期后刘某与数码公司均同意劳动合同到期终止，数码公司亦支付了刘某终止劳动合同的经济补偿金。刘某离职后不久即通过诉讼程序，要求数码公司支付未签订书面劳动合同应付的两倍工资差额。案件审理过程中，数码公司向法院证明该公司确与刘某签订过书面劳动合同；刘某认可文件接收清单系其本人签署，其工作职责包括劳动合同的签订及保管，但坚称数码公司未与其签订书面劳动合同。

---

① 整理自《劳动纠纷问题多维权也要讲诚信》，http://www.sjfzxm.com/news/shangren/20140116/370160.html.

第九章　劳动关系管理

法院经过审理后认为，依据文件接收清单显示的内容，刘某曾收到数码公司送达的与其本人签署的劳动合同文本，现其虽否认签订过劳动合同，但未能就上述接收清单中的签字做出合理解释；且刘某未能提交本人留存的劳动合同书以推翻数码公司所提供的劳动合同书复印件的内容，应当就此承担不利的法律后果。同时，考虑到刘某的工作职责即包括与员工签订劳动合同及保管公司所留存的劳动合同，不能排除刘某将公司留存的劳动合同原件带走的可能。法院对数码公司提交的劳动合同书复印件予以采信，确定双方签订有期限至2013年6月30日的劳动合同书，驳回了刘某的全部诉讼请求。

作为能够直接证明工资标准、工作岗位、工作期限等劳动关系核心内容的法律文件，劳动合同对于明晰劳动关系中的权利义务具有相当的重要性。因此，法律规定用人单位在未能履行与劳动者签订书面劳动合同的法定义务时，应当在一定期限内向劳动者每月支付两倍的工资。

思考：

（1）如果当初数码公司未与刘某签订书面合同，会受到何种判决？

（2）依法订立劳动合同对劳动者和用人单位分别有什么保障？

（二）合同类型

根据期限，劳动合同可以分为固定期限的劳动合同、无固定期限劳动合同和以完成一定工作任务为期限的劳动合同。

为更好地保护劳动者权益，《劳动法》规定，在以下情形中，除非劳动者提出订立固定期限的劳动合同，否则应当订立无固定期限的劳动合同：

（1）劳动者在该用人单位连续工作满10年的；

（2）用人单位初次实行劳动合同制度或者国有企业改制重新订立劳动合同时，劳动者在该用人单位连续工作满10年且距法定退休年龄不足10年的；

（3）连续订立两次固定期限劳动合同，且劳动者没有《劳动法》规定的用人单位可以解除劳动合同之情形的，需要续订劳动合同的。

特别需要注意的是，如果用人单位自用工之日起满一年不与劳动者订立书面劳动合同的，视为用人单位与劳动者已订立无固定期限劳动合同。该条规定在很大程度上促使用人单位与劳动者订立劳动合同，保护了劳动者的合法权益。

（三）合同内容

根据《合同法》规定，以下条款是劳动合同必须具备的：① 用人单位的名称、住所和法定代表人或者主要负责人；② 劳动者的姓名、住址和居民身份证或者其他有效身份证件号码；③ 劳动合同期限；④ 工作内容和工作地点；⑤ 工作时间和休息休假；⑥ 劳动报酬；⑦ 社会保险；⑧ 劳动保护、劳动条件和职业危害防护；⑨ 法律、法规规定应当纳入劳动合同的其他事项。

除以上必备内容外，用人单位和劳动者还可以约定关于试用期、培训、保密协议、补充保险、福利待遇等其他事项。《合同法》对试用期的长度有相关规定：劳动合同期限在三个月以上不满一年的，试用期不得超过一个月；劳动合同期限一年以上不满三年的，试用期不得超过两个月；三年以上固定期限和无固定期限的劳动合同，试用期不得超过六个月。

如果劳动合同中约定劳动者需要保守用人单位的商业秘密和知识产权相关事项，劳动者则负有保密义务。用人单位可以与劳动者在合同中签订竞业限制条款，并约定若解除或终止劳动合同，在竞业限制期限内按月给与劳动者经济补偿。若劳动者违反约定，则应向用人单位支付违约金。

二、劳动合同的履行与变更

法律规定，用人单位和劳动者应当按照劳动合同的规定履行自己的义务。最重要的一点是，用人单位必须按照约定向劳动者支付报酬。如果用人单位拖欠或未足额支付劳动报酬，劳动者可以依法向当地人民法院申请支付令。同时，用人单位应当执行劳动定额标准，不得强迫或者变相强迫劳动者加班。如果安排加班，应当向劳动者支付加班费。

尽管劳动者在工作时间中与用人单位有一定隶属关系，却不是无条件服从。《合同法》规定，劳动者拒绝用人单位管理人员违章指挥、强令冒险作业的，不视为违反劳动合同。并且，劳动者对危害生命安全和身体健康的劳动条件，有权对用人单位提出批评、检举和控告。

如果经过双方协商，劳动合同约定的内容可以变更，但是必须采用书面形式。

第九章 劳动关系管理

三、劳动合同的解除与终止

用人单位与劳动者协商一致,可以解除劳动合同。劳动者解除劳动合同,需要提前30天以书面形式通知用人单位。在试用期内,则应提前3日通知用人单位,解除劳动合同。

此外,如遇特殊情况,劳动者或用人单位可以单方面解除劳动合同。比如,用人单位未按照劳动合同约定提供劳动保护或者劳动条件的、未及时足额支付劳动报酬的、未依法为劳动者缴纳社会保险费的等,劳动者可解除劳动合同。如果劳动者在试用期内被证明不符合录用条件、严重违反用人单位规章制度、严重失职或营私舞弊给用人单位造成重大损害的、与其他用人单位建立劳动关系严重影响本单位的工作任务的,用人单位可以解除劳动合同。

案例 用人单位的"无争议条款"①

赵某为外地进京务工人员,2009年9月入职一家餐饮公司,月工资标准为人民币2 800元,餐饮公司未给赵某缴纳社会保险。2011年10月31日,赵某因家中有事向餐饮公司提出辞职,并要求餐饮公司结算2011年10月工资2 800元。餐饮公司要求赵某先行签署一份解除劳动关系协议书,否则不支付10月份工资。在餐饮公司草拟的协议书中载有"……甲乙双方经协商于2011年10月31日解除劳动关系,甲方一次性向乙方支付2011年10月工资2 800元,其他各项费用已按合同要求全部实际结清,双方再无争议"。2012年1月,赵某了解到依据相关法律规定自己应享受带薪年假权利以及养老保险和失业保险待遇,便通过诉讼程序要求餐饮公司支付未休带薪年假工资及未缴纳养老和失业保险的赔偿金。

法院经审理认为,解除劳动关系协议书虽载有"其他各项费用已按合同要求全部实际结清,双方再无争议",但并未体现餐饮公司与赵某就年休假工资、社会保险赔偿等问题进行协商并实际支付了相关补偿。在餐饮公司未能证实其已就上述条款特别提请赵某加以注意之时,法院采纳赵某的主张,认定上述条款显失公平予以撤销,判决餐饮公司依法向赵某支付相关待遇。

部分不诚信的用人单位利用自身的管理优势,以结算工资、开具离职证明

---

① 整理自《劳动纠纷问题多 维权也要讲诚信》,http://www.sjfzxm.com/news/shangren/20140116/370160.html.

等为条件，或利用劳动者文化程度低、法律意识薄弱等，要求劳动者签署包含有"所有纠纷一次性解决"、"各项费用已经全部结清"等条款的离职协议，违背了劳动者的真实意思，侵害了劳动者的合法劳动权益。实践中，如可以证实用人单位在要求劳动者签署协议时存在欺诈、胁迫或乘人之危行为的，上述协议或相关条款会被仲裁机构及人民法院认定为无效。

需要特别提醒的是，除签订解除协议要擦亮眼睛外，劳动者也应避免在空白文件或者载明内容与实际情况不符的劳动合同、工资发放记录等文件上签字，否则亦可能给自己带来不必要的麻烦。

思考：

遇到企业解除劳动合同时要求签署不符合实际的"其他各项费用已按合同要求全部实际结清"之类的条款时，劳动者应如何维护自己的权益？

第三节 劳动争议管理

劳动关系在正常履行期间，可能遇到特殊情况导致需要变更、终止或解除；又或者，由于双方对责任和义务的理解不一致，导致矛盾和冲突。这些，都会带来劳动争议。作为企业管理者以及劳动者本人，如何面对劳动争议，采取合适的方式解决争议，维护双方利益就变得至关重要。在本节中，将介绍劳动争议的基本概念、劳动争议的相关方、劳动争议的解决方式。

一、劳动争议的基本概念

劳动争议，通常也称作劳务纠纷或劳资纠纷，是指在劳动关系的建立和履行过程中，由于当事人对各自劳动权利和劳动义务的不同认识和要求导致的争议。从发生的范围看，劳动争议包括个体劳动争议、集体劳动争议和集体合同争议。其中，个体劳动争议指单个劳动者与用人单位发生的争议；集体劳动争议指多个劳动者（通常为3名及以上）因共同原因与用人单位发生的争议；而集体合同争议是指全体职工的代表即工会与用人单位发生的劳动争议。

按照劳动争议的内容,可以分为劳动权利争议和劳动利益争议。劳动权利争议指的是由劳动合同规定的、现实的权利争议。在劳动合同中,确立了劳动者和用人单位的各自权利和义务,比如劳动者在劳动过程中要遵守用人单位的规章制度,同时也规定了双方的利益和付出,比如劳动者应该提供的劳动时间、完成的劳动任务以及用人单位应该为劳动者提供的利益保障包括薪酬、保险和福利等。如果劳动者和用人单位在这些方面存在争议,即发生劳动权利争议。对应地,劳动利益争议指的是劳动者和用人单位之间对如何确定未来的权利义务关系而发生的争议。

此外,按照劳动争议的处理方式,还可以分为仲裁处理和非仲裁处理的劳动争议。所谓仲裁,指当事人在纠纷发生之前或之后,签订书面协议,如发生纠纷,自愿将其交于双方同意的第三者予以裁决,以解决纠纷。除劳动者个人与用人单位之间的纠纷,其他劳动争议不纳入仲裁范畴。

二、劳动争议的相关方

(一)劳动争议的当事方

劳动争议的主体是特定的,即劳动合同的缔结双方:劳动者和用人单位。这不同于民事和经济纠纷。劳动争议只能发生在劳动关系中。用人单位和劳动者是劳动争议的当事方。

(二)劳动争议的处理机构

发生劳动争议后,需进入调解、仲裁甚至诉讼程序,由劳动争议的相关组织解决。双方可首先协商,若协商一致,则可通过变更甚至解除劳动合同的方式解决争议。若协商不一致,在我国,根据《劳动法》和《企业劳动争议处理条例》,处理劳动争议的组织包括企业劳动争议调解委员会、劳动争议仲裁委员会和人民法院。

企业劳动争议调解委员会为企业内部依法设立的专门组织,负责调解劳动争议。一旦发生劳动纠纷,可首先通过企业劳动争议调解委员会进行调解。企业劳动争议调解委员会由职工代表、企业代表和企业工会代表三方组成。其中,企业代表的人数不能超过调解委员会成员总人数的1/3。调解委员会的办事机构一般设在企业工会委员会,其成员需报送地方总工会和地方仲裁委员会备案。

劳动争议仲裁委员会是经国家授权、依法设立的专门处理劳动争议的机构，通常设在市、县、区级劳动行政管理部门，有时也设在省级单位。其处理劳动争议以仲裁庭的方式进行调解和裁决。劳动争议仲裁委员会接受同级人民政府的领导并对其负责。

人民法院负责审理劳动争议诉讼案件，是处理劳动争议的司法机关。劳动争议诉讼，指当事人不服劳动争议仲裁委员会对争议的处理结果，在法定期限内依法向人民法院提起诉讼，有人民法院通过司法程序解决劳动争议的方式。人民法院对劳动争议的案件采取两审终审制，即一个案件经过两级人民法院的审理即告结束。

（三）工会的作用

工会的起源可以追溯到18世纪晚期的互助联谊组织和职业规范组织[①]。互助联谊组织由英国手工业者建立，会员以"互助保险"的名义每周缴纳小额会费，在其遇到生病、退休、失业等问题时，其本人或家属会获得一定数额的补偿。职业规范组织则在美国建立，某一地区的同一行业的手工业者建立起地方性的协会或团体，制定行业规范，以提高收入、改善劳动条件、应对外来竞争者。就现代意义上的工会而言，不同国家的法律对工会有不同定义。在我国，《中华人民共和国工会法》规定，工会是职工自愿结合的工人阶级的群众组织。

在劳动争议处理中，作为职工利益的代表，工会在调解、仲裁和诉讼过程中发挥着重要作用。维护职工的合法权益是工会的基本职责。当劳动者的劳动权益包括就业、获取劳动报酬和劳动保护的权利、休息休假的权利等受到损害，以及劳动者的民主权利包括劳动者对用人单位的事务进行民主管理、参与和监督的权利受到侵犯时，工会可以通过集体的力量，反映职工的意见和要求并提出解决方案。同时，企业中的基层工会要参加劳动争议的调解工作、地方工会还要参加劳动争议仲裁机构的仲裁工作。然而，实际上，在很多企业，工会的职能并未得到切实发挥，甚至有的企业并无工会。以下案例体现了工会的缺失和不作为导致的在劳动争议中不能发挥应有的作用。

---

① 于桂兰、于楠主编：《劳动关系管理》，清华大学出版社、北京交通大学出版社2011年版。

第九章 劳动关系管理

案例

广东佛山劳资纠纷工会名存实亡[①]

在非公经济较发达的广东省，40%的非公企业未组建工会，职工入会率仅为60%。现在出来打工的80%是20世纪八九十年代出生的新生代农民，通常具有以下特点：维护自身权益的欲望强烈，对社会公平的需求日益提高。但是他们可选择的维权路径却十分有限。很多人不是选择法律途径，也不是依靠组织有序调解，而是直接找企业领导或老板，甚至诉诸群体性事件。

佛山市总工会调查数据显示，企图通过群体性事件维权的人高达45.43%，认为"事情闹大了就会解决"的人有16.34%。因此同乡会具有很大吸引力。

"找老乡会，问题即使解决不了，也能出口气。"来自湖南的80后外来工胡志清告诉记者。"其实我们也不希望找同乡来打打杀杀，但劳资纠纷也得有疏导的途径。"前段时间他在一位"明白人"指点下，找到了一家法律咨询NGO组织，成功拿到了加班工资。

在佛山南海，记者见到一些社会组织设立的法律咨询机构，专门针对外来工进行法律咨询和情绪疏导。南海大沥四海法律咨询服务部就是一家香港机构办的。香港人江燕是这里的资深社工，她说："劳资纠纷在我们这里得到处理是很困难的，我们只能提供情绪的疏导和法律咨询。对于员工投诉（公司），我们只能疏导其利用制度途径来解决问题，告诉他找相关部门。"她告诉记者，很多外来工都把这里当成了自己的家。有不少他们帮助过的外来工还会经常回来做志愿者。

多年与工人打交道的江燕认为，外来工需要的服务，最大的一块就是工资、工伤等劳资关系的争议，尤其是近两年劳资纠纷以翻倍的速度在增长。

"一些得不到赔偿的工人找到一大群老乡甚至黑社会闹事的事情过去经常发生，如果找到我们，在提供法律咨询的同时，也会在情绪的安抚、自信心的恢复方面给予帮助。"目前，他们已经服务工伤病员300多人次，也开启了病友直接跟南海区总工会沟通的渠道。

江燕说，外来工们确实需要这方面的帮助，但是这方面的组织又太少。她认为，其实市、区总工会都可以帮助工人与劳动部门协商解决劳资纠纷，但问题

[①] 整理自《劳资纠纷案例：广东佛山劳资纠纷工会名存实亡》，圣才学习网，http://fl.100xuexi.com/view/otdetail/20120504/46bcc9b8-9e6f-4e94-afc8-834db3621aee.html.

是基层企业没有工会，工人自己找不到解决问题的渠道。

"我们工会是上面要求建的，我这个工会主席也是装装样子。"东莞一家电子厂的工会主席唐建华说，公司自去年8月挂牌以来，还没有一个完整的组织架构，不要说维权，就连活动也没组织过。像这样的私营企业在珠三角不在少数。有的企业，工会批准组建了，但成立大会没有开，工会既没章程，牌子也没挂，工会组织形同虚设，职工甚至不知道他们是工会会员。

"非公企业的工会作用发挥不够，表面上是工人的工会，实际上是企业主的工会。"在广州大学广州发展研究院与广州市总工会联合开展的"广州市非公有制企业工会组建及其作用发挥"的调查研究报告中如是说。

《报告》指出，"各区、街道和社区工会部门为了完成上级压下来的组建工会数字，想方设法、不厌其烦、磨破嘴皮，基层工会协理员打持久战、耗时战、攻坚战，只要非公企业填写加入工会的表格就行，这样一家一家工会组建了，因此，人们称之为'表格工会'。"

"更为突出的是外来工对工会的认识不足，不相信工会的作用。"谢建社说，调查中发现60%的人甚至不知道有工会。

思考：

（1）工会理应发挥什么作用？案例中哪些因素阻碍了工会作用的发挥？

（2）对工会"名存实亡"的状况，你有何建议？

三、劳动争议的解决方式

根据《中华人民共和国劳动争议调解仲裁法》（以下简称《劳动争议调解仲裁法》）的规定，发生劳动争议，劳动者可以与用人单位协商，请工会或第三方共同协商，达成和解。若当事人不愿意协商、协商不成或达成和解协议后不履行的，可向调解组织申请调解；不愿调解、调解不成或达成调解协议后不履行的，可以向劳动争议仲裁委员会申请仲裁；对仲裁裁决不服的，除《劳动争议调解仲裁法》另有规定的，可以向人民法院提起诉讼。

劳动争议调解委员会应当印制《调解登记表》，包括调解申请和调解情况。其中，调解申请应记录当事人（申请人）、申请时间和申请事由，调解情况则记录是否接受调解申请、调解时间和调解结果。记录后，委员会应将其备案，建立

第九章 劳动关系管理

档案管理制度，以备查。

与企业劳动争议调解相比，劳动争议仲裁的处理结果具有法律效力，且比法院诉讼更具效率。劳动争议仲裁裁决后，当事人应当及时履行，若执行裁决又不提起诉讼，则另一方可依法申请人民法院强制执行。劳动争议仲裁时效短，当事人应当在劳动争议发生之日起一年内提起仲裁申请。劳动争议仲裁程序简便，实行一裁终结制，这不同法律诉讼的两审终审制。根据《劳动争议调解仲裁法》，仲裁庭裁决劳动争议案件，应当自劳动争议仲裁委员会受理仲裁申请之日起45日内结束。若需延期，应书面通知当事人，但延长期限不得超过15日。逾期未决，当事人可向人民法院提起诉讼。

法律诉讼是劳动争议的最终解决方式。劳动争议诉讼，指发生劳动争议的当事人不服劳动争议仲裁委员会的裁决，依法向人民法院起诉，由人民法院进行审理和判决的活动，包括起诉、审判和执行三个阶段。在起诉时，原告有向人民法院提起劳动争议诉讼的权利，并且在诉讼过程中可以撤回起诉，放弃、变更或增加诉讼请求。面对起诉，被告可应诉和答辩。对于一审法院的判决，当事人可在法定时限内上诉。对已经生效的判决，若义务人不履行义务，权利人可申请法院对其强制执行。

在劳动争议中，无论是劳动者还是用人单位，都可能成为受害者，既要通过法律法规保障劳动者的权益，也要维护用人单位的利益。近年来，劳动者的法律意识有所提高，但也有部分劳动者对用人单位恶意诉讼。作为企业管理者，要完善劳动合同的管理，避免发生类似事件。同时，也有不诚信的用人单位，以结算工资、开具离职证明为条件，签订"各项费用已经全部结清"等"不平等"条款，劳动者也要引以为戒。

案例

双重劳动关系怎么办？[①]

2013年2月，吴某入职洛天公司，双方签订5年期的劳动合同。2013年7月，公司向其出示离职通知书，以连续旷工数天、严重违反公司规章制度为由开除吴某，并载明双方于2013年7月1日解除劳动关系。因洛天公司拒绝

---

① 整理自《劳动纠纷问题多 维权也要讲诚信》，http://www.sjfzxm.com/news/shangren/20140116/370160.html。

任何赔偿，2013年7月底，吴某通过诉讼程序要求洛天公司撤销违法解除劳动合同决定，继续履行劳动合同。而2013年9月吴某已进入佳阳公司工作，该公司亦于当月开始为吴某缴纳社会保险，但诉讼过程中吴某却始终未向法院说明上述事实。

法院经审理认为，洛天公司作为劳动关系中负有管理责任的用人单位，就其与劳动者解除劳动关系事由负有举证责任。洛天公司并未提交充分证据证明吴某存在连续旷工事实，故公司以旷工为由解除双方劳动关系无事实依据，属于违法解除劳动关系，吴某有权要求继续履行劳动合同。但2013年9月起，佳阳公司开始为吴某缴纳社会保险，鉴于通常情形下企业为个人缴纳社会保险系基于双方之间存在劳动关系，而经法庭询问吴某未能就佳阳公司为其缴纳社会保险的原因做出合理解释，故法院认定吴某已于2013年9月起入职其他用人单位，并据此判决吴某与洛天公司劳动合同履行至2013年8月31日。

根据《劳动合同法》第四十八条的规定，用人单位违法解除或者终止劳动合同，劳动者要求继续履行劳动合同的，用人单位应当继续履行；劳动者不要求继续履行劳动合同或者劳动合同已经不能继续履行的，用人单位应当依照双倍补偿的标准支付赔偿金。但也有一些劳动者在入职新用人单位后仍然主张与原用人单位劳动关系存续，以索要劳动报酬、谋取不当利益。

思考：

（1）本案例中为何判定洛天公司属于违法解除劳动关系？

（2）存在双重劳动关系时，应如何判定为劳动者缴纳社会保险的企业是哪家用人单位？

四、集体谈判

如前所述，劳动争议包括个体劳动争议、集体劳动争议和集体合同争议。当涉及集体劳动争议和集体合同争议时，集体谈判或称集体协商就成为重要的解决方式。根据国际劳工组织《促进集体谈判公约》第二条规定，集体谈判是使用以一名雇主、一些雇主或一个或几个雇主组织为一方，一个或数个工人组织为另一方，就以下目的所进行的所有谈判：（a）确定工作条件和就业条件，和（或）(b)调整雇主与工人之间的关系，和（或）(c)调整雇主组织与工人组织之间的关系。

根据我国《集体合同规定》，当用人单位与本单位职工签订集体合同或专项

第九章 劳动关系管理

集体合同，以及确定相关事宜时，应采取集体协商的方式。根据规定，集体协商双方的代表人数应当对等，每方至少3人，并各确定1名首席代表。

简言之，在集体谈判中，用人单位的代表和工人的代表即工会力图通过谈判的方式达成协议。劳资双方在一个较为平等的情况下订立雇用条件，保障劳方应有的权益，谈判结果具有法律约束力。

在集体谈判中，工资和福利是集体谈判的重要问题。尤其在早期，劳动条件、劳动报酬等问题是集体谈判的核心。但是，随着劳动者自主权利意识的提高，现在的集体谈判逐渐涉及到与企业发展和管理有关的内容，比如企业内的人事改革、招聘标准、劳动合同签订和解除的程序等问题。

集体谈判通常包括以下过程：① 预谈判；② 选择谈判代表；③ 制定谈判战略和策略；④ 达成协议；⑤ 签订合同。

预谈判指双方达成通过集体谈判形式解决问题的共识，并准备谈判所需材料的过程。在正式谈判之前，对相关问题有所了解并准备可以增强谈判的成功性。通常，集体谈判时可能用到的信息包括公司内部和外部数据两部分。外部数据和内部数据的对比可以突显需要协商的问题。内部数据包括：每个工种所需工人数、每个工人的薪酬、每个工种的工资范畴、加班工资、午休的时间和成本、奖惩和工作安全等计划刚要、最近谈判的历史情况等。外部数据通常包括本单位的相对的产业工资水平、相对的职业工资水平等。

选择谈判代表至关重要。根据规定，双方要有首席代表，代表的立场、态度和谈判技能将直接影响集体谈判的结果。一般而言，用人单位的首席代表通常是最高人力资源经理或劳动关系专员。工会谈判代表通常由工会成员选举产生。除此之外，用人单位代表团通常还包括熟悉整体运营的副总裁、熟悉合同中涉及的日常管理问题的一线经理、以及人力资源专家和律师等各方面的专家。对工会代表团而言，通常包括地方工会主席（通常也是首席谈判代表）、商业代理机构和来自不同运营部门的雇员。

接下来，是制定谈判战略和策略的阶段。首先，劳资双方谈判团队内部需要确定主发言人和各成员的角色，比如首席谈判代表、谈判进展总结者、谈判过程记录者。谈判战略涉及到谈判的最高目标和最大让步。有时谈判可以是双赢的，但更多情况下，劳资双方是你进我退的关系。因此，确定谈判的最高目标和底线就很重要。最高目标在谈判伊始可以提出，但对方会讨价还价，这时，做出一定程度的让步才可使谈判继续下去。不过，让步太多，会被对方视为软弱。关于罢工或停工之类的重大且有风险的决定，考虑好程度和期限就非常重要。

谈判战略主要关于目标和底线，谈判策略则是采取何种行动使谈判结果尽量接近自己团队的最高目标，至少要守住底线。常用的策略包括：

（1）冲突主导。这一策略中谈判方选择坚守自己的目标不让步。这时对方可能会做出让步，但也有可能面临互不相让谈判中断的结果。

（2）牵就包容。显然，仅坚持自己的目标不让步往往让谈判走入僵局。这是，根据现场情况做出调整，积极的妥协、容忍而非感情用事也是一种可行的策略。

（3）合作双赢。这是最佳策略，也往往能带来最佳结果。这时，劳资双方不是视对方为敌人，而是合作伙伴，可以就劳动条件、商业决策等问题进行协商并采取合作的方式。

这是三种最基本的谈判策略。其实，无论采取何种策略，在谈判中都要有积极、平等、共赢的信念，否则就难以达成理想的谈判结果。诸如不回应对方提案、经常变卦、拖延反悔等消极行为都会影响谈判的顺利进行。

达成正式协议是集体谈判的最终成果。通常，集体合同的期限在2～3年，内容涉及工资、工时、额外补贴等问题。合同会列名工会和用人单位各管理层的权利及责任。用人单位的权利包括：① 拥有企业控制和运营的管理权；② 有一些活动无需与工会分享，如计划及生产安排、资源采购、雇佣决定等。工会的权利则包括：在解雇、提升或调动员工的相关事项中扮演相应的角色，致力于减少年龄、性别、种族等用工歧视等。

工资集体协商，给劳动者更多收入"话语权"[①]

年关将至，农民工讨薪又成为政府和社会关注的焦点。目前，我国企业职工总数已达3.21亿人，如何保障这个庞大群体应得的劳动报

---

① 摘编自韩洁、陈忠华、吕福明、樊曦：《工资集体协商，给劳动者更多收入"话语权"》，新华网，http://news.xinhuanet.com/politics/2012-12/28/c_114185338.htm。

第九章 劳动关系管理

酬,无疑是当前深化收入分配制度改革绕不开的话题。

十八大报告在强调"保护劳动所得"时提出,要"推行企业工资集体协商制度"。记者在调研时发现,通过为职工搭建表达利益诉求的平台,提升了劳动者在收入分配中的"话语权"。

工资集体协商给工人吃下"定心丸"

看着身边一些同乡为年底讨不到工资担心,来自河南省信阳市淮滨县谷堆乡老关村的陈建厂很为自己庆幸:"工资每月打到卡里,每年还能上涨10%,这些都写在集体合同里,清清楚楚。"

38岁的陈建厂在浙江省一家民营服装出口企业打工已10年,现为车间主管,年收入4万元左右。公司为他和一起打工的妻子提供了"夫妻房"宿舍,每年生日还安排去外地旅游。这些工资福利待遇都写进了工会代表职工与资方签订的集体合同,成为他们安心工作的重要保障。

近年来,一些企业出现"招工难"现象,工人怠工、停工现象也时有发生,劳资矛盾日益凸现。在这一背景下,开展工资集体协商成为一些地方缓和劳资关系、维护社会稳定的重要手段。

全国总工会的数据显示,截至2011年底,我国工资集体合同覆盖企业195.1万家,比2010年增长74.9%;覆盖职工11 724.1万人,同比增长55%。

"工资集体协商制度的建立,使职工对未来收入有了良好预期,稳定了队伍,留住了人才,改善了企业用工环境,提高了企业竞争力。"全国总工会集体合同部部长张建国说。

提高劳动报酬助解初次分配难题

当前,收入分配中最突出的当属初次分配中劳动报酬占比偏低问题。根据国家统计局数据,2004年至2008年,我国劳动者报酬占GDP比重从50.6%下降到47.9%。而2010年这一比重降至45%。

在山西省吕梁市,长期以来当地煤炭行业普遍存在工资分配体制不合理、发放不规范等问题。稳步提高工人收入,保障其合法权益成为当务之急。

从2008年开始,吕梁市总工会推进行业(区域)性工资集体协商。"截至2011年底,全市共有167个行业(区域)开展了这项工作,包括4万余名煤矿工人在内的21.2万职工实现了工资集体协商,覆盖率达到85%。"吕梁市总工会副主席卜新宇说。

"以前只是计件发钱，工资集体协商后，又增加了质量、安全和效益工资，入井一天补助23元，班中餐补助16元，五险一金也都给交上了，一个月还有170元的租房补贴。"吕梁市柳林县同德焦煤公司煤矿工人王海照说，他现在每月工资将近6 000元，每年都在涨，从未拖欠。

不单在吕梁煤炭行业，近年来全国还涌现了江苏邳州板材行业、上海出租车行业、武汉餐饮行业、海南酒店餐饮和注册会计师行业、大连软件和机械行业等一大批行业集体协商典型，行业集体协商的探索已扩大至全国31个省（区、市）。

尽管如此，当前我国工资集体协商制度建设仍处起步阶段，存在社会各界认识不够、相关制度规则不够完善、集体合同质量不高等诸多问题，离广大劳动者的要求和推进收入分配制度改革的需要仍有很大差距。值得关注的是，无论是十八大报告，还是国家"十二五"规划纲要，都为工资集体协商制度建设指明了方向。

思考：

（1）集体协商制度对劳动者权益保障有何作用？

（2）政府在促进集体协商制度建设和实施方面扮演什么角色？

本章小结

劳动关系是指劳动者与劳动力使用者以及相关组织为实现劳动过程所构成的社会经济关系。劳动者和用人单位是劳动关系主体。我国《劳动法》规定，用人单位自用工之日起即与劳动者建立劳动关系，且应当订立书面合同。劳动关系不同于劳务关系。业务外包、劳务派遣、自由职业者等于用人单位或个人构成的是劳务关系，相对松散。

劳动关系在法律上则具有以下特征：劳动关系的主体具有法律上的平等性，但也有一定隶属性；劳动关系具有排他性，劳动者不能同时与两个或两个以上用人单位签订劳动合同。

劳动合同的管理在劳动关系管理中至关重要。首先，建立劳动关系必须签订书面劳动合同，且应遵循"合法、公平、平等自愿、协商一致、诚实信用的原则"。根据期限，劳动合同可分为固定期限劳动合同、无固定期限劳动合同和以

第九章 劳动关系管理

完成一定工作任务为期的劳动合同。法律规定，合同内容应包括用人单位和劳动者的基本信息、合同期限、工作内容和工作地点、工作时间和休息时间、劳动报酬、社会保险、劳动保护和劳动条件及职业危害防护，及法律法规所规定的其他事项。

如果劳动合同在履行过程中，有所变更，需要双方协商一致，采取书面形式变更。合同的解除和终止也应符合相关规定。双方协商一致可解除。或者，单方提出解除合同要求，应在规定时间内提前告知对方。

劳动争议也称作劳务纠纷或劳资纠纷，是指在劳动关系的建立和履行过程中，由于当事人对各自劳动权利和劳动义务的不同认识和要求导致的争议。根据争议发生的范围可分为个体劳动争议、集体劳动争议和集体合同争议。劳动争议的处理可以采取协商、调解、仲裁或者诉讼方式。相应的争议处理部门有企业内部设立的劳动争议调解委员会、劳动争议仲裁委员会和人民法院。工会在劳动争议处理的各个阶段扮演重要角色。其中，劳动争议仲裁实行一裁终结制，法律诉讼则采用两审终审制。

本章思考题

1. 劳动关系有何法律特征？与劳务关系有什么不同？
2. 劳动合同的订立应遵循什么原则？劳动合同必须包含哪些内容？
3. 劳动争议有哪些处理方式？相关负责部门分别是哪些？

本章参考文献

1. 常凯主编：《劳动关系学》，中国劳动社会保障出版社2005年版。
2. 于桂兰、于楠主编：《劳动关系管理》，清华大学出版社、北京交通大学出版社2011年版。

上海大学出版社
实用经济管理专业规划教材

《管理学》（已出）：
从企业管理的实际出发，为读者提供更具实践指导价值的管理思想和方法，并通过案例分析、管理实践认知和自我学习，加深对现有管理理论和方法的理解。

《现代物流管理》》（已出）：
紧扣现代物流业的发展趋势，系统介绍了现代物流的基本理论和基本知识，对现代物流发展的热点问题予以密切关注，内容丰富，体系完整。

《组织行为学》（已出）：
摒弃了一些复杂的组织行为学理论，以深入浅出的写作风格，将组织行为学的基本概念和知识介绍给读者，并辅以简单的案例让读者能更好地理解和应用这些知识。

《经济法》》（已出）：
依据国家最新立法信息编写，立足于实践岗位对经济法知识与应用能力的需要，合理取舍，内容简洁但重点突出，选用经典案例，实现理论与实践、法律与案例的有机结合。

《管理经济学》（已出）：
摒弃了一些复杂的理论分析，按照管理经济学的核心内容，用通俗易懂的语言进行阐述，所选案例新颖、实用，便于学生理解、应用。

《国际贸易理论与实务》》（已出）：
紧扣当前国际贸易的实践，从理论和实务两个方面系统介绍了国际贸易的各个方面，引用大量案例，重视基本技能的训练和学生实践能力的培养。

《财务管理基础》（已出）：
吸收最新的财务规则和财务方法，以通俗易懂的语言进行介绍；着力于在假设确定性的未来环境下的财务管理问题；设计不同类型的练习题，非常适合财务管理初级课程的教学和学习。

《运输管理与实务》》（已出）：
采用任务引领、项目驱动、案例分析、模拟实训相结合的编写方式；培养学生运输计划编制、运输方案决策、运输过程组织三大技能；结合企业实际工作流程，分解为七个任务驱动项目。

《企业文化新教程》（已出）：
系统地介绍了企业文化的塑造与传播、企业文化与品牌、文化营销的关键、企业文化评价体系的构建思路、5管理理论原理及应用条件等内容，并附有《福建企业文化评价体系》，可供企业文化建设参考使用。

《管理技巧开发》（已出）：
本教材立足于高校学生的知识背景和人生阅历，立足于国际化和大学生社会需求的结构性要求，介绍十个基本管理技能的原理以及技能开发的练习，旨在培养基本的管理素养。

《人力资源管理》（2014年5月）：根据国际通用的人力资源管理理论分析框架，紧扣中国劳动力市场运行的实际特点，阐述完整全面的人力资源管理基本概念及相关技术方法。突出可读易懂及理论与实践紧密结合的实用性特点。

《基础会计》（2014年5月）：介绍会计的基本概念、凭证、账簿和财务报告，并按照资产、负债、所有者权益、收入、费用和利润的顺序介绍了基本经济业务的会计处理。

《市场营销理论与实务》（2014年5月）：立足于实践，以社会需求为中心，特别是在把握中国本土特色的前提下，系统介绍与掌握市场营销的理论、方法与创新。

《战略管理》（2014年5月）：基于经济全球化、信息化和服务化发展的背景，介绍战略管理的基本概念、原理、方法和工具。

上海大学出版社
实用经济管理专业规划教材

随着我国高等教育事业的迅速发展，应用型院校本、专科学生的规模明显扩大，与全日制教育密切相关的成人教育也发生了显著的变化。为了配合高校专业调整和成人教育管理的改革，上海大学出版社特推出这套《实用经济管理专业规划教材》。

与以往的经济管理专业教材相比，本套教材具有以下特点：一是本着"必需与够用"的原则，压缩教材内容，强调各门课程中最基本、最实用的章节，简洁实用；二是引用丰富的案例，列举我国现实经济生活中的现象和事实，并通过网络导航和其他书刊的介绍帮助学生获取更多的案例信息；三是启发和引导学生将理论应用于实际，每章后都设置练习题，帮助学生全面理解、学以致用。因此，本套教材较好地体现了高等教育"十二五"规划纲要提出的加快教育改革发展，全面实施素质教育，提高学生就业的技能和本领的要求，既适合作为应用型院校和成人教育学院教材，也适合广大爱好者自学。

书名	主编/作者	出版日期
管理学	贡小妹　林英晖	2014年1月
现代物流管理	徐勇谋　郭湖斌	2014年1月
管理经济学	聂永有	2014年1月
经济法	王燕华	2014年1月
国际贸易理论与实务	董勤　朱珠	2014年1月
组织行为学	林英晖	2014年1月
财务管理基础	戴书松	2014年1月
市场营销理论与实务	马进军	2014年5月
战略管理	李怀勇	2014年5月
人力资源管理	胡晓龙	2014年5月
基础会计	曹雅姝	2014年5月
电子商务通识教程	戴德宝	2014年5月
运输管理与实务	吴小燕	2013年7月
外贸实用速查手册	王佳	2012年1月
财政学	孟一坤　朱立芬　王瑞兰	2011年11月
外贸英语口语	潘锡娟	2011年8月
管理技巧开发	吕康娟	2011年9月
计量经济学	应益荣	2012年9月
企业文化新教程	吴声怡　谢向英	2012年9月